历史新阅读丛书

宋朝果然很有料

第七卷

张晓珉◎著

中国工人出版社

图书在版编目（CIP）数据

宋朝果然很有料·第七卷／张晓琨著. —北京：中国工人出版社，2018.6
ISBN 978-7-5008-7028-9

Ⅰ.①宋… Ⅱ.①张… Ⅲ.①中国历史—宋代—通俗读物 Ⅳ.①K244.09

中国版本图书馆CIP数据核字（2018）第144261号

宋朝果然很有料·第七卷

责任编辑 葛忠雨
责任校对 董春娜
责任印制 黄 丽
出版发行 中国工人出版社
地　　址 北京市东城区鼓楼外大街45号 邮编：100120
网　　址 http://www.wp-china.com
电　　话 （010）62005043（总编室） （010）62005039（出版物流部）
（010）62379038（社科文艺分社）
发行热线 （010）62005049 （010）62005042（传真）
经　　销 各地书店
印　　刷 三河市东方印刷有限公司
开　　本 710毫米×1000毫米 1/16
印　　张 22.5
字　　数 380千字
版　　次 2018年8月第1版 2025年5月第13次印刷
定　　价 45.80元

序 言

了解北宋历史的人，一般都了解一幅旷世名画。这幅画，就是大名鼎鼎的《清明上河图》。

《清明上河图》属中国十大传世名画之一，属国宝级文物。这里有一个问题，这幅画为什么叫《清明上河图》呢？

根据明代李东阳在《清明上河图》的题跋记载："上河者云，盖其世俗所尚，若今之上冢然，故其如此也。"

这里的"上河"二字，就是"上坟"的意思。再配上"清明"两个字，大家很容易理解了，这就是一幅宋朝百姓"清明节去上坟"的图。

虽然这种说法在明、清两朝很盛行，也得到了很多史学家的认同，但若细细考究，"清明上河"这四个字的意义，好像另有他意。

如今，一些史学家们在考证后，得到这么一个结论——所谓的"清明上河图"，应该不是一幅"大家一起去上坟"的图。你想，张择端再傻，他也不能呈献一幅"上坟图"。毕竟，就在不久前，宋徽宗刚刚画了一幅《梦游化城图》，描绘天上的美景，你就来了一幅《清明上坟图》，画了一幅全民上坟图。这什么意思呀？寓意皇帝赶紧去天宫吗？这不是找死吗？

所以说，除非是个疯子，才会画这么一幅上坟图。此外，"清明上河"这四个字，是皇帝自己命名的。作为宋朝最有文采的皇帝，宋徽宗总得显摆一下自己的文采，起一个高端、大气、上档次的名字，他怎么能起一个"上坟"的名字呢？

鉴于此，部分史学家们认为，清明上河图的“清明”二字，不是“清明节”的意思，而是出自《后汉书·班彪传》。

班彪是班固的父亲，虽然没有儿子出名，但也是东汉著名的历史学家，写过《史记·后传》，虽然这本书已经失传，但大部分的内容都被班固写入了《汉书》里，也算是保留了下来。

在《后汉书·班彪传》中，班彪在给儿子讲课时，说了这么一句话：“固幸得生于清明之世。”

这个意思是说，我生活的时代，王莽篡汉、天下大乱，太苦了。你小子生活的时代，天下平定，光武中兴，真是生活在了一个好时代，堪称“清明之世”。

要知道，宋徽宗是一个博学多才的天子，他肯定读过这段历史，所以他把这幅画取名“清明”了。意思是自己统治的国家风调雨顺、国泰民安，就是一个光武中兴的太平盛世，也算是一种自我表扬吧。

因此，“清明”二字，应该是太平盛世的意思，跟清明节没什么关系。那么，“上河”二字又是什么意思呢？

苏升乾教授认为，“上”是一种方位词，指的是汴梁以北，那里有一条大河，叫汴河。汴河在京城的北部，居上位，故称上河。这条上河是宋朝赖以生存的漕运河道，每天光送进开封城的粮食，就有一百万斤。所以说，《清明上河图》的真正意思，是一幅描写宋朝太平盛世时漕运码头繁华的画卷。

当然了，这种说法只是苏升乾教授和部分史学家的意思，本书仅仅是附载于此，供读者参阅。

然而，有一点却毋庸置疑——这幅《清明上河图》描写的画面，是北宋王朝最繁华的时代，也是即将亡国的时代！

因为，史学家们已经推算出来，《清明上河图》问世后，仅仅过了20余年的时间，北宋就遭遇了靖康之耻，彻底灭亡了。而这幅《清明上河图》上面描绘的繁荣盛世，也成了北宋王朝最后的画面……

那么，一个繁华无比的北宋王朝，为什么仅仅持续了20余年就灭亡了呢？

在北宋王朝最后的时代里，宋神宗赵顼、王安石、司马光、宋哲宗赵煦、苏轼、章惇、宋徽宗赵佶、蔡京、童贯这些人，又将何去何从呢？在历史的长河中，这些人又上演了哪些波澜壮阔的故事呢？

这一卷，主要是讲述他们的故事。

目录

第十九章　昏君炼成记 / 239

第二十章　摧毁大宋王朝的“一号奸臣” / 253

第二十一章　帝国之悲 / 267

第二十二章　摧毁大宋王朝的“二号奸臣” / 279

第一章 王安石罢相

学生骂老师

自变法以来，虽然不断有官员弹劾王安石，但只要宋神宗还信任他，王安石就能安然无恙。

然而，在此期间，王安石惊讶地发现，有一个“绝对”不能骂他的人，竟然站出来骂了他！

王安石坐不住了。

这个绝对不能骂他的人叫郑侠，此人官职卑微，是一个小小的监门小吏，但却有一个特殊的身份——王安石的学生。

学生是不能骂老师的。骂老师跟骂皇帝性质是截然不同的。

大臣可以骂皇帝，因为大臣和皇帝之间是雇佣关系，你给我工资，我给你打工，双方谈不上什么感情，看不顺眼，就能互怼。但是，学生跟老师的关系可不一样。

古语有云：“一日为师，终生为父。”学生跟老师那就是父子。儿子敢骂老子，这是要欺师灭祖、悖逆人伦、卖师求荣的节奏呀！当心正义之士群起而攻之，用唾沫星子把你淹死！毕竟，骂皇帝，是饭碗问题；骂老师，就是道德问题了。

即使这个老师很不好，就是一个犬儒，学生也不敢在公开场合骂，更不敢把这个家丑抖出来（如范仲淹骂晏殊）。

然而，郑侠算是豁出去了。他不顾与老师多年的感情，在大庭广众之下，把王安石狠狠地骂了一番。

那么，这个白眼狼，是怎么炼成的呢？

这个故事，还得从头说起：

郑侠，字介夫，福州福清（今属福建）人。郑侠出生于一个贫苦的家庭，父亲虽然是公务员，但只是一个小小的酒税监，官卑职小，俸禄微薄，根本养不起家人。

穷人家的孩子早当家。生活的窘迫，造就了郑侠钢铁般的意志，他发奋图强、用功读书，希望早一点高中进士，为父母分忧解难。

在读书期间，为了节省住宿费，郑侠常年居住在江宁清凉寺，在寺院内用功读书。机缘巧合下，郑侠遇到了来这里礼佛的王安石。

一番交谈后，王安石非常欣赏郑侠，鼓励他好好读书，尽早成为国之良士，为国效忠。王安石还送给郑侠很多钱粮，让他衣食无忧。

在王安石的鼓励下，郑侠不负众望，27 岁高中进士。进入朝廷后，郑侠顺理成章地拜了王安石的“码头”，认其为自己的老师。

熙宁二年（1069 年），王安石被宋神宗委以重任，准备变法。老师升官了，自然要拉学生一把。很快，在王安石的提携下，郑侠被提拔为光州（今河南省潢川县）司法参军。

担任光州司法参军期间，郑侠为官公正廉洁，断案小心谨慎，深得民心。三年任满后，郑侠以优异的成绩重回朝廷。

然而，三年的地方工作，让郑侠对新法有了一番独特的见解。在他的眼中，新法确实利国利民，但在求功心切、错用奸臣的情况下，新法已经变味了。下层百姓对新法怨声载道，颇为不满。

回到京城后，郑侠将自己的所见所闻以及对新法的种种忧虑，全都告诉了老师。

郑侠本以为，自己一心为国，并没有反对老师的新法，只是提出了一些不同的意见，老师应该能够体谅自己的苦衷，改良或者是废除一些新法。可惜，自己的想法完全错了……

经历了无数场“战争”、目睹了无数次的众叛亲离后，王安石已经变了。昔日，那个虚心纳谏、虚怀若谷的王安石，变成了一个说一不二、固执己见的“拗相公”。

此时此刻，在王安石的眼中，只要支持变法，就是我的朋友；反之，就是我的敌人！他甚至都不会细听对方的想法，只要听到对方反对变法，就会视其为自己的敌人，并对他肆意报复，扣上一个“污蔑君上，反对新政”的大帽子！

可想而知，郑侠还未说完，王安石就把他轰走了。后来，在吕惠卿这个小人的挑唆下，王安石罢免了郑侠的官职，让他当一个小小的“监门小吏”。

监门小吏，无品，无编制，俗称“看大门的”。

然而，在看门期间，郑侠时刻关注朝廷的局势，并将自己对新法的所见所闻和见解，全部写了下来，继续上奏朝廷。

虽然郑侠有满腔热血，但是，他是一个末流的官员，根本没有资格上疏朝廷。即使交由其他官员转达，其他官员一看，这是一篇反对新法的奏章，就把它退了回来或者直接扔掉了。

整整三年，虽然郑侠写了无数份的奏章，但没有一份奏章送到宋神宗的面前。这让郑侠很苦楚，也很无奈。

然而，熙宁七年（1074 年）时，老天爷竟然开眼，给了郑侠一次机会，让他可以畅所欲言。

原来，这一年，中原地区爆发了一场严重的旱灾，整整十个月，滴雨未下。皇帝急得如热锅上的蚂蚁，三番五次祭天求雨，却毫无成果。

在这种背景下，保守派抓住机遇，大肆制造舆论，玩命攻击王安石等人，说老天爷之所以不下雨，是因为新法弊端太多、老百姓怨气太重、上天这才干旱示警，等等。

对于保守派的反对言辞，王安石依旧用他那套“天变不足畏，祖宗不足法，人言不足恤”的理念来对付。他认为区区天灾，不足为惧，忍忍就过去了。但是，皇帝不能不管这个烂摊子，万一百姓揭竿而起了，他就成“赵氏企业”最后一个掌门人了。

郑侠知道王安石听不进逆耳忠言，于是画成《流民图》，写成《论新法进流民国疏》，请求朝廷废除新法。奏章送到阁门，不被接纳，于是谎称秘密紧急边报，直送银台司，呈给宋神宗。宋神宗读后长吁短叹、夜不能寐。第二天，下令开封府发免行钱等 18 条措施。为了化解各个阶层的矛盾，宋神宗还下令，允许天下官员议论新法，所有人都可以直接上疏，呈给皇帝。

恰巧，三天后大雨，“远近沾洽”。辅政大臣入内祝贺，宋神宗把郑侠所进《流民国》及奏章拿了出来，说了一个字：“念！”随后，宣旨太监大声宣读了起来。

郑侠的奏章很通俗，郑侠告诉皇帝：

臣现在的职位，就是一个看城门的。今天跟陛下说的，就是城门的税收问题。按照王安石颁布的“市贸法”规定，只要老百姓出入城门，无论是干什么的，都要交税。这个税收对于富户而言，堪称九牛一毛，但是在寻常的老百姓眼中，就有点多了。何况，下层办公人员乱改规则，层层设槛、处处盘剥，老百姓被这些官员剥削得已经快活不下去了。以青苗法为例，百姓为了偿还青苗法的贷款，卖房卖地、家破人亡。现在，京城内涌入了无数逃难的百姓，还有很多百姓正准备来。这些灾民生活贫困，只能以吃草皮为生，食不果腹，身上连一件像样的衣服都没有……

在这份奏章的结尾处，郑侠义无反顾地写道：“天下之所以大旱，是新法丧失人性所致，只要将王安石罢免，不出十日，上天必会降雨。如果不下雨，臣甘愿一死！”

百官哗然，都拜了两次以谢罪。

王安石无话可说，只能摘下自己的官帽，对皇帝行三跪九叩大礼，大声说道：“微臣无能，请辞相位。”

就这样，熙宁七年（1074 年）四月，在学生郑侠的弹劾下，王安石罢相，第一次下岗。

这一年，王安石 54 岁。

下岗的真正原因

如今，无数的史料记载，在学生郑侠的弹劾下，王安石被罢相发配到了地方。

但是，历史的真相，真是这样吗？

一个字——否。

我个人认为，郑侠弹劾老师，不过是一个导火索罢了。王安石下岗的真正原因是后宫的压力。

当然，天下没有无缘无故的恨，后宫之所以憎恨王安石，有两个原因。

第一，王安石剥夺了他们的待遇（各种福利）；第二，王安石颁布了一条新的法令，彻底得罪了他们。

这个法令，叫作“免行钱”。

免行钱，是王安石在市易法的基础上，建立的一套新的工商税收制度。这个制度只在京城实施，别的地方不用执行。

当时的京城，有很多类似今天行业协会的商行，这些商行掌握在大富翁手中，他们借助自己庞大的势力，垄断物品的营业权。

对于这种商业巨头，宋朝的官府不仅不管，还给很多的优惠政策，比如让他们自由定价，不用上交营业税，等等。当然，天下没有免费的午餐，商行必须“支应”，即“服行役”，就是按照官府的要求供应货物，上供各种皇家和官府的日常用品。

商家不给国家交税，只给国家物品，这笔买卖也算划算。但问题是，商家除了给物品外，不给其他“东西”，行吗？说得过去吗？

当时，不可滥用职权的官吏玩命勒索商家。商家若不给好处，物品再好也不要。不仅如此，官吏还会反咬一口，说东西不合格，告你一个“欺瞒圣上”之罪，让你苦不堪言。

史料记载，有一个提供靴子的商家没有给足好处，官府竟然状告商家造假，把商家打入了天牢，准备处以极刑。后来，商家散尽家财，才保住了一条命。同时，商人所在的商行，也受到波及。二十多个商人联起手来，花了一笔巨款，才平息了此事。

商家不给回扣，官府就百般刁难、肆意报复。这样的场景，也真是应了那句笑话了："多好的苹果呀，只是因为漏不过网眼，他们就不要……"

此外，官员向商人索要的物品数，也往往在定额的十倍，甚至百倍以上。比如，宋神宗规定，皇家饮食以节俭为主，每个月只需 30 只羊即可。结果，官员上下勒索，每个月让商人进贡的羊，竟然达到了 3 万余只。

这么多只羊，就是撑死宋神宗，他也吃不完。至于这些羊去了哪里，不说自明。

玩命勒索、扩大供额，商人被官府折腾得真是苦不堪言。当然，对于这个问题，有人就说了，这个问题很好解决，商家跟官府分道扬镳，以后不合作不就结了？

敢不给官府、皇家东西吗？答案不说自明。

就这样，在这种制度下，官府和商户之间，只能一个"愿打"，一个"愿挨"了。

综上所述，这个服行役制度，可谓弊端百出，让商家苦不堪言，也让不少商贩破了产。

后来，王安石颁布了市易法，让市场变得制度透明化，杜绝了官府暗箱操作、漫天要价的情况后（其实也不咋样），让商人看到了新法的好处。

商家们联名给王安石写信，要求也享受新法的好处，为此他们宁愿多缴一些钱，也不愿意被官家勒索。

见商家如此拥护自己的新法，王安石高兴地上奏皇帝，请求整顿京城的市场，颁布一道新的法令。

在获得宋神宗的同意后，王安石颁布了一条新的法令，取消所有的暗箱操作，要求以后皇家购买物品也要明码标价；取消商家服行役制度，但商家要按照收入上税。当然，除这笔钱外，不用另外缴纳钱财。

商家缴的这笔钱，就叫"免行钱"。

虽然还是"挨刀"，但王安石的"刀"，要比之前的轻多了，因此商家们都很欢喜。

商人们全都高兴了，那些以敲诈他们为生的官员们，则全都愤怒了。

要知道，王安石的这个法令，等于是堵了这些人的钱道，让他们再也没有权力去敲诈、勒索商家了，这怎么甘心！

以前，官员们只要一句话，就要什么有什么了。现在呢？必须要拿着钱，自己去市场上购买……

可见，对这些人而言——王安石不是在“变法”，而是在“变天”！

为了阻挠这个新法，京城内的皇族、后族以及采办物品的各个衙门，联起手来，一起抵制王安石。

一时间，京城爆发了一场大规模的抵制行动，其规模之大，声势之高，完全超出了王安石的预料。

因为，在王安石的眼里，自己之前颁布了很多条例，如青苗法、差役法、保甲法等，都是涉及全国的变法，规模之大，遍布宋朝每一寸土地。然而，这个小小的免行钱法案，只涉及一个京城，竟然掀起了这么一场轩然大波，真是匪夷所思。

其实，有什么匪夷所思的？敲诈勒索商家的，虽然是各级官员，但这些官员的幕后指使人，则是各个皇族、后族。若没有这些大人物的默许，那几个芝麻小官，岂敢如此飞扬跋扈、目中无人？

在这种情况下，他们不跟你拼命都新鲜！

举一个形象的例子，王安石的变法，就好比给人做手术。地方上施行变法，就是在人的四肢上划刀子，伤口虽然很多、面积也很大，但是敷几张膏药，也许过几天就好。但是，在京城施行的这个变法，就是在人的核心部位动手术，虽然面积不大、刀口也不深，但一刀下去，等于是刺中“五脏六腑”。

就这样，面对王安石的手术刀，皇亲国戚们联合在了一起，大家在高太后和岐王的领导下，用最猛烈、最迅速、最强硬的反击，一起反对王安石。

至此，一场大规模的反对新法，除掉王安石的行动，正式开始。

那么，这个高太后和岐王又是谁呢？他们又为何联合起来，反对王安石变法呢？

这一切还得从宋英宗时代说起。

兄弟阋墙

史料记载，在宋朝历史中，宋英宗有两个神奇的记录：

第一，和平时期，宋朝在位时间最短的皇帝（四年）。

第二，继承了祖先的优良基因——惧内。

昔日，宋真宗怕刘娥，宋仁宗怕曹皇后，而这个宋英宗，也怕自己的高皇后。

高皇后，小名滔滔，亳州蒙城（今安徽省蒙城县）人。她是宋仁宗的皇后曹氏的外甥女。通过姨妈的关系，高氏嫁给了宋英宗，并成了他的皇后。

这里多说一句，曹皇后最初是想把高氏献给宋仁宗的，不料被宋仁宗一口拒绝了。

试想一下，要是宋仁宗“笑纳”的话，清朝那种姨妈、外甥女共侍一夫的情景（皇太极时期），就会在宋朝提前上演了！

史料记载，宋英宗非常怕这个老婆，基本上老婆说的事情，他全都照办。当然，除了那件事情——换太子。

原来，高皇后最喜欢的儿子，不是长子宋神宗，而是二儿子岐王赵颢。

两个孩子都是亲生的，母亲更喜欢幼子的情况很常见，但是，为了这个幼子，高皇后不惜干出危害国家社稷的事情，就有点儿说不过去了。

史料记载，高皇后一直想让幼子登基称帝，宋英宗生病时，高皇后就提出废除长子，册立幼子为帝的建议。只是在欧阳修、韩琦等拥立嫡长子的大臣反对下，计划宣布破产。

宋神宗登基后，按照惯例，要送所有的兄弟出宫，让他们去各自的府宅生活，以免出事。然而，高太后却以自己多病、要岐王陪伴为由，死活不让赵颢出宫。

岐王死赖在皇宫不走，高太后肚子里打的什么算盘，傻子都知道！

岐王这一住，就是数年。熙宁七年（1074年），岐王都是一个二十多岁的大小伙子了，还是没有出宫。

见弟弟老是赖着不走，宋神宗有点恼了，心想：“真拿这里当自己家啊，打算接我班呀，真是气死我了。”而且，弟弟都这个年龄了，从后宫“和谐”的角度，要是还不出宫，就有点说不过去了。

宋神宗偷偷授意大臣，让他们把岐王赶出皇宫。

您想呀，岐王不过二十多岁，哪里见过群起而攻之的阵势。面对群臣的攻击，岐王害怕了，准备出宫回府。

岐王偷偷写“辞职信”的事情，让高太后知道了，她把岐王狠狠地骂了一顿，并告诉他："不许走！如今皇帝无嗣，要是出现了什么事情，谁来继承皇位？你就给我乖乖待在皇宫，哪也不许去。不管出现什么事情，我给你顶着，天塌下来由老娘去扛！"

高太后的这番话，让岐王很是感动，同时，也助长了他称帝的野心。

后来，宋神宗任用王安石为相，开始变法。那些反对变法的人，慢慢地聚集在了赵颢的周围，准备借助高太后的势力，打压王安石、反对宋神宗、反对变法。

于是，在母亲的支持下，岐王成了旧党的核心人物，他培养了一股自己的力量，开始跟哥哥叫板了。

至此，一场在历史上已经重复了无数遍，还将重复无数遍的宫廷斗争大戏，正式上演。

后宫之乱

当时，为了让弟弟臣服，宋神宗可谓煞费苦心。有一次，他见弟弟的腰带比较旧，就特意命人打造了一条玉带送给弟弟。

咱们前面讲过，玉带，不仅是宋朝官府的基本配备，也是臣子的象征。

看见这条玉带，岐王立刻明白了哥哥的意思，他打死也不戴。不仅如此，赵颢还告诉哥哥："若把这个玉带换成一条玉鱼，我一定佩戴。"

玉鱼，是宋朝皇子的基本配备。可见，赵颢真没把自己当外人，他这是告诉哥哥："请注意我的身份，我也是一名皇子。"

兄弟俩的明争暗斗，就是这样激烈。

后来，宋神宗将了弟弟一军，他颁布了一道圣旨，赏赐弟弟一条玉鱼，可同时要求赵颢接受玉带。当然，对于哥哥的建议，赵颢还是不从。

几天后，宋神宗召见了几个兄弟，大家一起打马球。打球前，宋神宗特意交代，要是赵颢赢了自己，可以不接受玉带；否则，则必须接受玉带。

您想，皇帝"主场"作战，这里有多少帮手呀，赵颢怎么可能会赢。

眼看自己就要接受臣子的身份了，赵颢灵机一动，大喊道："臣若获胜，不想要玉带，只希望官家停止新法！"

历朝历代，皇帝最痛恨的事情就是兄弟干政，上到赵匡胤，下到雍正，皆是如此。听了赵颢的话，宋神宗勃然大怒，球也不打了，气得转身离开了。

因为吃了这么一个“甜头”，赵颢算是记住了，以后哥哥再难为自己，自己就用反对变法来对付哥哥，看谁给谁的“伤害”更多！

再后来，随着变法的深入，一些反对变法大臣，就自觉地聚集到了赵颢的身边，他俨然成为旧党的首领。成为领袖后，赵颢与宋神宗的矛盾也越来越多、越来越大。

到了最后，不管宋神宗推行什么变法，赵颢都第一时间反对，他就这样拽着宋神宗的后腿，死死地不撒手。

这一次，宋神宗颁布免行钱法案后，赵颢聚集了一堆皇亲国戚，以曹太皇太后为领导，一起反对变法。

这里多说一句，以前，不管宋神宗颁布什么法案，曹太皇太后（注意，不是高太后）都是不管的。但是这一次，免行钱制度，严重伤害了皇亲国戚的利益，曹太皇太后就必须要管了。

曹太皇太后派人去叫宋神宗，要询问此事。

叫来宋神宗后，曹太皇太后也明白，开门见山地问，不好整，皇帝为了自己的面子，绝不会承认变法有错。于是，她迂回地问道：“我听说老百姓被青苗法、差役法折腾得苦不堪言，官家为何不停止这两项法令？”

曹太皇太后这么问，堪称打蛇七寸，青苗法、差役法是变法的核心点，把这两个法令废除了，就等于废除了新法。新法都废除了，那个免行钱的制度，也就不复存在了。

宋神宗明白曹太皇太后的意思，他解释道：“王安石制定的新法，虽然有很多缺陷，但绝非扰民的政策。如今，国家风调雨顺、国泰民安，这都是新法的作用呀。”

曹太皇太后立刻明白了孙儿的意思：皇帝不接受任何攻击新法的言辞。虽然在群臣眼中，新法是王安石主持的，但背后真正的策划人，则是宋神宗自己。一旦否认了新法，就等于否认了宋神宗这些年的“劳动成果”了。这样的结果，宋神宗万万不能接受。

既然无法正面交涉，继续迂回吧。听完宋神宗的话后，曹太皇太后叹了一口气，她站起身来，要求宋神宗陪自己去御花园转转。

两人在庭中漫步，彼此沉默无语。走了很长一段时间后，曹太皇太后开口道：“虽然新法有利民之处，但也有害民之处。如今，反对变法的人太多了，你不可不虑呀。”

宋神宗刚想解释，曹太皇太后继续道：“王安石确实是一个人才，但现在怨恨他的人太多了。不如暂时让王安石离开朝廷，缓解一下矛盾。等风头过去后，再把王安石调回来。”

曹太皇太后的意思很明确，废除新法，皇帝肯定不干，但是，现在矛盾太大，只能弃车保帅，先罢免了变法主将，缓解一下新旧党之间的矛盾，让两派的势力回归平衡。

宋神宗不肯就范，道：“国家艰难，多数大臣毫无办法，只会坐而论道。只有王安石，能够不顾性命名节，为国效命。对于这样的大臣，我不忍罢免。”

听完宋神宗的话后，曹太皇太后刚想说话，孰料，突然旁边一人道：“启奏陛下，曹太皇太后说的话，都是至理名言，还望陛下三思。”

原来，就在宋神宗和曹太皇太后说话期间，岐王已经偷偷摸摸走了过来，他听见宋神宗还在袒护王安石，就很生气，所以插了话。

本来，宋神宗就很讨厌这个弟弟，现在见弟弟不顾君臣礼仪，竟然在议事时插话，不由大怒。

宋神宗对其大吼道：“岐王如此说辞，莫非是朕败坏了祖宗江山吗？不如你来当这个皇帝吧！”

岐王一听，吓得跪倒在地，大哭道：“为何陛下怀疑臣弟竟然到了这种地步？”

见宋神宗训斥赵颢，一旁的高太后很不高兴，她走上前来，想说几句。

高太后刚想说话，却见曹太皇太后怒视着自己。高太后心生畏惧，不敢言语，只能站在一旁了。

至此，聚会不欢而散。

第二天，宋神宗正在处理奏章，突然有太监禀报道：“启奏陛下，太皇太后让您去一趟，有要事相商。”

祖母召唤，宋神宗哪敢怠慢，孰料，来到祖母的宫前，宋神宗惊讶地发现，母亲高太后已经在这里跪拜多时了。

一看见皇帝，高太后立刻扯开嗓门道：“王安石变法乱天下，离间母子兄弟，请太皇太后为我们做主，为天下百姓做主！”

变法乱天下、离间母子兄弟？这是什么情况？

宋神宗跪在母亲面前，恳请母亲起身。可是，不管宋神宗如何请求，高太后就是不起来，她依旧扯着嗓门大喊：“王安石变法乱天下，离间母子兄弟……”

要知道，宋朝是一个尊崇礼法的朝代，任何失仪的事情，都能演变成轩然大波，何况这种“离间母子兄弟”的大事。这要是传出去，皇宫就别想消停了。

最终，还是曹太皇太后走了出来，喝令高太后闭嘴，把她轰走了。

高太后走后，曹太皇太后拉着宋神宗的手道：“昔日，我只要听见什么民间疾苦，就一定会告诉宋仁宗。宋仁宗听完也一定会颁布诏书，予以改正。如今，你也应该如此呀……”

宋神宗听明白祖母的意思——王安石树敌太多，高太后咄咄逼人，为了维护皇家的和谐稳定，还是先罢免王安石的相位，让他避一下风头吧。

回宫后，宋神宗找来王安石，把当天的所见所闻以及头一天跟岐王不愉快的事情，都告诉了他。

王安石多聪明呀，虽然皇帝兄弟之间闹矛盾，王安石又不在场，因此不管出现什么事情，都跟他无关，但是，一个“离间母子兄弟”的罪名，就无法让自己全身而退了。

虽然皇帝没有表态，但聪明的王安石已经明白——自己罢相，已经是迟早的事情……

在这种背景下，郑侠的一道“正合时宜”的奏章，引爆了这个雷。王安石也借此机会，递交了辞呈，回家避难去了。

这才是历史的真相，也是王安石罢相的真正原因。

第二章 后王安石时代

吾之颜回——吕惠卿

熙宁七年（1074 年），在学生郑侠的弹劾下，王安石申请下岗。

收到王安石的辞呈后，皇帝没有批准，他还下令挽留，但是，天意难违，郑侠弹劾王安石后，京城突然下起了雨。一场久违的甘露，不仅滋润着这块干旱的土地，也让郑侠“罢黜王安石，十日内必下雨”的预言，得以实现。

事已至此，宋神宗就是想袒护王安石，也只能秉公处理了。

几天后，宋神宗昭告天下，以王安石身体有病为由，批准其辞去宰相的申请，让他以使相的身份回江宁府。

虽然王安石走了，但宋神宗变法的决心并没有改变。在王安石离京前，宋神宗特意找来王安石，问道：“你走后，谁可以接替你的位置，继续变法？”

王安石想了一会儿，道：“韩绛有勇有谋，可接我衣钵。”

韩绛，是一个变法的坚定拥护者，号称“传法沙门”，确实是一个不错的人选。但是，在皇帝的眼中，韩绛年老多病，谨慎有余、创新不足，恐怕无法面对错综复杂的变法形势。

宋神宗继续问道："变法之事，事关重大。一个韩绛恐怕不够，请爱卿再推荐一人。"

王安石想了想，道："吕惠卿足智多谋，可接我衣钵。"

对于这个人选，宋神宗很满意，此人是王安石的门生，他们之间号称"孔颜之交"；吕惠卿也是一个变法的坚定拥护者，号称"护法善神"，加上此前的"传法沙门"韩绛，由这两人共同组织变法，确实是一个不错的选择。

至此，君臣达成共识，任用韩绛为宰相，吕惠卿为副相，让他们继承王安石的衣钵，施行变法。

宋神宗相信，在这对"护法金刚"的保护下，变法一定能够长久推行下去。

然而，没过多久，王安石就惊讶地发现，自己竟然看走了眼。这个所谓的"护法善神"吕惠卿，一点也不"善"；他是一个货真价实、绝不掺水的小人！

那么，这个历史上大名鼎鼎的吕惠卿，又是一个什么样的人呢？

吕惠卿，字吉甫，号恩祖，泉州南安水头镇朴里人。北宋宰相，政治改革家，王安石变法中的二号人物。吕惠卿为推动变法做出了许多贡献，也干了很多坏事。

史料记载，吕惠卿之所以能够在朝廷崭露头角，他得好好感谢一个人。这个人，正是大名鼎鼎的欧阳修。

当时，欧阳修是文坛的领袖、国家的宰相，吕惠卿不过是一个新科进士、末流官员。可是，在一番交流后，欧阳修认为吕惠卿有大才，可以委以重任。于是，欧阳修向朝廷推荐了吕惠卿，还保证道："日后，若吕惠卿不是一个良臣，臣甘愿领罪！"

事实证明，欧阳修确实没有看走眼，吕惠卿有大才，确实是一个治国的能臣。但是，他也是一个不折不扣的小人！

在欧阳修的帮助下，吕惠卿获得了一个很好的平台，可以慢慢地升级了，但是，对他而言，这样的升级速度太慢了。于是，为了自己的荣华富贵，吕惠卿毅然决然地登上了"变法的大船"，从此与恩人欧阳修分道扬镳，打死不相往来了。

这样的结果，不能怪欧阳修不会识人，毕竟，纵观两宋的历史，拥有慧眼识玉本领的人，也就一个超级预言家李沆，若让欧阳修拥有李沆的识人水平，实在是要求过高。

阅人无数、见多识广的寇准、刘娥，不也在丁谓、吕夷简身上栽了跟头吗？欧阳修在吕惠卿身上栽跟头，也在情理之中、意料之内。

其实，何止是欧阳修，王安石也被他骗了。王安石只是看见了他拥戴、支持变法的行动，却没有看见其背后的欲望与野心。

审人不识，用人不当，只能自食恶果。

史料记载，王安石主持变法时，吕惠卿毫不犹豫地加入了。他与恩师欧阳修决裂，拜了王安石的码头。后来，吕惠卿以自己的博学多才，获得了王安石的赏识。

当时，在众多门徒中，王安石最喜欢吕惠卿，亲切地称其为“吾之颜回”。王安石与吕惠卿的这种“孔颜之交”，也一时传为美谈。

既然被称为“颜回”，吕惠卿也有两把刷子。事实证明，吕惠卿对得起这个称号，在与旧党的斗争中，他不仅展示了自己博学多才的本领，还成功除掉了对方阵营的主帅。

这个人，就是旧党的领袖——司马光。

宋神宗刚开始变法时，还是比较犹豫的，他一直接见群臣，请教他们的意见。

每次见皇帝，司马光就抓住机会，谈古论今，并用《尚书》中的句子引经据典，阐述不能变法的原因：“《尚书》有云，乃反商政，政由旧。”意思是说，武王虽然建立了周朝，可还是沿用的商朝的治国方略。故此，周朝延续了800年之久。因此，遵从祖宗家法，不轻易变革，才是正道。

“以前朝为例，汉朝建国时，高祖刘邦命萧何建立了一系列礼法，要求后代遵从。曹参为相时，不更改法令，始终以萧何制定的路线前进。结果，虽然刘邦死后，汉朝纷争不断，但国家一直安定，百姓也日趋富足。

“以史为鉴，汉武帝擅自更改祖宗家法，天下盗贼四起；汉宣帝沿用祖宗家法，则国家长治久安；汉元帝又擅自更改家法，天下又陷入混乱。可见，擅自更改祖宗家法，必出大乱，我们不能步汉朝的后尘。”

司马光反对变法的主要论点，不仅影响皇帝变法的决心，也让变法派很痛苦。

由于司马光的威望甚高，因此扳倒司马光，就成为变法派的首要任务。而接受这个艰巨任务的人，就是吕惠卿。

史料记载，熙宁二年（1069年）十一月，为了扳倒司马光，吕惠卿找司马光“约架”，大家准备在经筵讲师时一较高下，一辩定乾坤。

辩论那天，司马光“噼哩啪啦”说了一堆，还是那一套，无非就是《尚书》告诉我们不可擅自变更法令，不能轻易变法，等等。

司马光说完，吕惠卿上台，他也用《尚书》开讲，阐述司马光的错误，并告诉大家所谓的《尚书》不让变法，完全是无稽之谈，《尚书》也要求君主变法。

吕惠卿说：“《尚书》有云：正月始和，布法象魏。也就是说，在每年的正月，天子要将法令公布在宫门外。既然每年都要公布一次法令，那也不是说明，每年都要更改一次法令吗？”

吕惠卿还说：“《尚书》有云：五载一巡狩，考制度于诸侯。这不就是说，天子的法令，每五年就要更换一次，怎么能说制度不变呢？”

吕惠卿的这番话，说得司马光大吃一惊，宋神宗则点头不止。见皇帝听进去了，吕惠卿立刻趁热打铁道：“之前司马大人道，汉代的法令是一成不变的，只要变法，国家就一定动乱。臣以为，司马大人的这番话，确实要商榷一番。史料记载，汉惠帝废除了高祖时期的妖书令、挟书令，汉文帝也废除过前朝的收孥令，怎么能说一成不变呢？至于汉武帝时期盗贼四起的问题，不是因为变法，而是因为穷兵黩武、滥用民力。汉宣帝时期国家富庶，也不是因为恢复萧何旧法，而是皇帝选贤任能，用贤臣治理国家。汉元帝时期国家衰败，是因为皇帝重用奸臣，滥杀功勋。可见，汉室的衰败，跟变法无关！”

吕惠卿最后总结道：“一个国家要不要变法，应该根据当时的国情来定。《尚书》有云，无作聪明乱旧章。这句话不是让后人不要去变法，而是不要自作聪明，在时机不成熟的时候胡乱更改法令。如今，吾皇英明神武，王相公又制定了一系列可行的法令，时机已经成熟，为什么还不赶紧变法？”

这番话，说得宋神宗拍手叫好，也说得司马光无言以对。

经过了这次辩论，宋神宗越来越不重视司马光的意见了。司马光一气之下归隐洛阳，在洛阳城外修了一个“独乐园”，去那里修书了。

在变法过程中，吕惠卿靠自己的三寸不烂之舌，替王安石扫清了一个变法的巨大障碍，应记首功。从此以后，王安石就把他视为自己的亲信。

当时，王安石没有想到的是，摧毁自己变法的人，正是这个亲信吕惠卿！

这个小人不简单

吕惠卿跟王钦若、丁谓、夏竦一样，若被上面一个强悍的贤臣压制，这种人不会作恶，也不会掀起什么大浪；但是，一旦大权独揽，就是天下人的不幸了！

这不，得到大权后，吕惠卿立刻上蹿下跳了起来。为了获得更高的权力，吕惠卿开始排除异己、驱逐大臣。但凡跟他不对付或者阻碍他前进的大臣，都被他驱逐出京。

吕惠卿首先驱逐的人，不是保守派的大臣，而是他的同伴、变法派的骨干——曾布和吕嘉问。

原来，王安石离开后，变法元老、三司使曾布就开始嘚瑟了。他叫来自己的下属吕嘉问，询问市易法的推行情况。

按照曾布的想法，王安石离开后，自己就是变法骨干。他要干出一些成绩，好进入中央，变成宰执。因此，他迫切询问吕嘉问变法的情况，好给自己增加政绩。

然而，曾布没有想到的是，下级竟然造反了！吕嘉问根本没有分享政绩的意思，他只是冷冷地回了一句："市易法的推行良好，您无须过问。"

曾布这个气呀，他准备拿这个下属开刀了。然而，这个吕嘉问也不简单，他有足够的实力和威望，所以敢跟顶头上司对抗、瞧不起曾布。

咱们都知道，曾布是曾巩的弟弟，是变法最初的三主将之一，有绝对的实力和威望。然而，这个吕嘉问竟然瞧不起他，那么，吕嘉问的实力和威望，又是怎么来的呢？

原来，这源于他的大义灭亲。

史料记载，变法刚开始时，朝中老臣吕公弼和文彦博准备联名上疏，一起弹劾王安石，请求废除新法。

当时，新党羽翼未满，没有实力与这两位老臣对抗，若真的被这两位老臣联合攻击，新法可能就胎死腹中了。

就在这个危难时刻，吕公弼的家中竟然出现了一个叛徒，救了王安石和新法一命。

这个叛徒，就是吕公弼的孙子——吕嘉问。

吕嘉问"造反"的原因，其实很容易理解。咱们都知道，在一个动乱的时代，作为一个年轻的、激进的、意图改变国家的有识之士（或者叫反叛青年），吕嘉问肯定想加入变法派的阵营。而他加入的“投名状”，就是大义灭亲，从自己家人下手。

史料记载，得知爷爷打算弹劾王安石后，吕嘉问就偷偷来到了爷爷的书房，把吕公弼上呈的奏章偷走了。他把这个奏章当作礼物，要求加入王安石的团队。

得到这份奏章后，王安石大喜过望，他连夜找到宋神宗，以吕嘉问为人证，以吕公弼的奏章为物证，状告吕公弼与文彦博结党营私，要求罢免吕公弼等人。宋神宗听从了王安石的请求，颁布了一道圣旨，把吕公弼轰到地方了。

被发配到地方后，吕公弼一想到吕嘉问就能给气半死——这个该死的孙子！这个该死的白眼狼！

因为有了这么一个大义灭亲的壮举，吕嘉问一方面彻底得罪了吕氏家族，他的爷爷也跟他绝交了，保守派们更是称其为“吕氏家贼”；另一方面，因为有了这么一个壮举，吕嘉问得到了王安石的重用。王安石对他信任有加，委以重任。

王安石的这种思想，无可厚非。毕竟，在他的眼中，谁都有可能背叛组织，唯独这个吕嘉问不可能。

因为，一旦脱离了组织，吕嘉问就无处可去了！

被委以重任后，吕嘉问干活也非常卖力。短短几年，他就将市易法推广到了全国，成为变法派中一个呼风唤雨的实力派人物。

对于这个爱徒，王安石也一再表示：“只要你好好地推行市易法，以你的家世和背景，不出数年，老夫保你当宰执！”

可见，因为深得王安石的信任，吕嘉问志比天高，根本瞧不起曾布，对这个顶头上司也从不给好脸。

本来，王安石在的时候，还能镇得住他们。现在王安石离开了，这哥俩就反天了，谁也不服谁。

吕嘉问和曾布冲突不断，严重影响三司使的工作，宋神宗对此苦恼不已。无计可施的他只能找来吕惠卿，让他去和稀泥，安抚一下这哥俩，让他们冰释前嫌，好好工作。

按理来说，变法尚未成功，同志仍需团结在一起。这个时候，若干兄弟阋墙的事情，也会让亲者痛仇者快。然而，吕惠卿却不管这些，为了清除这些潜在对手，他义无反顾地参了他们一本，要求把他们轰出朝廷，严惩不贷。

吕惠卿上疏宋神宗："曾布为了个人私愤，妨碍吕嘉问变法，其心可诛。至于吕嘉问，也不是什么好鸟！吕嘉问在推行新法期间，贪污腐败、中饱私囊、无恶不作，若换人推行新法，变法早就成功了！"

可想而知，吕惠卿的这番话，等于给这哥俩判了"死刑"。

宋神宗看完这封奏章后勃然大怒，他没有想到，这哥俩竟然在阻碍变法。于是，宋神宗颁布了一道圣旨，把这哥俩轰出了朝廷——罢黜曾布三司使的官职，贬到饶州；罢黜吕嘉问提举市易职务，贬到常州。

至此，不费吹灰之力，吕惠卿除掉了这哥俩，消除了两大隐患。

多说一句，在扳倒曾布、吕嘉问的过程中，有一个大臣上蹿下跳，做出了杰出的贡献。为了表彰这位忠臣，吕惠卿上疏朝廷，让这个大臣成了新的三司使。

这个新上任的三司使，就是宋朝历史上鼎鼎有名的小人，祸乱朝纲，差点把苏轼害死的奸臣——章惇。

谋害恩师

打倒了曾布、吕嘉问这对潜在对手后，吕惠卿下一个陷害的人，就是自己的恩师——王安石。

毕竟，在吕惠卿的眼中，王安石是变法的总设计师，是宋神宗最为仰仗的大臣，是自己的心腹大患。

史料记载，即使罢免了王安石，宋神宗也私下告诉过吕惠卿："王公没有罪，只是现在风头太紧了，让他出去避一阵子。一旦形势缓和了，就把他调回京城，继续主持变法大业。"

可想吕惠卿听完这番话后，想要干什么……

没有办法，权力这个玩意，就是这个世界上最高等级的"毒品"，一旦吸入，就很难戒掉。若不继续吸，只有两种办法：一是戒毒（下岗）；二是死亡。

在这种心态下，为了继续独揽大权，吕惠卿准备除掉王安石，让这个恩师彻底消失。

熙宁八年（1075年），为了一举除掉王安石，吕惠卿参了老师一本，状告他结党营私，参与皇族谋反！

这一举动，天下震惊，宋神宗都不知道该说什么了！

那么，这个所谓的谋反罪名，是怎么回事呢？

原来，这一年年初，沂州有人报官，说前任余姚县主簿李逢、河中府推官徐革，联合太祖后代赵世居，图谋不轨，意图谋反。

对于谋反这种案件，地方官哪敢怠慢，他们立刻缉捕了相关人员，将他们押解京城，等候圣裁。

宋神宗得知此事后，立刻命御史台、谏院和刑部举行三堂会审。一番审讯后，赵世居对自己的罪名供认不讳，请求皇帝开恩，宽恕自己。

原来，宋英宗即位后，因为与曹太皇太后有矛盾，所以朝廷一直有谣言，说曹太皇太后要废了宋英宗，另立新君。在这些片面的信息下，赵世居蠢蠢欲动，暗中发展了一股势力，准备谋权篡位。可惜的是，没过多久，赵世居就惊讶地发现，曹太皇太后根本就没废掉宋英宗，自己中计了。

再后来，宋英宗病逝，宋神宗登基，且随着时间的推移，宋神宗的位置越来越稳固，其他宗室已经没有夺位的可能。在这种背景下，赵世居就收起了自己的野心，遣散了部队，准备踏踏实实当一个藩王，安享晚年。不知道是给的遣散费不够，还是因为其他的原因，他的手下“哗变”了。这些人一不做二不休，把赵世居的罪行昭告天下，管朝廷要“举报费”。面对手下的供词，赵世居无法狡辩，只能伏法认罪。

真相大白后，宋神宗命赵世居自尽，李逢、徐革二人斩首示众，家产充公，家人全部发配边疆。

本来，这个案件发生在沂州，跟远在金陵的王安石没有半点关系，但是，架不住吕惠卿这种小人挑拨离间、颠倒黑白。

在阅读卷宗时，吕惠卿在这群参与谋反的人员名单中，找到了一个害人的合适人选。

这就是王安石的好朋友，道士李士宁。

李士宁，来自蜀地的道士，精通养生之道、相面之术，能预言祸福，跟谁都能聊得来。但史料对其记载不详。

当时，朝中如欧阳修、王安石、“三苏”等人，都跟他有交往。很多宗室成员也是李士宁的“粉丝”，希望这位“神人”看看自己的面相，给自己指点一番。

有一年，李士宁在京城暂住，无数达官贵客踏破门槛，前来拜访。

对于这些慕名而来的人，李士宁表现得都很冷淡，可唯独对赵世居很友善。两人畅聊一番后，李士宁送给他一首诗和一口宝刀，并且告诉他：“除了您，谁也配不上这口宝刀。”

对于这句话，吕惠卿不想明白其中的含义，他唯一想明白的是——要通过这句话，把李士宁拖到这个谋反案中；再通过李士宁，把他的恩师王安石拖下水！

吕惠卿上奏朝廷道：“李士宁送刀给赵世居，就是赵世居的同党。他假托天命、妄言福祸，是赵世居谋反案的策划人，必须将其处死、以儆效尤。同时，王安石是李士宁的好友，他们一直书信往来，因此，王安石肯定也参与了这个谋反案，也应该严惩不贷！”

吕惠卿的这个诬告出现后，全朝哗然，新党们更是没有想到，吕惠卿竟然是一只白眼狼，连自己的恩师都敢诬告。

一番痛骂后，新党们开始为王安石求情，他们告诉宋神宗：“王安石与李士宁交好，这个不假；李士宁送给赵世居宝刀，这个也不假；但是，这是十几年前的事情了。要是他们打算造反的话，早就干了，还用等到现在！现在说他们造反，不是无稽之谈吗？”

最终，宋神宗相信王安石不可能造反，把这件事情压了下来，既没有治王安石的罪，也没有治李士宁的罪，仅仅把李士宁发配永州了事。

对于吕惠卿而言，虽然没有坑死自己的老师比较遗憾，但是，通过这件事，他在王安石的履历上增加了一个污点，给他泼一身脏水。

此外，通过这件事情，吕惠卿也看出来，在这个朝廷里，谁忠于自己，谁反对自己。他能以此事为契机，打压那些不忠于自己的大臣，让自己的位置更加稳固。

这些被吕惠卿打压、陷害的大臣中，最惨的一个人，就是王安石的徒弟——郑侠。

坑害郑侠

其实，吕惠卿本没打算害郑侠，最多是防守反击罢了。若不是郑侠咄咄逼人，吕惠卿也不会下这么狠的手。

这是怎么回事呢？

当时，害老师下岗后，郑侠觉得很不好意思。王安石出京时，郑侠来到城门口为其饯行。

郑侠刚一出现，就有人认了出来，王安石的门生立刻围了上去，准备狠狠地揍郑侠一顿，替王安石出气。眼看郑侠就要挨揍了，王安石命大家住手，并告诉众人："郑侠所言，并非是为了自己。虽然我不同意他的说法，但他一片赤诚之心为国家谏言，我又怎么会怪罪他呢？"

说完，王安石命门生把这番话转给郑侠，就潇洒地离开了。

郑侠听后感动不已，他跪在地上，望着王安石远去的马车泪流不止。

拜送了王安石后，郑侠回去继续上班。在此后的一段时间里，旧党成员频繁地与他接触，抛送橄榄枝。那些瞧不起郑侠的同事也围着他转，阿谀奉承、拍尽马屁。因为，在大家的眼中，郑侠是斗倒"恶霸"王安石的大英雄，假以时日，必回归朝廷，被委以重任。

然而，这个"假以时日"却有点长……

过了数月，郑侠依旧是那个小小的监门小吏，没有任何升职的迹象。对于这个情况，郑侠大惑不解，同事们也为其打抱不平。

有人说："郑侠为百姓请命，是斗倒王安石的大英雄，凭什么不能升职呢？"

也有人说："你们有所不知，王安石走了，但吕惠卿还在。如今变法依旧进行，郑侠这一状等于没用。"

还有人说："我告诉你们，还不如让王安石当政呢。这个吕惠卿呀，真不是一个东西。王安石执政时，即便政见不同也不会整人。这个吕惠卿倒好，一旦政见不和，就会肆意报复，把人往死里整！这个人呀，就是一个奸臣。"

听了大家的话后，郑侠大怒，他万万没有想到，自己拼死一搏的谏言，不仅没有废除新法，还让一个小人上位了。

于是，怒不可遏的郑侠再次上疏，对宋神宗谏言。

郑侠告诉皇帝:“新法祸国殃民，吕惠卿结党营私，若不将新法废除、将吕惠卿罢免，天怒人怨。放眼满朝文武，只有副宰相冯京清正廉洁，能够匡扶正义。希望皇帝任用冯京为相，罢免奸臣吕惠卿！”

本来，郑侠是一个末流的小官，无权向皇帝谏言，但因为有“片纸落去当朝首辅”的壮举，官员们不敢隐瞒郑侠的奏章，就给上交了。

吕惠卿看完郑侠的奏章后怒不可遏，心想这个郑侠真是不知好歹！当时，若不是王安石替你求情，你早就被打死了！如今，你一个大难不死的人，还不老老实实地待着，竟然还敢上呈奏章，真是找死！

吕惠卿可不是王安石，这个小人没有那些“妇人之仁”，他立刻上疏朝廷，弹劾郑侠“结党营私，诋毁宰执，抨击新法”，必须严惩不贷！

本来，宋神宗不讨厌郑侠，但也绝谈不上特别喜欢，于是，在奸臣吕惠卿的蛊惑下，宋神宗颁布了一道圣旨，罢黜了郑侠监门小吏的官职，流放汀州，由当地官员监管。

当时，送完奏章后，郑侠就在皇宫外面跪着，等待消息。结果，郑侠没有等来吕惠卿下岗的消息，却等来了自己被罢官流放的消息。

对于这个结果，郑侠很释怀，他脱下官帽，行完三拜九叩的大礼后就回家了。

很多百姓和官员知道了郑侠被贬的消息，都来给郑侠送行。大家知道，郑侠家境贫寒，身上一点值钱的东西都没有，如今远赴汀州，能不能到那里都未可知。为了不让郑侠饿死在半路上，官员们就凑了一些钱财，赠予郑侠。老百姓也送给郑侠一些米、菜、肉等物，作为饯别之礼。这个送行的场面，让人感动不已。

第二天，在开封府衙役的催促下，郑侠被押解出城了，他在全城百姓的祝福声中前往汀州。然而，让郑侠始料不及的是，用不了多久，他重新回到开封城，并以一个罪臣的身份被押解入狱。

原来，就在此时，一个以郑侠为中心的冤案，正在吕惠卿的手中慢慢成形……

当时，王安石离开后，宋神宗任命新党的主将韩绛为宰相，吕惠卿为副相；为了平息众议，也为了维护朝廷平衡，宋神宗还提拔了旧党干将冯京，让其担任副相。

为了大权独揽，也为了清除这个反对派，吕惠卿无时无刻不在想办法，把这个冯京驱逐出京。

郑侠的出现，给了吕惠卿一个驱逐冯京的最好契机。

在吕惠卿的眼中，郑侠不是要驱逐自己，让冯京取代自己吗？那么这两人之间，肯定有染，否则，郑侠绝不会干这种费力不讨好的事情。

为了查明这二人之间的关系，吕惠卿派自己的心腹张琥出马，去调查冯京与郑侠来往的记录。结果，张琥调查了半天，也没有调查出他们之间的任何记录。

得到这个结果后，吕惠卿大怒，他没有想到，这个世界上，竟然真有这种毫无私情，一心为民请命的主！

一计不成，再生一计。见无法找到郑侠与冯京的来往记录，吕惠卿就指使张琥偷了冯京家的客人出入名册。

名册到手后，吕惠卿找来一个模仿写字的高手，在这个名册上增加了一笔，说某年某月某日，郑侠来访，赠送画卷一轴。

得到这个证物后，吕惠卿立刻进宫呈给宋神宗，并参了冯京一本。

吕惠卿告诉皇帝："郑侠与冯京结党营私，挑唆君臣关系，其心可诛。郑侠公开支持冯京，就是得了冯京的很多好处，不然他为何越级上奏？如今，这个名册就是冯京和郑侠结交的物证。"呈上冯京家的"客人出入名册"后，吕惠卿继续道，"郑侠之所以肆无忌惮抨击新法，就是有冯京在后面撑腰。不仅如此，朝中还有一大批官员相互勾结，妄议朝政，诽谤新法。这些人只要是新法，一律都反对，对于朝廷安排的人员，也无论对错，只要是支持新法的人，全被痛骂为'奸诈小人'。若不是这些人严重阻碍新法，新法早就大成，天下早就大治了！"

一听冯京、郑侠这样的官员竟然结为"朋党"，宋神宗火冒三丈，他立刻宣冯京进殿。

冯京来到后，宋神宗劈头盖脸道："说，你是怎么认识郑侠的？"

冯京被问傻了，当即表示："臣与郑侠素不相识，根本没有往来。"

一听这话，宋神宗大怒道："事已至此，你竟然还不承认！"说罢，把冯京家的客人出入名册扔了下去，让他自己看。

冯京疑惑地拿起了出入名册，开始一页一页翻看，当看见郑侠的名字出现在自家的出入名册后，冯京傻了，也不知道该说什么了。

见冯京无话可说，宋神宗就认定他“欺君”了。于是，他立刻颁布一道圣旨，将冯京、郑侠等人缉捕归案，命吕惠卿处理此事，全力彻查他们结党营私一事。

这时，冯京才如梦方醒，大喊“冤枉”。可这个时候喊冤枉，又有什么用呢？两个殿前武士冲上前来，一左一右，就把冯京拖走了。

冯京入狱后，吕惠卿命张琥去汀州，将郑侠缉捕归案。当时，郑侠还没有走到汀州，他都不知道自己犯了什么错，就被押回京城，关在了开封府的监狱里。

抓回郑侠后，吕惠卿亲自坐堂，审理此案。吕惠卿审问郑侠：“赶紧说出自己的同党名字，否则让你求生不能，求死不得！”

郑侠不说，吕惠卿就命人毒打，打得他皮开肉绽，几度昏死过去。当然了，即使被严刑拷打，郑侠也绝不胡说，更不会栽赃陷害。

见郑侠这里没有突破口，吕惠卿就在其他人身上做文章。一时间，在吕惠卿的命令下，所有跟郑侠有关系的官员，都被缉捕入狱。冯京家出入名册上的所有人员，也都被缉捕入狱。

在吕惠卿的眼中，这么多人，绝对不是正人君子，肯定有一两个肯做伪证的主。到时候就齐活了。

然而，吕惠卿还不知道，他这样肆无忌惮地胡乱抓人，到底意味着什么。

简单来说，吕惠卿犯了当年燕度的错误，他抓的人太多，也太频繁了。短短几天，上到副相冯京，下到寻常百姓，竟然抓捕了数千人，开封府的监狱都被关满了。

朝廷的官员们不干了，他们接连上疏，痛骂吕惠卿胡乱抓人，陷害忠良，请皇帝颁布圣旨，停止这种抓捕行动，以平息民愤。

同时，冯京也不是吃素的，虽身陷囹圄，但还是找到了曹太皇太后，请她告诉宋神宗——自己家的出入名册早就丢了，如今名册在吕惠卿手中，必是他偷窃的。吕惠卿擅自更改名册内容，打压同僚，排除异己，制造冤案，其心可诛！

出了这么多的事情，宋神宗的脑袋都大了，他告诉吕惠卿：“只许彻查冯京与郑侠结党营私一事，其余无关的人员全部释放。”

宋神宗还告诉吕惠卿：“曹太皇太后特别交代，不许对冯京用刑。至于郑侠，可以用刑，但不许屈打成招，更不许把他打死。”

听完皇帝的旨意，吕惠卿傻了。

按照他本来的主意，吓唬冯京，对其用刑，让他作伪证；或者强行让郑侠画押，然后弄死他，来一个死无对证。结果这两条路都被宋神宗堵死了。他只能硬着头皮，继续拷问郑侠，希望他更改口供。

这样的僵局，整整持续了半年。这半年里，不管吕惠卿如何地严刑拷打，郑侠就是不改口供，就是不承认与冯京有来往，也不承认罪名。

见这个事情拖得没完没了，宋神宗下了死命令——必须在过年之前了结此案。即日起，所有审理官员不得回家，就住在衙门内审案。

见此情景，吕惠卿心急如焚，他找来所有亲信一起商量对策。有一亲信建议：可以买通冯家的门房，让他做伪证。即便郑侠不承认去过冯家，但有冯家的门房做证，也能坐实了郑侠的罪名。

吕惠卿大喜，立刻依计而行。后来，在一番威逼利诱下，冯京的门房被收买了。

得到门房的口供后，吕惠卿大喜过望，立刻把门房的口供呈给宋神宗，请求将郑侠斩首，以正视听。

孰料，事与愿违……

原来，根据史料记载，面对这个“铁证如山”的证据，宋神宗看都不看，直接给扔了。

因为，在宋神宗的眼中，郑侠深陷监牢半年，身上已经被打得一块好肉都没有了，还不改口供，可见，这是一个把名誉、信义看得比自己生命还要重要的人。

这样的一个人，是绝对不会说谎话的。

郑侠不会说谎话，肯定就有人说了谎话，欺君瞒上了！

可想而知，看着皇帝质疑自己的双眼，吕惠卿吓得浑身颤抖、冷汗直流，但还故作镇定，绝不露出一丝马脚。

最终，为了缓解这种尴尬的气氛，也为了给吕惠卿一个自己扔证物的理由，宋神宗叹了一口气，拿出一封王安石的书信，交给吕惠卿，道：“郑侠所说的话，不是为了自己，而是为了大宋。郑侠多次诋毁王相公，还把他挤出了朝廷，可王相公却写信为他求情，说他是一个为国为民的人，请求从轻判罚。这样一个王相公都保举的人，朕怎么忍心处死他呢？”

几天后，宋神宗下旨——郑侠越级上告，实为不妥，发配英州，由当地官员监管；罢黜冯京副宰相职务，发配亳州；其余的官员，贬斥后全部释放。

至此，这个冯京与郑侠的结党营私案，就以这样的结果告终。

郑侠出狱后，吕惠卿恨其痛骂过自己，打算让郑侠赶紧上路，使其在流放途中过年。但是，宋神宗的圣旨却先到了：“念你为国直言，可留在京城过年，上元节后再去英州。”

对于这道圣旨，郑侠感动得热泪盈眶，吕惠卿则气得咬牙切齿，却也无计可施。他放过了郑侠，让这个人自生自灭去了。

从那以后，郑侠的后半生，虽无小人的陷害，但也是在跌宕起伏中渡过的，堪比是一场“过山车之旅”。

熙宁八年（1075 年），郑侠来到英州，住在一所即将倒塌的僧屋中。英州人知道他来后，对他钦敬有加，让子弟跟随他读书，还为他重新修建了一座居所，让他在这里安居乐业。

元祐元年（1086 年），哲宗皇帝赵煦登基，大赦天下。郑侠遇赦，回到家乡福清。经苏轼、孙觉联名推荐，被起用为泉州教授。

绍圣元年（1094 年），章惇执政后，罗织、文彦博等 33 人罪状，称他们为元祐党人，将这些人贬斥放逐，郑侠再次被贬往英州。

元符三年（1100 年），哲宗崩，徽宗即位，追复这 33 人被贬的官职，郑侠官复原职。

崇宁元年（1102 年），蔡京入朝为相，为了打击异己，他立元祐党人碑，再次掀起党争。在这份名单中，郑侠名列第 15 名，被罢职还乡，成了一个平头老百姓。

宣和元年（1119 年）八月，郑侠病逝，享年 79 岁。这个一生都在折腾的人，终于得到了安息。

而从郑侠这份履历，我们也能够看出：北宋末期的党争，有多么的残酷！

书归正传，为郑侠盖棺论定一下：郑侠的一生，在天天想升官发财的官员眼中，是失败的；但是，在“以天下为己任”的官员眼中，又是成功的。这样的一位好官，百姓不会忘记他，宋朝不会忘记他，历史更不会忘记他。

南宋绍熙三年（1192 年），朝廷追封郑侠以朝奉郎的官职，给予了他应有的待遇。南宋嘉定六年（1213 年），朝廷赐其谥号“介”。

跟寇准一样，虽然生前没有受到公平的待遇，但是，人们永远记住郑侠“无功于国，无德于民，若华衣美食，与盗无异”的名言，历史终将给予他应有的评价。

不管多远，这一天总会来到。

因为，天下的公理和正义，自在人心，历经千年依旧如此。

第三章 王者回归

春风又绿江南岸

罢黜了曾布和吕嘉问、陷害了王安石、轰走了郑侠、除掉了冯京后，吕惠卿完成了自己的目的。从此，朝中再也没有大臣敢反对他，他终于成了这个帝国的“独相”！

然而，吕惠卿不知道，当他成为独相、位极人臣的时候，也将是他开始倒霉、走背字的时刻。

“水满则溢，月满则亏”，此千古不变之道理。毕竟，没有一个帝王能够容忍一个大臣，在自己面前装满“水袋”。

还是那段话——身为帝王，大臣干的很多事情，皇帝都能忍，唯一不能容忍的，就是大臣的权威凌驾于皇权之上。不管这个人是奸臣还是忠臣，一旦被皇帝发现，必定严惩不贷。

飞扬跋扈、目中无人的吕惠卿根本不知道，在他风光无限的背后，已经有一双眼睛牢牢盯住了他，开始盘算怎么收拾他了。

恰在此时，发生了两件事情，宋神宗痛下杀手，把吕惠卿轰出朝廷了。

第一件事情，皇帝“顿悟”。

一直以来，皇帝都很信任吕惠卿，毕竟那是王安石推荐的人选，也是自己选择的人才。因此，即使有郑侠等人弹劾吕惠卿打击异己、报复群臣，皇帝也不太相信；即使吕惠卿干了“铁证如山”的事情，如陷害曾布、吕嘉问等人，宋神宗也认为吕惠卿做得对，那些人才德不够被朝廷罢免，也在情理之中。

因此，不管别人如何状告吕惠卿，皇帝也一直相信吕惠卿。

然而，等宰相韩绛单独面见宋神宗，说了一番肺腑之言后，皇帝对吕惠卿的这种信任，就烟消云散了。

原来，韩绛直言不讳道：“吕惠卿就是一个卑鄙无耻的小人！他大搞李士宁的案件，不是为了剿灭叛党，也不是为了维护皇权，而是为了陷害王安石。吕惠卿置王安石于死地，好不让他东山再起，威胁自己的相权！”

真是一语惊醒梦中人，听完韩绛的话后，宋神宗恍然大悟。

在宋神宗的眼中，吕惠卿连陷害恩师的事情都干得出来，还有什么人不敢出卖呢？假以时日，当吕惠卿的权力到达一定程度后，为了追求更高的权力，他会不会连自己也出卖呢？

一想到这些，宋神宗就决定不再重用吕惠卿。

就在此时，吕惠卿自己又干了一件胡作非为的事情，这就是变法。

吕惠卿认为，变法大业足以载入史册，但是，现在所有的变法章程，都是王安石制定的，跟自己没有任何关系。若一直这样“萧规曹随”下去，体现不出自己的本事。

于是，吕惠卿毅然决然地下令——出台一个新法，以证明自己的能力！

当时，吕惠卿的弟弟吕升卿，说免役法在推行的过程中，出现了新的问题，如有人故意隐瞒自己的财产情况，以逃避或少缴助役钱。

得知这件事情后，吕惠卿认为可以用这件事情做文章。于是，在跟弟弟商量后，吕惠卿创造了一个新法，叫手实法，以弥补免役法的损失。

手实法，类似于现在的私人财产登记。吕惠卿规定，百姓拥有的财物，都要向政府登记申报，政府再按照当地物价，对这些物品征收一定的税，以充国库。民间所有的物品都需要汇报，不得藏匿。一旦发现有人藏匿物品，立刻没收充公，藏匿者也要受到相应的惩罚，以儆效尤。

此外，为了快速地查出藏匿者，吕惠卿还规定：鼓励百姓举报，凡举报属实者，可获得被举报者的三分之一财产作为奖励。

三分之一的财产举报费……这个诱惑，确实不小。当然了，这样做的结果，也只能用四个字来概括了。

那就是——天下大乱！

如此丰厚的举报费，让全天下的百姓们疯狂起来了。大家趴在贪官污吏、富豪乡绅的门口，看他们家到底隐藏了多少财宝，好去举报。胆量大的，甚至对这些家庭敲诈勒索、索要各种“封口费”。

百姓疯狂了，官员更是疯癫。

当时，手实法不是规定，要对百姓的财产进行登记吗？结果，在登记期间，官员们连一只鸡、一个烧饼、一个扫把，甚至是一根木头都不放过，全部登记在册。官员以此为由，增加赋税，最终大捞外快、中饱私囊。

一时间，拜这个手实法所赐，富人惶惶不可终日，百姓则怨声载道。

在这种情况下，吕惠卿一下子成为众矢之的，反对手实法的奏章也源源不断上交到了宋神宗的手中。

看着这堆积如山的奏章，再想想吕惠卿的所作所为，宋神宗终于决定放弃吕惠卿了。于是，这位皇帝颁布了一道圣旨，恢复王安石的宰相身份，命他速回京城，收拾这个烂局。

至此，在被罢免了十个月后，熙宁八年（1075年）二月，王安石复相，重新回到了朝廷。

殊不知，这一次“王者归来”，天下将看见一个不一样的王安石。

明月何时照我还

史料记载，罢相的经历，让王安石感慨颇深，在回家“养病”期间，他也悟出了一个深刻的道理——必须要大权独揽，才能不受制于人，才能完成变法大业！

王安石是这么想的，他也是这样做的……

一个独裁者，就此诞生……

史料记载，王安石回京后，没有按照宋神宗的预想，去维护新法、收拾吕惠卿的乱局。相反，王安石干起了“结党营私、排除异己”的事情。

王安石驱逐的官员之多，比吕惠卿有过之而无不及。当时，朝廷最主要的“三大衙门”，全被王安石“清理”了一遍。

王安石第一个驱逐的大臣，就是新上任的三司使——章惇。

实事求是地说，章惇虽然是靠投机取巧上位，但他担任三司使的时候，却比曾布干得好。然而，王安石不管这些，在他的眼中，章惇是吕惠卿的人，这个人不能留！

于是，在王安石的上奏下，宋神宗把章惇轰出了朝廷，贬到湖州了。

王安石第二个驱逐的大臣，就是枢密使——陈升之。

史料记载，陈升之并非新党，但也不是旧党。他一直保持中立，在两派的夹缝中做人。

按理来说，对于这种“无害”的人，若是以前的王安石，不会与之为难，也不会对其迫害。何况，在王安石复相这件事情上，陈升之是投了“同意票”的。对于这个有恩于自己的人，王安石不应该为难他才是。

结果呢？完全不是那么回事！

史料记载，为了大权独揽，王安石瞄上这个不跟自己一条心的陈升之。王安石给出的理由是：陈升之是一个首尾两端的伪君子，他一直立场不坚定，在新旧两党之间徘徊不定。这种摇摆不定的人，不能委以重任。危难关头，不仅不能指望这种人，还得防止他们落井下石。因此，应该罢免陈升之，驱逐这个潜在的隐患。

最终，宋神宗同意了王安石的请求，把陈升之轰出了朝廷，改任其为扬州知州。

王安石第三个驱逐的大臣，就是他自己推荐的宰相——韩绛。

作为王安石的“传法沙门”，韩绛本是王安石最坚定的拥护者，王安石不管驱逐谁，也不应该驱逐他。毕竟以前王安石和韩绛的关系一直不错，虽然王安石的威望比韩绛高，但韩绛比王安石年长。因此，王安石很尊重这个“老大哥”，即使发生异议，也会在台下解决，绝不在朝廷上起争执。

可现在呢？王安石变了。

史料记载，有一天朝会，因为应该判一个违纪官员是免官还是留任的问题。当着宋神宗的面，王安石和韩绛吵了起来。

当时，宋神宗稍微偏袒了一下王安石。结果，见皇帝如此行事后，本来就委屈的韩绛怒了，他索性提出了辞职，撂挑子不干了。

一看韩绛罢工了，宋神宗大吃一惊，马上好言相劝，希望他继续为国效力。

劝慰期间，宋神宗道："一个官员任免的问题，不过是一个很小的事情。卿不能因为这种小事，就辞职不干呀。"

韩绛气鼓鼓地回答道："一件小事，臣都不能做主，何况是国家大事？继续这样干，还有什么意思呢？臣还是辞职吧。"后来，不管皇帝怎么劝，韩绛也一定要辞职。

为了挽留韩绛，宋神宗对那名违纪的官员贬官重罚、严惩不贷。可是，即便皇帝按照韩绛的主意办，韩绛还是坚持辞职，他再也不打算受王安石的气了。

见毫无商量的余地，宋神宗只能同意了韩绛的请求，让他外放出京了。

又解决掉一个……

无数的史料记载，因为这件事情，宋神宗和王安石开始产生嫌隙。毕竟，在皇帝的眼中，那个一心为国、不计名利、不搞朋党的王安石，怎么让人无法识别了呢？

就这样，在皇帝质疑的双眼中，王安石与宋神宗之间的裂痕急速扩大，最终让这二人彻底决裂。

驱逐吕惠卿

回到朝廷后，在很短的时间内，王安石就将三司使、枢密院、中书省的"头头"们，全部驱逐出京了。从此，满朝的文武百官，再也无人敢反对他。

然而，在大权独揽前，王安石还得除掉一个人。

这个人，就是欺师灭祖的奸臣，他最得意的弟子，护法善神、吾之颜回——吕惠卿。

史料记载，为了扳倒这位"爱徒"，王安石可谓煞费苦心，他跟儿子王雱商量了无数回，找到了一个合适的理由。

当时，国家举行了一次国子监选拔考试，由吕惠卿的弟弟吕升卿主持。考试结束后，有人发现，吕升卿的小舅子方通竟然名列前茅。

这一下子，其他举子、特别是没有考上的就不干了。他们联名上奏，状告吕惠卿兄弟徇私舞弊。

咱们都知道，历朝历代，科举考试都是国家的“高压线”，谁动谁死。前朝，王钦若就是因为徇私舞弊，差点被人整死。

话虽如此，但若想用这件事情治吕惠卿的罪，并不容易。

一来，方通并不是酒囊饭袋、纨绔子弟，人家也是一个大才子，考试成绩优秀，这完全可能。

二来，是吕升卿主持科举考试，这件事情跟吕惠卿没有一丁点关系，单凭这件事情，就想让吕惠卿下岗，难度可想而知。

当然，用这件事情做文章，“骗”吕惠卿主动下岗，这倒完全可以。

当时，王安石主动找到吕惠卿，对他动之以情，晓之以理，希望他主动承认错误，自请出京，这样保留一条“全尸”。

由于史料匮乏，王安石是怎么“忽悠”吕惠卿的，不得而知，但史料清楚地记录了，王安石这次忽悠后的结果——

被忽悠一番后，吕惠卿竟然被王安石说得“茅塞顿开”，他真的去找皇帝，请求辞职，主动下岗。

当时，皇帝还不知道发生了什么事，他问道：“如今没发生什么事情呀？爱卿为什么主动辞职、外放地方呢？”

吕惠卿多贼呀，他一下子就听明白了，自己这是上了王安石的当了。当然，吕惠卿很会做人，他清楚地知道，在皇帝面前控诉王安石，毫无用处。因为此时此刻，皇帝还是很器重王安石的，他最讨厌的事情，就是官员背后诽谤、诋毁自己的偶像。

于是，吕惠卿迂回道：“辞职一事，并非我的本意。只是，王相公回朝后，屡次请假养病。臣想，可能是臣气到了王相公，他才会生病。万一把王相公气病了，就不好了。何况，王相公也不喜欢臣，多次与臣发生争持。既然王相公不喜欢臣，臣就自请出京吧，以后朝廷大事，就让王相公一个人说了算。如此一来，天下大治的时代，应该很快就会来了。”

看看，吕惠卿多么地会说话，多么地会话里藏刀，多么地会挑拨离间……

他说的这些话，句句直捅宋神宗的心窝子。

主动出京，不跟王安石发生争执，让王安石一个人说了算……吕惠卿说这些话就是在告诉皇帝——王安石在排除异己，臣不想被他陷害，所以只能离京。

可想而知，吕惠卿的话，给宋神宗的内心带来何等的冲击。

本来，皇帝召王安石回来，是让他主持变法，富国强兵。结果呢？王安石不出数月，就把“三大部门”的头脑们都轰走了！王安石如此肆无忌惮地排除异己，已经让皇帝很不悦了。若批准了吕惠卿的辞职请求，只怕更会助长王安石大权独揽的野心。估计用不了多久，朝中就再也没有一个敢反对他的大臣了。

一想到这些，宋神宗满脸不悦道：“爱卿的请求，朕绝不同意，你还是老老实实上班吧。”

按照皇帝的设想，他要留下这个吕惠卿，牵制王安石，以免王安石相权过甚，最终到达凌驾皇权的地步。但是，宋神宗这样做，就等于中了吕惠卿的计谋，他终于不用辞职了。

就这样，不动声色之间，利用皇帝的疑心，吕惠卿成功化解了这个公关危机。

见吕惠卿毫无走人的意思，还倒打一耙，告了自己一个“专权”的状，王安石大怒，他听从儿子王雱的建议，再生一计，终于把吕惠卿轰走了。

史料记载，王安石的儿子王雱，堪称一个天才，若不是英年早逝（熙宁九年去世，享年32岁），王雱绝对会继承父亲的衣钵，成为一个永载史册的思想家、政治家。

当时，为了除掉吕惠卿，王雱告诉父亲，若不能劝吕惠卿隐退，那就抓吕惠卿贪污腐败的问题做文章。毕竟，大家都在官场混，谁能两袖清风、一尘不染？

说干就干，王雱立刻开始寻找吕惠卿贪污受贿的证据。在一番寻找后，功夫不负有心人，他终于找到吕惠卿的把柄。

原来，华亭县知县张若济为了巴结吕惠卿，强卖了当地万亩良田，作为礼物，拜了吕惠卿的码头。

吕惠卿很贼，得到这些土地后，他立刻转给了自己的舅父郑膺，并把原始地契烧毁了。

本来，吕惠卿认为这件事情做得天衣无缝，但还是被王雱查了出来。于是，王雱以地契为证据，状告吕惠卿收取贿赂、巧取豪夺。

证据确凿，不容狡辩，在铁证如山面前，宋神宗也没法袒护吕惠卿了。于是，他不得不罢免了吕惠卿副相的职务，把他外放到陈州去了。

至此，在轰走了吕惠卿后，王安石终于大权独揽了。当然了，他这么做的结果，也可想而知。

于是，就跟当年对待吕惠卿一样，宋神宗也瞄上他了，毕竟，还是那句话：在皇帝眼中，任何想在他面前“独权”的人，都会被他无情地除掉，不管这个人是谁……

第二次罢相

史料记载，自从王安石轰走吕惠卿后，宋神宗对这位偶像的不满，终于爆发了。

毕竟，在皇帝的眼中，短短几个月，这位偶像就驱除掉了所有反对他的大臣，建立了一套只忠于自己的“班底”……

何况，王安石当时的工作态度，也是一个“老大难”的问题。

什么问题呢？简单来说，就八个字——消极对抗，称病罢工！

原来，为了树立自己不可触犯的威信，王安石在罢免了一堆不合作的大臣后，上呈了一份恳请任命的官员名单，请求皇帝批准。

私立“朋党”，王安石已经犯了大忌，这要是发生在宋仁宗时代，王安石就得步范仲淹的后尘了。但是，现在是宋神宗时代，这位皇帝还是很器重王安石的，所以这对君臣没有爆发出那种不愉快的事情。

当然，皇帝虽然没有“发飙”，但对于这种结党营私的事情，还是要杜绝的。

满脸不悦的宋神宗道：“爱卿的这封名单中，有几个是朕讨厌的官员，就不要任命他们了。”

皇帝都这么说了，但凡一个有头脑的大臣，都知道该怎么回答。结果，大家猜，王安石是怎么回答的？

“启奏陛下，治理国家，理应唯才是举，怎么能够唯亲重用呢？陛下不喜欢这些大臣，不跟他们说话便是，但治理天下，还需要这些大臣，希望陛下颁布圣旨，任命这些大臣。”

这就是赤裸裸的要挟……

史料记载，一旦皇帝不同意王安石的请求，这个“拗相公”就会选择一种强势的方式来回应这位皇帝。

这个方式就是——消极对抗，称病罢工！

一个员工，竟然以“称病罢工”的形式要挟老板，这个员工的下场可想而知。

就这样，宋神宗开始讨厌王安石。

最终，在两个小人的“帮助”下，宋神宗与王安石终于决裂，形同陌路。

第一个小人，邓绾。

邓绾，字文约，成都双流人。邓绾才华横溢，却心术不正，他为了目的不择手段，终于成了一个祸国殃民的小人。

史料记载，邓绾为政时，有一句千古名言：“笑骂从汝，好官须我为之。”其小人嘴脸，溢于言表。

王安石第一次下岗时，邓绾为了巴结吕惠卿，干了很多落井下石、陷害王安石的事。王安石回来后，邓绾为了修复与王安石的关系，在门客练亨甫的建议下，打算干以下事情，让王安石原谅自己：第一，推荐王安石的儿子王雱为枢密使；第二，让王安石的几个弟弟入朝为官，推荐他们出任翰林学士、中书舍人；第三，让王安石的女婿、子侄进入馆阁；第四，让宋神宗赏赐王安石一座豪宅。

在邓绾的眼中，只要他干成了这些事情，王安石就会原谅自己，并重新对自己委以重任……

但是，王安石并不是一个爱财如命的人，邓绾这么做，又有什么用呢？何况，邓绾这样做，不是在巴结王安石，而是鼓励他结党营私——邓绾是嫌王安石死得不够快，打算“帮”他一把呀！

可想而知，当皇帝看见这封奏章后，已经气得浑身冒烟了。当然，愤怒归愤怒，宋神宗并没有表露出来。

有的时候，一个人不发怒，反而更可怕……

几天后，王安石故伎重施，又上演罢朝称病的“闹剧”。这一次，宋神宗不再生气了，他派人告诉王安石：“爱卿不要再闹了，你的所有愿望，朕都会满足。只是，眼下还没有找到一个合适的宅院，还望爱卿等待几天。”

愿望？宅院？等几天？王安石听到这些词，直接就懵了，他连忙入宫觐见，要当面问个明白。

王安石开门见山道：“臣从来没有提过愿望，陛下为什么要赐给我豪宅？”

一听这话，宋神宗微笑不答。

出宫后，王安石越想越不对劲，于是，立刻召集门生开会，他要当面问清楚，是谁瞒着自己干了这种事情，这不是成心坑自己吗？

史料记载，王安石大发雷霆，连拍桌子带骂街，誓要揪出这个小人。

在这种情况下，邓绾吓得浑身是汗，只能当面承认，是自己出了这么一个馊主意，恳请王大人法外开恩，原谅自己。

抓住了这个罪魁祸首后，王安石立刻马不停蹄地第二次入宫，当面向皇帝解释了这件事情，并把邓绾贬到虢州去了。

虽然王安石把事情说明白了，但是，宋神宗会信他的话吗？在这个君主眼中，邓绾是王安石的人，没有王安石的授意，这个人真的敢如此行事吗？而且，王安石抛弃了邓绾，难道不是“弃车保帅”吗？

可见，君臣之间的猜疑，不会因为邓绾的离开而解开；相反，他们之间的互相猜疑，越陷越深。

如果说，小人邓绾的“谏言”，只是无心插柳地陷害了王安石。那么，下面这个小人的“谏言”，则是真真正正的“进攻”了。

第二个小人，就是刚刚被轰出朝廷的小人——吕惠卿。

史料记载，吕惠卿被贬到陈州后，越想越气，无时无刻不想报复王安石。为了打击报复王安石，吕惠卿日夜整理自己与王安石的书信，在这些书信中找到了四个字，以此击溃了宋神宗包容王安石的最后一道防线，把恩师撂倒在地。

这四个字，叫作“无使上知”。

原来，在变法初期，很多人批判新法，吕惠卿曾建议把这些人轰出朝廷，以维护新法。对于吕惠卿的建议，王安石一般不同意，但只要同意的，就会特别叮嘱吕惠卿：这件事情可以干，但一定要“无使上知”。即秘密处理掉，不能让皇帝知道。

可想而知，皇帝看完这四个字的反应！

宋神宗没有想到，王安石竟然敢背着自己，栽赃陷害、罢黜官员。这样的人，不能再留了！否则，假以时日，等王安石羽翼丰满后，他就敢直接“罢免”皇帝了！

于是，在吕惠卿的挑唆下，宋神宗对王安石的不满终于爆发。

熙宁九年（1076 年）十月，宋神宗颁布御令，再次罢黜王安石宰相之位，改判镇南军节度使，同平章事，判江宁府。

就这样，重新上岗了一年多后，王安石再次被罢相。他这一走，就再也没有回来……

这一年，王安石 56 岁。虽然他的生命还远远没有到达尽头，但他的政治生命，已经随着这场离任彻底结束了。

王安石的离任，也标志着这场轰轰烈烈的变法，宣告结束。虽然在未来，这场变法余波未平，持续三个王朝，一直到北宋亡国为止。但这一切，已经跟王安石没有任何关系了。

那么，王安石离开后，这场变法如何继续演绎的呢？在这个“后王安石的时代”，又将爆发出哪些轶事呢？

第四章 下岗的真正原因

第二次下岗的真相

如今，无数史料皆记载，吕惠卿的那封检举信，是王安石下岗的主要原因。

其实，若好好研究历史，就能清楚地发现——吕惠卿的那封检举信，只不过是王安石下岗的导火线罢了。王安石下岗的真正原因，应该是那两件事。

这是两件什么事情呢？

第一件事情，王雱之死。

史料记载，熙宁九年（1076 年）春夏之交时，王雱突然生病了，他的身体状况渐渐不佳。同年六月，王雱病逝，享年 32 岁。

王雱的死，对王安石的打击很大。除了那种“白发人送黑发人”的丧子之痛外，王安石也失去了一个好战友、好知己。

纵观史料，在王安石变法期间，无数的人反对过他，无数的人背叛过他。

那些背叛他的人，有他的朋友、他的老师、他的徒弟，甚至是他的家人

（弟弟王安礼），可唯独这个儿子王雱，一直跟老爹同一条战线，坚定不移地帮助老爹变法。

当时，为了让变法深入人心，需要对百姓进行思想文化教育，让大家忘记那些“祖宗之法不可变”的思想、建立一套新的普世价值。王安石下令，重新修编儒家书籍，用新的观点和视角重新注释《诗经》《周礼》和《尚书》等书，制定新的社会教材。

修书，是一个艰苦繁重、浩瀚无边的工程。当时，王安石忙着变法，无暇顾及此事，就让王雱和吕惠卿负责。然而，吕惠卿的工作也很繁重，也无暇顾及此事，因此，全心投身编书者，只有王雱一人。

在这种艰苦的情况下，王雱重新注释这三本书，并取名为《三经新义》。

单凭此事，王雱的能力和本事，无须笔墨，不说自明。

多说一句，虽然王雱用生命重新注释这套《三经新义》，可惜的是，在后来的那场元祐党人事件中，朝廷把这套《三经新义》给烧毁了。时至今日，我们只能从其他的史书中，找到关于这套书的只言片语。

书归正传，有能力、有本事，还对自己忠心耿耿。我要是王安石，也肯定喜欢这个儿子。因此，在王安石的心中，这个儿子早就变成了知己。他从心中喜欢这个儿子，打算把他培养成一个合格的接班人。

人生在世，最大的欣慰就是——后继有人。否则的话，一身的本领和能力，却无人能够继承。

然而，希望越大，失望就越大……

王雱之死，让王安石悲痛欲绝、不能自抑。在他的眼中，自己已经老了，已经没有太多的时间辅佐君主、继续变法了。变法的旗帜，若能交到王雱的手中，自己将欣慰不已，变法的大业也将能继续健康地发展下去。

可现在，随着王雱的死，一切都结束了……

史料记载，王雱死后，王安石心灰意冷，请求辞职。他决心归隐山林，不再参政。当时，在宋神宗的极力挽留下，王安石才继续执政，主持变法。

殊不知，就在这个时候，朝廷爆发了一件大事，让王安石彻底看清了宋神宗的“本性”，萌生了坚决辞职的念头。

这件事就是来自契丹的挑衅。

咱们都知道，庆历增币事件后，宋辽两国再无战事，双方和平共处。然而，把和平寄托在一纸合约上，完全是庸人之计。真正的和平，还得靠自己用实力去争取。指望别人遵守合约，不欺负自己，那是痴人说梦。

这不，因为宋弱辽强，所以一有机会，辽国就会欺负宋朝，在边境无故挑事。

史料记载，熙宁五年（1072 年）时，就在王安石与宋神宗专心致志经略西北时，契丹在边境无故挑事了。

当时，宋朝边境守军来报，称契丹骑兵频繁地越过拒马河一代，在宋朝领土上骑马兜风，他们既不杀人，也不抢劫，只是随便转一圈就跑回去了。宋朝守军不知如何应对，只能请求圣裁。

得知这个战报后，宋神宗忧心忡忡，他害怕与契丹发生战争，就宣召王安石，征求处理意见。

王安石听完后，不慌不忙道："不过是百余骑的契丹士兵、二三十里的边界土地，多大事呀？陛下放宽心，不要计较这些小事。等平定了西夏，发展好了经济，咱们还会惧怕契丹？灭了这个国家，不过是分分钟的事！"

事实证明，王安石的话是对的。当时，宋朝有一个更加艰巨的任务，根本无暇顾及辽国，宋朝也不应该为这点小事分心费力。

原来，此时，王安石已经开始经略西北、准备收复唐朝时期丢失的河湟了。

所谓的河湟，大概是今天兰州至西宁中间的一带地区，自古就是兵家必争之地。秦朝时，秦始皇在这里修筑万里长城，抵御北方的少数民族。汉朝时，汉武帝在这一带大量屯兵，出兵讨伐匈奴。

翻看中国的战争史，但凡中原王朝跟少数民族发生了战争，河湟肯定是双方的必争之地。

唐朝中叶，中原王朝没落，这块地方被吐蕃占领了。晚唐时期，曾打算收复这里，但没有成功。从此之后，这块地方就远离中原，成为一个飞地。

宋朝建国后，吐蕃也分裂了，当时统治那里的，是几个比较大的羌族部落。然而，面对这个局面，在王安石之前，一直都没有一个人打算经略这里，也没打算占领这块兵家必争之地。

原因很简单，宋朝自真宗后，对外政策是"多一事不如少一事"，宁可花钱买平安，也不愿意随便挑事。

这种政策维持了三朝后，到宋神宗时，就改变了。

史料记载的宋神宗，虽然在某些事情上，表现得很怂（后面再说），但是，他却是一个想振兴国威、有所作为的皇帝。在王安石的建议下，熙宁六年（1073 年）八月，宋神宗拜王韶为将，出兵河湟，经略西北。

王韶经过了 54 天的浴血奋战、深入敌境 1800 余里后，终于降服了统治这里的羌族诸部，一举招降了大小蕃族 30 余万人，并收复了熙、河、洮、岷、叠、宕六州之地，一口气将宋朝的边境线整整扩充了 2000 余里（熙河之役，拓边二千余里）！

王韶的这场胜利，是宋朝建立以来，获得的最辉煌、最伟大的军事胜利。从此以后，宋朝展示了自己不可小觑的军事力量，其他小国心生畏惧，再也不敢小看宋朝了。

宋朝收复了河湟后，一举切断了西夏与南方诸部的联系，对这个国家呈“三面围攻”之势。

这样的局面对于西夏，不敢说是危如累卵，也足够这个国家喝一壶了。当然，这样的局面，辽国也不愿坐以待毙。

辽国对于宋朝的挑衅，开始升级。

史料记载，熙宁六年（1073 年）冬，在宋朝成功收复河湟后不久，辽国开始大规模挑衅宋朝。

当时，契丹的兵马频繁地越过宋辽北部界河拒马河，并在拒马河南岸安置哨所，准备在这里修筑一个前线堡垒。同时，契丹派遣使者入宋，要求以“分水岭”为界，重新划分宋辽边境。

辽国要求重新划分边界，若指明了位置，还可以商量，但问题是，辽国要求以“分水岭为界”，鬼知道这个“分水岭”在哪？

连一个明确的边境线都不说，这个谈判，还怎么谈？

当时，为了对抗辽国的挑衅，王安石主动找到宋神宗，安抚道：“契丹没有什么可怕的，他们此次前来，不过是窥探咱们的心理防线罢了。陛下无须害怕，以免契丹人知道了咱们的虚实后狮子大开口，提出更多无理的要求。”

虽然王安石说的话很对，但此时此刻，不知道怎么回事，宋神宗就跟得了“恐辽症”一样，竟然害怕契丹人动武，打算花钱买平安了。

宋神宗回答道：“爱卿，咱们现在没有实力抵挡契丹人的进攻，为之奈何？”

一听这话，王安石大怒道：“谁说我国没有准备？我们在北边设置了三十七个军，总兵力超过三十万，外加三边的百万义勇，用这些兵力收拾契丹绰绰有余，有何惧哉？何况，一旦开战，契丹就是撕毁盟约，之前的岁币就自动作废。到时候契丹人更亏本，我就不相信他们敢轻易开战！”此外，王安石又告诉宋神宗，“即便我朝没有对抗契丹的力量，我们也不能示弱。毕竟，未战先衰，此乃兵家大忌。如今，敌人使者才来，我们就慌乱不已，这只能显示我们无能，助长契丹嚣张气焰。何况，契丹现在是一个四分五裂之国，它哪里有实力攻打我朝？”

宋神宗道：“谁说契丹是一个四分五裂之国，这个国家岂能轻视？我朝的列祖列宗，都被契丹打得大败。唯一战胜契丹的人，是前朝的周世宗柴荣。柴荣之所以能够打赢契丹，是因为当时的契丹首领，是昏庸无德的‘睡王’。”

面对这种频繁长他人志气、灭自己威风的君主，王安石再也忍不了了，他继续道：“陛下，此言差矣！现在的辽国，比‘睡王’时代，有过之而无不及，这个国家已经呈现出亡国之相了，怕他们干什么呢？对于这样的国家，陛下不能忧虑过度。忧之太过，则怯懦之情就会表露出来，万一让敌人看见了，更加助长他们的气焰，他们就会蹬鼻子上脸，玩命勒索了。”

然而，不管王安石如何苦口婆心，宋神宗就跟着了魔一样惧怕契丹。

这位得了“恐辽症”的君主把王安石轰了出来，让他等几天再来商量此事。

史料记载，回到自己府邸后，王安石气得在屋里来回踱步。他清楚地知道，此时此刻，辽国的内部已经乱成了一锅粥，他们现在是昏君执政、奸臣当道。若现在大举伐辽，有可能大获全胜，结果这位宋神宗，竟然如此惧怕契丹！

事实证明，王安石对于辽国的预测完全正确。

此时此刻的大辽王国，昏君执政、政局混乱、将相失和、军心不稳、人心惶惶。毫不夸张地说，已经呈现亡国之相了！

那么，这个昔日强大无比的国家，怎么就呈现亡国之相了呢？统治这个国家的君主，又是谁呢？

辽国的现状

史料记载，此时此刻的辽国，经历了太祖、太宗、世宗的建国，景宗的拨乱反正（拨“睡王穆宗”的乱），圣宗的中兴（主要是萧燕燕的功劳），兴宗的没落后，已经传到第八代——辽道宗耶律洪基。

拜小说《天龙八部》所赐，我们都知道，萧峰的结义兄弟耶律洪基，是一个勇武好战、时刻想吞并宋朝的皇帝。

小说中，耶律洪基大规模南下用兵，意欲吞并宋朝，最终在萧峰以死相逼下，才忿忿地退兵，并发誓永不侵宋。

小说是小说，历史是历史，不能混为一谈。

历史上的耶律洪基，可不是《天龙八部》讲的那样，是一个喜欢穷兵黩武的皇帝，人家可是一个十分亲宋、恨不得出生在宋朝的皇帝。终其一生，耶律洪基也没有半点入侵大宋的想法，更别说付诸行动了。

史料记载，历史中的耶律洪基不仅是一个“超级宋朝粉”，而且是宋仁宗的“超级粉丝”。

耶律洪基从懂事起，就非常喜欢宋朝的文化。长到成人后，更是痴迷于此。有一年，为了近距离接触宋朝的文化，他不惜乔装打扮，化妆成辽国的使者，准备偷偷摸摸地游览一下开封城。

虽然耶律洪基认为，自己扮成使者的事情，是天衣无缝、无人知晓，但他的所作所为，早就被宋朝的细作发现并上奏朝廷了。结果，宋仁宗在接见这个使团时，笑嘻嘻地当面揭穿了耶律洪基的身份。

耶律洪基又羞又惊，然而，宋仁宗却大办了一场酒宴，为这个异国侄子接风洗尘，还拉着他的手一起畅游大宋皇宫。

耶律洪基临走时，宋仁宗送给他无数金银财宝，还拉着他的手，语重心长道：“朕与汝一家也，异日唯盟好是念，唯生灵是爱。”

面对这种以礼相待、仁德至上的皇帝，耶律洪基很是感动，从此以后，他就成了一个坚定不移的“宋朝粉”，也成了宋仁宗的粉丝。

耶律洪基登基称帝后，下令全面亲宋。在他的统治下，宋辽之间政治、经济、文化交流活动连绵不绝，宋辽之间的各种挑衅、谩骂、小规模战争活动全部停止。宋辽相安无事，以至“四十二年不识兵革矣”！

公元1063年，宋仁宗去世，告哀使节将噩耗传递到辽国时，耶律洪基痛哭流涕，吃斋念佛、日斋不忘，以超度宋仁宗的亡灵。

除此之外，耶律洪基还为宋仁宗大修寺庙，重金打造佛像，以超度宋仁宗的在天之灵。在铸佛像时，他竟然在佛像背后刻下了这么一句话，以表达自己的心情。这句话就是——“愿后世生中国”。

什么也别说了。耶律洪基的亲宋之情，就是这样的坚定。

耶律洪基如此亲宋、亲佛，导致其疏于政事。而疏于政事，又导致小人抓住机会成功上位。

这个奸臣，叫作耶律乙辛。

对于这个奸臣，《辽史·耶律乙辛传》记载：“诏四方有军旅，许以便宜从事，势震中外，门下馈赂不绝。”

这段话的意思是说，皇帝非常信任耶律乙辛，军旅之事全都交给他，还允许他先斩后奏。耶律乙辛的势力权倾朝野，到他家送礼行贿的人，都堵住了他家的门。凡是阿谀奉承耶律乙辛的人，都得到了提拔；凡是不顺从耶律乙辛的人，都被贬出了朝廷。

辽国内部甚至流传着这么一句谚语：“宁可违抗圣旨，也不能违反耶律乙辛的命令（宁违敕旨，无违魏王白帖子）！”

如果打一个形象比喻的话，这位耶律乙辛，就是乾隆皇帝身边的和珅。

但是，这个“和珅”，也是有烦恼的。

他最大的烦恼，不是如何长命百岁地继续花钱，而是如何毫发无损地功成身退。

这确实很难办。

耶律乙辛清楚地知道，他现在所有的一切，都是拜辽道宗所赐。但是，辽道宗一旦驾崩，以自己的人品和所作所为，肯定成为新皇的“开胃菜”！

耶律乙辛的这种担忧，并非没有道理。当时的太子耶律睿，就跟耶律乙辛不和，他一直想整死耶律乙辛，让大辽帝国重见天日。

太子有拨乱反正的决心，忠臣们站在了太子的一边，他们组成了一个太子党，开始严重威胁耶律乙辛的势力。

见此情景，耶律乙辛心想：“这个太子对我的威胁太大了！假以时日，等他登基称帝了，没我的好处！这不行，为了自己的荣华富贵，必须整死这个太子！”

说干就干，耶律乙辛开始攻击皇后，准备先除去太子的保护伞，再除掉太子。

那么，这个辽国的皇后，是谁呢？

史料记载，辽道宗的皇后，姓萧，小字观音。萧观音是辽兴宗皇后之弟枢密使萧惠之女。

传说，萧观音的母亲怀她时，曾经做过一个梦，看见月亮突然下坠，直接冲到了肚子里。没过多久，萧母就生下了萧观音。

虽然这个传说跟刘娥的故事一样，但不可否认的是，萧观音确实对得起这个传说。史料记载，萧观音长大后“姿容冠绝，工词，善谈论。自制歌词，尤善琵琶”。

萧观音四岁时，被指婚给了燕赵国王耶律洪基。耶律洪基登基后，萧观音被加封为皇后。

有这么一位温柔贤惠、饱读诗书、精通诗词的老婆，辽道宗觉得倍儿有面子。时不时，就要老婆显示一下才华，给自己长脸。

史料记载，有一年秋猎时，皇帝在大帐内宴请群臣，喝到兴头上，辽道宗就让萧皇后作诗，以作庆祝。当时，萧观音想都没想，就赋诗一首：

威风万里压南邦，东去能翻鸭绿江。
灵怪大千俱破胆，那教猛虎不投降。

——《伏虎林应制》

说实话，按照中原文人的标准来看，这就是一个打油诗，非常一般。但是，在契丹文化中，能写出这种诗句，就很难得了。

毕竟，原因有二。

第一，这是一首即兴诗，不允许多想。在这种规矩下，能够写成这样，已经非常好了。

第二，辽国以武力建国，不重文化。在辽国的朝廷上，一半大臣都不识字。当时，辽国也禁止宋朝文化进入本国，怕毒害了自己的“花骨朵”们。因此，在这么一群白字先生中，萧观音的诗词，就显得精妙无比了。

当时，萧观音说完，群臣一个劲叫好，说："我们的皇后太有才了，这诗词作的，就一个字，牛！"

后来，赶巧了，第二天打猎，一只大猛虎突然出现在了皇帝的面前。一见此物，马受惊了，人人皆有惧色，唯独辽道宗镇定自若，拉弓射箭，当即把老虎射死了。

射死猛虎后，辽道宗激动地对群臣道："昨日，皇后赋诗'那教猛虎不投降'，我不能辜负皇后的诗词呀。你们说，是不？"

皇后赋诗、皇帝射虎这个故事，就此成为辽国历史上一段佳话。辽道宗和萧观音这对夫妇，也成为一对模范夫妻了。

然而，再模范的夫妻，生活上也会出现裂痕。

这对夫妻分裂的原因，则是因为一件小事——劝谏。

诬陷皇后

简单来说，萧观音是一个饱读诗书的女子，她认为自己不能以色侍君，应该以才辅君，帮助夫君成为一个千古名君。因此，她把自己比作唐太宗的徐惠妃，天天对皇帝直言进谏，希望规劝皇帝的言行。

问题是，辽道宗不想当李世民呀！辽道宗一生就两个爱好，一信佛，二打猎。

史料记载，有一次打猎时，皇帝的马跑得比较快，他脱离了"大部队"，独自一人去打猎了。等大家汇合后，皇后就不满意了，开始"训斥"皇帝了。

萧观音告诉皇帝："身为君主，怎么能够脱离大家呢？万一遇到了刺客，或者遇到了什么危险的事情，怎么办呢？还有，身为君主，看见兔子就高兴，看见奏章就头疼，这怎么行呢？皇帝应该减少打猎的次数，多处理一些朝政，这才是一个明君所为。"

同时，萧观音还书写了一篇《谏猎疏》，以史为鉴，引经据典，告诉皇帝应该怎么办才能不步那些昏君的后尘。

辽道宗不高兴了，说我干什么事情了，不就是追一只兔子吗？皇后至于这么骂我吗？还把我比喻成为一个亡国之君！

从此，辽道宗就开始冷落萧观音，打猎也不叫她，也不去她的寝宫了。

萧观音一看，这不行呀，自古以来，被冷落的女子，只有一个结局！为了挽回皇帝的心，萧观音使出浑身解数，创作了一套《回心院词》。

写完后，萧观音一看，齐活了。等皇帝从这里经过时，我就唱这个《回心院词》，唱的是“寻寻觅觅，冷冷清清，凄凄惨惨戚戚”，要多惨有多惨。皇帝听完后，肯定会同情我这个凄惨无助、无人照顾的女子。届时，皇帝一定会顾念旧情，跟我重归于好。

一想到这，萧观音就重新燃起希望了。但很快，她就发现了一个致命的问题——没人伴奏，这怎么演唱呀！

原来，因为这首词的等级太高了，辽国的乐师等级又太低，让他们弹这种荷塘月色、温柔典雅的曲子，有点太难了。

当时，萧观音寻遍后宫，也没找到一个能和曲的人，这让她郁闷极了。好在功夫不负有心人，有一个汉族伶人可以跟她和曲。

这个汉族伶人，叫作赵惟一。

得到这个知音后，萧观音立刻把他召入后宫，让赵惟一跟自己一起谱曲、排练，好赶紧唱给皇帝听。

要说这个赵惟一，也是倒霉！后宫重地，闲杂人等不得入内，你不知道避嫌吗？但是，赵惟一是一个艺术家，他不了解这里面的凶险程度，皇后随传，他就随到，一点也不知道避嫌，天天往皇后的寝宫跑。

这一下子，后宫开始流言蜚语，说皇后开始宠信一个伶人了；他们天天腻在一起，一个吹笛一个弄箫，一个弹琴一个唱曲，那四目相交的眼神……哎呀呀，不能说，说出来，都觉得丢人害臊。

后宫的这种流言蜚语越传越广，终于传到了奸臣耶律乙辛的耳朵了。

一听此事，耶律乙辛大喜过望，心想，我正琢磨怎么扳倒皇后呢，她就自己撞枪口上了，真是天助我也！

然而，说归说，要想扳倒皇后，还得有充足的证据。毕竟，后宫的那些流言蜚语，不算证据。

那么，怎么捉奸成双呢？

且看小人高超的害人本领。

为了陷害皇后，耶律乙辛找来了十首极其香艳、描写女人各个部位的诗，号称《十香词》。耶律乙辛把这些诗句交给一个宫女，让宫女偷偷地送给皇后，并怂恿她把这些淫秽诗词谱成曲。

要说这个萧皇后，也是倒霉！看完这些词后，她竟然大为感慨，说这些词写得太美了，太让她感动了。

感慨完后，为了保留下这些诗词，萧观音找来一块彩绢，把诗词抄在了上面。抄完后，想着宋朝皇后的幸福和自己现在的处境，萧皇后百感交集，心想大家都是女人，身上也都是香的，怎么宋朝的皇后备受宠爱，辽道宗却不来看自己呢？双方的待遇，怎么能这么悬殊呢？

于是，有感而发的萧观音赋诗一首，以表自己无奈的心情：

宫中只数赵家妆，败雨残云误汉王。
惟有知情一片月，曾窥飞燕入昭阳。

这里的赵家妆，说的是汉成帝的皇后赵飞燕。这首诗，把萧观音的“怨妇”姿态，写得淋漓尽致。

同时，这首诗，也把萧观音推上了断头台。

史料记载，得到这首诗句后，耶律乙辛大喜过望，心想这个皇后，太配合自己了！她不仅抄了一遍这些淫秽诗词，还自己写了一首怨诗，真是“天堂有路你不走，地狱无门自来投”！

耶律乙辛带着这些诗词，找到了辽道宗，状告萧观音不守妇道，与赵惟一有染，行“苟合交姌”之事。这些淫诗，就是证据。要不然的话，堂堂一国之母，怎么能写出这么淫秽下流的诗句呢？

辽道宗看完这些诗后，没中这个奸臣的计，他只是认为，这是皇后被冷落后，怨恨难平。看来朕真是愧对她了。

眼看耶律乙辛的状告就要起相反的作用了，这时，另外一个大奸臣张孝杰的一番话，“说服”了皇帝，成功弄死了皇后。

张孝杰道：“启奏陛下，皇后确实与赵惟一有染，还望陛下明察！”

辽道宗大吃一惊道：“爱卿此言，何意？”

张孝杰道：“陛下请看，皇后写的这首诗，分明是一首藏头诗。‘宫中只数赵家妆，惟有知情一片月’，在这两首诗句中，藏有‘赵惟一’三个字。若这两人没有任何关系，皇后为什么要这么写？”

张孝杰的这番话，给萧观音判了死刑。

毕竟，对于一个男人，什么都能忍，就是这“绿帽子”不能忍！

史料记载，“看懂”了这首诗后，辽道宗勃然大怒，立刻召萧观音进殿，要当面对质，问一个明白！

萧观音来到后，辽道宗把那些诗扔给她，痛骂道：“说，你是不是行为不检，干了很多伤风败俗的事情？”

面对这些质问，萧观音当时就懵了，她立刻反驳道：“陛下，此言何意？这《十香词》，乃是宋人所做，臣妾只是抄写了一遍，何罪之有？至于偷汉子的事情，更是无稽之谈，臣妾从来没有干过伤风败俗的事情……”

“好一个牙尖嘴利的女子！”不等萧观音辩解完，怒不可遏的辽道宗抢过侍卫手中的骨朵（狼牙棒一类的武器），照着皇后的脑袋就是一下，直接把萧观音敲晕了过去。

皇后被打晕后，辽道宗对她没有丝毫的怜悯之心，大怒道：“皇后不守妇道，罪不容诛，将其打入天牢。命耶律乙辛对其审理定罪！”

至此，耶律乙辛得偿所愿了。

让耶律乙辛等人审理此案，那还有什么可审的？这不就是“羊入虎口”吗？当时，为了坐实这个案子，耶律乙辛抓捕了赵惟一等人，对他们动用钉（锤钉子）、灼（火烧）、荡（上吊）、错（用锯）等刑法。众人熬刑不过，只能屈打成招。

人证物证俱在，皇帝的宣判结果，也接踵而来。

愤怒的皇帝下令：将赵惟一千刀万剐，以儆效尤；命萧观音自裁，以谢天下。

自知难逃一死，萧观音坦然接受了这一切，在书写完绝笔《绝命诗》后，就上吊自尽了。

一代才女，香消玉殒，年仅 36 岁。

史料记载，萧观音自裁后，皇帝对其依旧怒火难平。他下令，不许萧观音进入皇陵，剥去她所有的衣服，以苇席裹裸体下葬。

得知母后以这样的仪式下葬，太子耶律濬悲痛欲绝，他在父皇面前拼命磕头，替母亲求情。结果，求情无效。耶律濬气愤难平，他怒火中烧道：“杀我母后者，耶律乙辛也。此仇不报，吾誓不为人！”

耶律濬的这句话，竟然一语成谶。没过多久，他真的变成一个孤魂野鬼了。

因为，扳倒萧观音，只是耶律乙辛计划的一部分，他真正的目标只有一个，就是弄死太子！

一双伸向太子的魔爪，如期而至。

诛杀太子

杀掉萧观音后，耶律乙辛除掉了太子的保护伞，接着，他肆无忌惮地发动攻击，准备弄死太子。

史料记载，经过了两年的准备，耶律乙辛再次发难，命令殿前都监点萧十三等人去皇帝面前“自首”。

萧十三等人告诉皇帝：“耶律撒剌等人蓄意谋反，他们准备诛杀耶律乙辛、软禁皇帝，拥立太子登基称帝。臣等本来也参与其中，但害怕事情败露后，臣等被株连九族，所以特来自首，请求皇帝开恩。”

辽道宗懵了，说这是一个什么情况，太子要造反，赶紧派人去调查，看看有没有这么一回事。

使者面见太子，说明缘由后，太子也懵了，他立刻辩解道：“请特使转告父皇，我现在是国家储君，为什么要造反呀？我这么干，图什么呀？我是皇帝的独子，他皇位不给我，给谁呀？您一定要代我奏明父皇，替我辩冤。”

使者听完后，当即表示：“太子少安毋躁，臣一定替太子辩解。”结果，这哥们是这么说的，却不这么干的。因为他是耶律乙辛的人。

面见皇帝后，这个使者道：“启奏陛下，太子供认不讳，他就是要造反！因为您重用奸臣，杀了他的母后，太子已经跟您决裂了！”

辽道宗勃然大怒，好你个小兔崽子，你还真敢干呀！盛怒之下的辽道宗不管不顾，立刻颁布了一道圣旨：“废太子为庶人，押往上京囚禁。”

至此，太子耶律濬都不知道怎么回事，就变成一个阶下囚，被发配到今天的内蒙古自治区巴林左旗一带了。

当然，即使被贬出了京城，耶律乙辛也没打算放过他，他派遣刺客来到耶律濬的囚所，将其暗杀了。

就这样，一代太子，最后落了一个大仇未报身先死的结果，死时年仅19岁。

太子死后，耶律乙辛大权独揽，无人能够撼动其位置，在这个奸臣的带领下，辽国也不可避免地走向覆灭，最终亡国。

以上，就是辽国的现状。

因此，在王安石的眼中，辽国都这样了，还怕他什么呢？直面辽国的挑衅、有跟他决一死战的觉悟，这才是一个“真的勇士”！

然而，王安石是这样想的，他的顶头上司宋神宗却始终不跟他一条心……

不胜而胜，不败而败

王安石不惧怕辽国的挑衅，也准备与辽国决一死战。然而，宋神宗就是惧怕辽国，不敢跟辽国开战。

而是，在那两个人的“帮助”下，宋神宗更加没有底气，更加惧怕辽国。

这两个人，就是昔日一起对抗过辽国的两位老臣——富弼和韩琦。

当时，在辽国的问题上，宋神宗秘密下达手谕，征求富弼和韩琦的意见，他希望这两位老臣提供一个合格的答案，作为自己的参考。

结果，在这个问题上，这对昔日铁骨铮铮、不惧辽国的老臣们，已经彻底变了。

史料记载，韩琦的回答非常“给力”。他认为，契丹之所以挑衅我国，全是我国自己的问题。因为我国“变法”，导致契丹害怕了，所以他们才来挑衅。

韩琦的理由，如下：

第一，河湟一带，本来是宋、辽、西夏三方的“三不管”区域，结果，宋朝把这一带占领了，这就等于昭告天下，自己要开疆扩土了。在这种情况下，契丹人很是恐慌，只能来挑衅我国、查看虚实了。

第二，新法在边境上广栽树木，是为了防备辽国的骑兵。我国的这种举动，只能引起辽国的误会，加深两国的矛盾。

第三，自变法以来，我国进行了保甲法、保马法、将兵法等举措，这些都是要与辽国开战的节奏。因此，不是辽国挑衅我国，而是我国先挑衅的辽国，所以他们才派人来刺探我国虚实。

综上所述，韩琦的结论是——请废除一切新法，只有这样，契丹才不会怀疑我国。我国与辽国之间的战役才能避免。

对于韩琦的这番说辞，我只能用四个字来回应——岂有此理！

开疆扩土、建功立业，这难道错了吗？修筑防御工事、提高军事实力，保护国家的安全，这难道错了吗？

退一万步说，即使不变法了，契丹人就会适可而止吗？这个虎狼之国会就此打住，不与宋朝开战了吗？

这不是扯吗！

跟韩琦一样，富弼的回答也基本相同，即“不再变法，就能回避战争了”等。同时，富弼还比韩琦有更多的一层忧虑在里面。这个忧虑，就是：“须防四方凶徒，必有观望者，谓国家方事外，虞其力不能制我，遂相聚啸，蜂猬而起，即事将奈何？臣愿陛下以宗社为忧，生民为念，纳污含垢，且求安静。”

这段文字很长，但归根结底，就是六个字——“攘外必先安内”。

换句话说，富弼在委婉告诉宋神宗：因为变法，导致国家内部不稳，现在开战，必败。因此，为今之计，应先废除变法。

哎，这才刚过多久呀。韩琦和富弼这对曾经的帝国双子星座，为了反对变法，竟然有如此的见解，真是让人心痛。

史料记载，看完富弼和韩琦的奏章后，宋神宗只能再次叫来王安石，继续商议。

双方就韩琦等人的奏章，发表了各种的意见。王安石很尊重韩琦，也没有诋毁老领导的意思，但是，就韩琦的意见，王安石坚决不同意。他认为，绝不能妥协敌国，自取其辱，辽国要开战，那就打好了，怕他们干什么？

宋神宗摇着头，无奈道：“如果契丹一直不肯罢休，我们该怎么办？”

怎么办？真是活见鬼了！身为一国之君，面对敌人的挑衅，竟然不知道该怎么办。

听完这句话，王安石大怒道：“就好比强盗来堵家门、要保护费一样，如果害怕强盗，就留下所有的财物，净身出户；如果不想给钱，就跟强盗拼了，即使拼到剩下一兵一卒，也要血战到底！对于这个问题，还有什么好商量的！”

听完这番话，宋神宗沉默不语。

王安石继续道：“千钧之重，只要加上铢两，就会发生翻天覆地的变化。如今，咱们与辽国相对，正好如这千钧之重在平衡之时，只要陛下增加一点重量，就能彻底压垮对方！如果陛下不敢加也无须害怕，因为，必有能承担千斤之力的大臣站出来，为君分忧！”

王安石这么说，就是在毛遂自荐了，他明明白白告诉宋神宗——不要怕！不要怂！即使与辽国谈崩了，我也能把这个千斤重担扛下来。不管出现了什么后果，我王安石都给您承担了！

王安石把话说到这个份上了，宋神宗还是不为所动，最终，君臣的这次对话，只能不了了之。

不久，朝廷发生了一件大事，让宋神宗痛苦不已，也让他没时间与王安石继续讨论辽国。

这件大事就是，三朝元老韩琦病逝了。

熙宁八年（1075 年）六月，韩琦在老家相州溘然长逝，享年 67 岁。

盖棺论定一下吧：

关于这个人，能说什么呢？虽然天下都记住了他干的好事，称赞他“公历事三朝，辅策二朝，功存社稷，天下后世，儿童走卒，感慕其名”。但是，韩琦干的那些缺德事，如逼死狄青，无原则反对变法等事，也不会被历史忘记。毕竟，“功首罪魁非两人，流芳遗臭本一身”，所有的事实，都是不可磨灭的历史。功绩，都将被世人传颂。恶政，也不会被世人忘记。

这就是历史的魔咒，从古至今，谁也逃不了。

这里多说一句，为了称赞韩琦，有部分史书甚至这样记载：韩琦一生俭朴，死后家中无余财，金银少得可怜……

对于这个结论，我只能说：谁说韩琦死后无余财？他那个雄伟的昼锦堂，是怎么来的？他家千亩的良田，又是从哪里蹦出来的？还有，韩琦家要是没钱的话，那个永载史册的佃农，又怎么会去他家里打工挣钱呢？

这个永载史册的佃农，姓岳，单名一个飞。

熙宁划界

熙宁八年（1075 年）七月，举行完韩琦的葬礼后，宋神宗听从了王安石的意见，他派沈括出使契丹，去办理重新划分疆域的事情。

王安石相信沈括的能力，也相信这位宋朝著名的科学家能不虚此行，圆满完成任务。事实上，沈括也确实做到了。

当时，沈括出使辽国后，拿着当年两国签署的原始划界文件，把辽国使者驳得哑口无言，只能乖乖认输。沈括明明已经让辽国人认输了，宋朝这边却掉了链子，他们竟然让敌人反败为胜。

原来，沈括出使后，宋神宗觉得不保险，竟然又偷偷摸摸派出一批人马，命大学士韩缜出使辽国，与辽国商讨边境问题。

韩缜是宰相韩绛的亲弟弟，但是这个人，根本没有继承哥哥的本事。他胆小怕死，契丹人稍微给一点压力，这个人就怂了。

最终，在辽国的压力下，韩缜稀里糊涂签署了一个卖国条约，把沈括、王安石以及大宋王朝，都给卖了……

这个卖国条约就是：完全同意契丹人的无理要求，割让河东七百里（也说六百）土地，作为与辽国和好的“见面礼”。

虽然这个合约在历史上没有名字，但不管怎样，宋神宗都创造了一个历史之最——他成了宋朝历史上，第一个“割地求和”的皇帝。宋朝列祖列宗没有完成的伟大事业，宋真宗即使被堵在家门口，也没干出的“宏伟政绩”，终于让这个皇帝干了。

这个“第一”，真是当的可以……

当然，宋神宗没有觉得丢人现眼。对于那个让自己“永载史册”的韩缜，宋神宗也没有怪罪，反而对其加官晋爵，以表自己愉悦的心情。

史料记载，“有功之臣”韩缜回国后，受到了英雄般的待遇，宋神宗赐给了他一条金带，还授予了他枢密都承旨、龙图阁学士的官职。而那个真正的英雄沈括，因为办事不力，不仅没有得到任何的赏赐，还被降职了。

这样的结果，让沈括很是郁闷，很是不甘……

这样的结果，让王安石也很是郁闷，也很是不甘……

王安石的心情，就跟前朝的屈原、后世的岳飞一样，只能被活活憋死。

春秋时期，楚国若采纳屈原的意见，就可实现富强、有实力与秦国一战，甚至称王称霸。结果，满腔热血的屈原无法施展自己的才华，郁闷愤慨，最终跳江。

后世，如果宋高宗重用岳飞，宋朝不仅光复失地，甚至可以直捣黄龙府。结果，在奸臣的挑唆下，岳飞仰天长叹、屈死风波亭……

虽然王安石的处境与屈原、岳飞等人不同，但这种痛心疾首、无处发泄的心情，也只能王安石自己去体会了。

就这样，经过了痛失爱子、割让领土的事件后，王安石清楚地知道，自己已经无法再侍奉这位皇帝了。“道不同，不相为谋”。

王安石萌生退意，准备辞职回家了。

此时此刻的宋神宗已经不是一个小孩子了，他已经是一个执政九年、年近三十的成熟君王了。他已经不需要师父了，也不需要任何人对他指指点点、教他怎么从政了。

包括这位他曾经最信任的老师——王安石。

至此，有上述原因，再加上吕惠卿的挑拨离间（告密信），王安石得到了解脱，他被罢黜了宰相之位，被派到江宁府，去那里安度晚年了。

虽然被轰出了朝廷，但王安石此时此刻的心情，应该是欣慰的。毕竟，他亲手开创了一个属于自己的时代，并在这个时代最顶峰的时候，选择归隐。这种急流勇退的结果，才是一个政治家最高的智慧。

累了，乏了，就回家吧。跟自己的老师欧阳修一样，归隐山林、不理朝政、颐养天年，也不失为人生一大快事。

王安石就像云彩一样，从深山里悄无声息地飘来，滋润万物，给它们洒播了甘甜的雨水后，又悄无声息地消失。

熙宁十年（1077 年），王安石回到了南京牛首山下，结束了自己的时代。

至此，一个“王安石的时代”，终于落幕；一个“后王安石的时代”，也终于开启。

第五章 瑰宝登场

归隐山林的日子

“永忆江湖归白发，欲回天地入扁舟。”这句诗，是诗人李商隐的目标，也是王安石的目标。

如今，王安石归隐山林，远离了喧嚣纷争的官场，找到了属于自己的生活。

史料记载，退休后，王安石过起了普通百姓的生活，他毫无架子，也不沽名钓誉。老百姓怎么生活，他就怎么生活。

当时，王安石出门时，不骑马，不坐轿，就骑一头小毛驴，优哉游哉到处闲逛。不知道的人，根本不会知道，这个骑毛驴的普通老头竟然就是那位曾经说一不二、主持变法大业的舒国公——王安石。

王安石这一做法，自然能引发很多有趣的小故事。这里说两个故事，与大家分享。

第一个故事，躲避官员。

有一天，王安石出门，正巧遇见一个官员出行，其鸣锣开道、左右簇拥的派头真不小。如此阵势，大家都去看热闹，王安石却生怕那名官员认出自己，赶紧躲了起来。结果，躲避途中，王安石差点撞倒一个老太太，把对方吓了一跳。

老太太回过神后，大骂道："你个小老头，大家都往那边走，你非逆行，没长眼睛呀！"

王安石无奈道："那边有官员，我不愿意去，所以才逆行，结果差点撞到您，不好意思。"

老太太望了那边一眼，继续道："怎么着，怕官员呀？如此躲着他们，是不是干了什么亏心事。"

王安石道："您怎么这样说话呢？我不是怕官员，而是嫌麻烦。"

老太太道："嫌麻烦？你是官员爹吗？他们还能给你作揖不成！"

王安石道："爹？那倒不是。但是，他们确实得给我作揖。"

老太太道："你就吹吧。"说完，带着不屑的眼神离开了。

望着老太太的背影，王安石苦笑一声，也骑驴离开了。

第二个故事，听人辩论。

有一天，王安石在闲逛时，看见几个读书人在高谈阔论，辩论秦朝灭亡的原因。当时，他们各抒己见，秦朝灭亡的原因，有人认为是秦始皇太暴政；有人认为是赵高专权；有人认为是胡亥太昏庸；有人认为是李斯太恋权；等等。

对于他们的争辩，王安石也不说话，就在一旁听着，有时微微点头，有时微微摇头。

这些人辩论了一段时间后，其中一个人看见了王安石，他见这个小老头好像能听明白他们说的话，就不屑道："哎，老头，你也能听懂我们的辩论吗？"

王安石慢条斯理道："老朽不才，略知一二。"

那人一看，这个老头貌似是一个见过大世面的主，问道："敢问阁下尊姓大名？"

王安石微微一笑道："鄙人不才，姓王，名安石。"

那人大吃一惊道："您就是大名鼎鼎的舒国公？"

王安石道："正是！"

哎呀，妈呀，这些人一哄而散，全都逃跑了……

看见这些人逃跑后，王安石苦笑一声，看来，世人还是“畏惧”自己呀。

以上，就是王安石生活中的小故事。通过这两则故事，我们也能看出来，王安石淡泊名利，安心度过晚年了。

然而，王安石想安安稳稳的度过晚年，这可够呛。毕竟，你不找事，却架不住事情来找你。

这不，王安石归隐山林后，就出现了很多恶心的事情，让王安石郁闷不已。我举两个这样的故事，用来说明。

第一个故事，巧计退睡床。

根据《宋史》记载，王安石离京时，能把自己的东西都搬走，但公家的家具不能搬。结果，搬家时，夫人吴氏看中一张竹床（也说藤床），想把它也搬走。

吴氏给出的理由是：我睡这张竹床习惯了，离开它，就睡不着觉了，所以要搬走。

保管财物的官吏一看，您把公家的东西搬走了，这哪行呀，他们就让吴氏归还。吴氏很强悍，就是不归还。最终，官吏只能找到王安石，希望他开导一下夫人，把东西留下来。

王安石夫人是一个彪悍的女子，劝说肯定没戏。于是，王安石耍了一个小计谋，他故意穿一身肮脏的衣服，在床上打滚。

夫人一看，你把床弄得那么脏了，我还要什么呀，于是，吴氏就不要这张藤床了。

以上，是“巧计退睡床”故事的大概内容。

一直到今天，我们对这个故事都深信不疑。

其实，记载这个故事的书籍，是那些旧党成员书写的。这些人这么写，就是故意恶心王安石，说他是一个邋遢鬼，说他的夫人是一个贪小便宜的自私鬼。而这个故事根本禁不起推敲，随便想一想，就能知道这个故事的真伪了。

吴氏一直跟随王安石走南闯北，这么多年了，她没有恋床的毛病，怎么这个时候就有了呢？而且，王安石是邋遢鬼的事情，众人皆知，为什么以前吴氏能忍，现在就忍不了了呢？

何况，一张小小的藤床，拿了就拿了，大不了给钱就是。一个小小的管理仓库的官员，竟然敢向前宰相要东西，也忒大胆了吧！

因此，这个故事到底是怎么回事，无须再言，大家心知肚明。

第二个故事，上门打架。

史料记载，有一年，王安石的小舅子来看姐姐，到南京走亲戚。因为史料中没有留下这个小舅子的名字，所以统一称其为吴生。

吴生来到后，吴氏很高兴，大家就好好地聚了一次。不知不觉中，天色已经晚了，因王安石家中太小，吴生就去寺院借住。

孰料，当天晚上，吴生竟然急匆匆跑了回来。他一见到王安石，就气喘吁吁道："有……人……要抓我……那些官府……的人……要缉捕我……归案。"

王安石问其缘由，吴生一五一十道来。

原来，吴生来到寺院后，恰逢金陵知府叶均在寺院举行祭祀仪式。祭祀期间，叶均下令把寺院的闲杂人等都轰出去，以免冲撞了神灵。

无故被驱逐，吴生很生气，就跟叶均争执了起来，说寺院是大家共用的，又不是官府一家的，凭什么你要用，就得清场？而且，你这样霸道行事，只会冲撞了神灵，让你适得其反，等等。

听完吴生的冷嘲热讽，叶均大怒，下令抓捕这个狂生。吴生好汉不吃眼前亏，脚底抹油，直接跑到王安石这里了。

吴生刚刚说完，就听见外面人声鼎沸，有人使劲砸门，并大喊道："开门！开门！我们奉命拿人，快点开门！"

一听官差来了，吴生吓得浑身哆嗦。王安石拍了他肩膀一下，让他少安毋躁，他亲自出面去会那些官差。

王安石打开房门，大吼一声道："何人在此喧哗？你们擅闯民居不成？还有没有王法了！"

差役们一看，虽然这个老头一身便装，但言谈举止不简单。于是，差役们收敛了一下态度，毕恭毕敬道："一个叛乱分子进了您家，还望您通融一下，让我们进去，将其缉捕归案。"

王安石道："真有奸人进我屋了？"

差役道："没错，我等亲眼所见，还望您通融。"

王安石道："我这屋内并无奸人，岂能凭尔等一面之词，就放你们进去！"

差役道："您这么说，就不讲理了。我等是奉公办案，有公文在此，若再不让行，就是在阻碍我等执法了。"说完，差役们拿出缉捕公文，出示给王安石看。

王安石看都不看，只是不屑地对他们道："今天，你们谁也别想进这个屋。要想进，让叶均自己带人来。"

说完，王安石就让仆人关门了。

差役们一看，这个老者如此强悍，不把知府叶均大人放在眼里，这个人不好惹呀。若贸然闯入，后果不堪设想。于是，差役们不敢闯门，只能回去复命了。

听完差役的报告，叶均马上就明白了，这些愣头青要闯的屋子，是前宰相王安石的府邸，这还得了！

于是，叶均二话不说，打了这群差役一顿板子，让他们知道，不是谁的屋子都能去闯，万一得罪了老宰相，后果不堪设想。

教训完这些差役后，叶均带着自己的师爷，拿着很多的慰问品，来到王安石的府邸请求谢罪。

当然，叶均虽然此行的目的是谢罪，但是在言谈中还是比较傲慢的，他根本没有把王安石放在眼里，还是让王安石交出吴生，让他把这个人带走。

双方在争持期间，王安石的夫人吴氏听不下去了，她冲了出来，对着叶均等人大骂道："我家弟弟犯了什么罪，你们要把他抓走，太过分了！我家相公刚刚致仕，尔等就干这种人走茶凉的事情，还要在我家中抓人，欺人太甚！"

叶均惶恐不安地逃跑了。至此，双方不欢而散。

可见，什么叫作"客走茶凉"；什么又叫作"太太死了压断街，老爷死了没人抬"，身在官场，就是这样的世态炎凉……

这委屈，真不是一般大。

好在，王安石比司马光要好一些。毕竟，他还有一个能护着他、能保护他的人。

这个人，就是当今的九五之尊、大宋天子——宋神宗。

史料记载，地方官员藐视王安石、敢去他家抓人的消息传到京城后，宋神宗勃然大怒，他虽然有点讨厌这个老师，但毕竟多年的师生情谊在里面，于是，宋神宗颁布圣旨，将知府叶均和那些差役，全部罢黜。宋神宗还命王安石的铁杆亲信吕嘉问出任江宁知府，就近照顾王安石。

同时，宋神宗还送给了王安石一个提点江东刑狱（一省的司法长官）的官职，让他有官职在身，不被其他官员欺负。后来，因为江东刑狱的官衙不在金陵，宋神宗还特意下诏，把治所迁到金陵，方便王安石就近办公。

这一系列重拳后，天下官员一看，宋神宗还是器重王安石的，他们才没有继续轻视王安石。王安石未来的生活，也没有再出现这种憋屈的事情。

然而，虽然王安石的后半生在安逸的生活中度过，但他却惊讶地发现，朝内却越发不太平了。

原来，虽然自己走了，但朝廷的党争并没有停止，反而随着自己的离开，愈演愈烈。

最终，在“后王安石时代”，朝廷的党争失控，变成一场“非我族类，必须诛之”的政治斗争。

在这种局面下，王安石一手建立的新党，已经变成一个保护名利、嗜杀成性的官僚集团。为了保护自己的荣华富贵，新党成员不计后果，一味陷害同僚、打击异己。

当时，不管是谁，只要不跟新党成员一条心，就会被无情诛杀。

即使是宋朝那位最伟大的文学家、文学家、书法家、画家，那位号称“坡仙”的苏轼，也不能幸免。

“东坡先生”的那些事

王安石走后，朝廷的党争完全失控。为了争夺权力，新党成员们变成一群嗜血如命的疯子。他们不允许任何人诋毁、反对自己变法。因为，任何对新法的些许否定，都有可能演变成对新法的全盘否定，进而剥夺他们变法的“劳动成果”，最终给他们一个“劳民伤财、毫无用处”的罪名，让他们全都下岗回家。

所以，在新党人眼中，任何反对新法的人，都是他们的敌人，必须杀之而后快，以绝后患。

即使这个反对变法的人，是自己人，也不行！

史料记载，在一次私自会议中，沈括对老领导吴充道：“如今的差役法弊端太多，一些繁重的徭役让百姓出助役钱，这无可厚非，但是，一些轻松的徭役也管百姓要钱，就说不过去了。毕竟，这些徭役不影响百姓的生活，百姓也完全可以去服役。”

沈括的本意，是想让这个老领导告诉皇帝——把徭役分出等级，并结合百姓的实情，不能一竿子打死，全让百姓掏钱。

沈括这么说没错，然而，沈括因为这次劝说，差点被整死！

史料记载，得知沈括“诽谤”新法后，新党成员们联起手来，要置沈括于死地。即使沈括是变法的绝对主力、新党的干将之一，这些人也不管不顾。

最终，在新党成员的联手攻击下，朝廷颁布了一道圣旨，罢黜沈括三司使的职务，把他外放到宣州去了。

新党连自己内部的成员，都不放过，对那些反对变法的旧党成员，更是不会手下留情。

在新党成员嗜血的双眼中，一场宋朝最著名的文字狱案件，拉开了序幕。

这个文字狱案件，叫作乌台诗案；这个被陷害的大臣，就是中国历史上大名鼎鼎的文化名人——苏轼。

现在，就请这个被陷害的名人登场。

纵观古今，没有一个人比苏轼更有才华；也没有一个人，能向苏轼那样全面发展，琴棋书画、诗词歌赋，无一不晓、无一不精。

苏轼是宋朝文坛公认的大才子，其文为唐宋八大家之一；在宋六家之中，其文更是独占魁首。

苏轼的诗，与友人黄庭坚齐名，号称“苏黄”，位列宋朝诗文的顶点。

苏轼的词，与南宋的辛弃疾齐名，并称“苏辛”，为豪放派词风的鼻祖。

苏轼的绘画，虽无后世的宋徽宗著名，但也号称“湖州画派”的开山鼻祖。

苏轼的书法很著名，他与黄庭坚、米芾、蔡襄齐名，合称“北宋四大家”，一起名垂后世而不朽。

苏轼还是优秀的工程师，他在杭州修建的苏堤、在惠州修建的水利工程等，不仅是那个时代的科学成果，也成了一个时代的标志。

苏轼还是超级美食家，他发明了一桌子菜，为中国美食的历史添上了重重的一笔。

一个人能够在散文、诗词、书法、绘画、工程、美食等领域成为大师，位列于时代的巅峰，太了不起了！

虽然苏轼在上述领域中，拥有永垂不朽的成就，但他的仕途之路，就正好相反了。

苏轼一生，大部分时间都在颠沛流离、四处流浪中度过。这位文坛第一才子，不仅遭遇过衣不蔽体、食不果腹的日子，甚至还被人陷害，差点惨死在监狱里。

那么，如此反差的生活，到底是怎么回事呢？苏轼的一生，又经历了哪些事情呢？

现在，就将苏轼一生的故事慢慢道来：

老规矩，讲述一个名人，从他幼年时期的各种离奇故事开始讲起。

根据宋人张端义的《贵耳集》记载，宋仁宗景佑三年（1036年）年底，突然原本郁郁葱葱、百草茂盛的四川眉山县旁边的彭老山（也说瓦屋山），一夜之间百花凋零、树木枯萎。后来，不管百姓如何绿化，这座山什么也不长了。

直到65年后，苏轼在宋徽宗建中靖国元年（1101年）病逝后，彭老山才恢复了蓬勃的生机，重现昔日的光彩。

鉴于此，当地百姓说，当年彭老山之所以凋零，是因为苏轼诞生了，把彭老山的灵秀之气都带走了，所以才如此土地荒瘠，草木枯萎。后来，苏轼病逝了，那些灵秀之气回到彭老山，这座山才重新恢复了生机。

不用大家说，我们也知道，这就是一个美丽而多情的传说故事罢了。

毕竟，在中国封建社会，任何一个名人降生，都会被配一些美好的故事。

比如，明明诗仙李白是病逝的，大家却相信他是化成了一道月光升天了；明明诗圣杜甫是撑死的（这种死亡原因古代有一个文雅词，叫“饫死”。当然，杜甫是不是这种死因，还待考证），我们却说他是食物中毒或不小心溺水身亡了。同样，百姓用美好的故事来述说苏轼，也是表达了一种崇拜美化的心情。

虽然传说之事不可尽信，但是，这个故事却非常形象地说明了，正是蜀地这种人杰地灵的地方，才能孕育出苏轼这样的大才子。

自古以来，四川就以名人辈出、富有浓郁的文化氛围而闻名于世。在这片土地上诞生的才子们，数不胜数。

早在汉朝时，四川著名的文学才子，如司马相如、杨雄、王褒等，以自己经久不衰的诗词，成为后世的楷模。

唐朝鼎盛时期，四川的才子更是数不胜数，著名的大诗人李白、杜甫、陈子昂等，皆出生或长居在四川，与这片土地结下了不解之缘。

唐朝后期，虽然天下开始动乱，但文人墨客们依旧追寻祖先的印记，前仆后继地来到四川。当时著名的大才子，如白居易、刘禹锡、高适、岑参等，都先后来过四川，并在这里留下了自己不朽的诗词。那句“天下诗人皆入蜀”，更是成为一句千古美谈。

五代十国时期，虽天下群雄并起，但蜀地相对比较安定，文化依旧繁荣。

然而，等宋朝建立后，四川就遭罪了，蜀地文化也遭遇灭顶之灾。

前面讲过，因为糟糕的政策和敌对的态度，短短数十年间，蜀地就爆发了三次大规模的战乱（两次是农民起义，一次是兵变），持续的战火摧毁了四川的经济，也让蜀地文化一度陷入低谷。

然而，在一代圣贤张咏（寇准的好友）的治理下，四川文化重新恢复了生机，又慢慢繁荣了起来。

史料记载，苏轼出生时，已经有很多蜀地文人相继登于朝，以文章功业闻于天下。每年的科举考试中，蜀地文人的录取率，也是居高不下。

远的不说，苏轼这一年的科举考试，仅眉山一县参加科举考试的就有 45 人，中举者更有 13 人之多。

可见，“孕奇蓄秀当此地，郁然千载诗书城”，这首陆游赞美的诗句，就是对蜀地文化的最好阐述。

虽然蜀地人杰地灵，但在浩瀚的文人中，只有苏轼，屹立在最顶层，成为那颗最耀眼的星！

那么，这颗耀眼的星，是怎么炼成的呢？

我个人认为，应该是内因和外因共同作用的结果。

内因，就是苏轼博学多才的基因；外因，就是其后天的刻苦努力等。苏轼的内因很重要，但他的外因更加重要。

成就苏轼的外因，除了他的努力外，还因为他有一个严格的父亲和一个慈爱的母亲。苏轼的成就，是一个典型的严父慈母教育的结果。

那么，这个严父苏洵，是一个什么样的人呢？

严父苏洵

我们之所以认识苏洵，主要是两个原因：第一，他培养出了两个永载史册的好儿子；第二，他进入了《三字经》，成为大器晚成的杰出代表。

《三字经》曰："苏老泉，二十七；始发愤，读书籍。彼既老，犹悔迟；尔小生，宜早思。"

这段文字告诉我们，苏洵二十七岁开始读书，后悔当初没有好好读书。小孩子一定要早早开始发奋，不要像苏洵一样以后后悔不已。

可见，在《三字经》中，苏洵是一个"浪子回头金不换"的励志教材。

那么，历史上的苏洵，真是这样一个人吗？又是什么原因，让他在二十七岁前，不去读书呢？

关于这些问题，现在开始一一作答。

苏洵，字明允，自号老泉，眉州眉山（今属四川眉山）人。北宋文学家，与其子苏轼、苏辙并以文学著称于世，世称"三苏"，名列"唐宋八大家"。

苏洵出生于一个望族，他有两个哥哥，分别叫苏澹、苏涣。这两个哥哥都考中了进士。

苏洵十八岁时，曾参加过一次科举考试，结果没有考中。落榜后，苏洵做出了一个惊人之举——不考了！

就这样，苏洵成为一个抗拒高考的"问题少年"。

咱们都知道，对于问题少年，古代和现代的"对策"都差不多。无非就是，先拉回家，狠狠骂一顿，然后开打。打一个半死不活，轰回学校接着念、继续考……绝无幸免。

然而，这个苏洵，却打破了"绝无幸免"的规律。

史料记载，对于儿子放弃考试的决定，其父苏序竟然同意了。

当时，对于苏序的这个决定，很多人都不得其解，他们就前来问苏序。对于这个问题，苏序要么笑而不答，要么是模棱两可、转移话题。

实在躲避不掉，苏序就用这句话，来搪塞众人："非忧其不学者也！"意思是说，我不担忧他的学习，这个孩子很聪明，他能自己学好。

苏序真的不担心苏洵的学习吗？非也，他只是不关心罢了。毕竟，之前对于苏澹和苏涣的学业，苏序可是监督甚严，操碎了心。

一边是根本不管的小儿子，另一边则是狠抓学业的大儿子和二儿子。苏序这种冰火两重天的态度，确实让人看不懂。

由于史料匮乏，苏序为什么这么干，只能由后人猜测了。现在的史学家们认为，苏序之所以不管小儿子的学习，是想让他行“包拯之事”，为自己养老送终。

这种说法，绝非无稽之谈。毕竟，根据苏洵放弃考试的时间推断，苏序已经年过六旬了，苏洵的母亲身体也不好，他的大哥苏澹已经病逝了，二哥苏涣也常年在外地当官，因此，家庭的重担就落在了苏洵一人的肩上，父母很可能不愿意他远行，想让他留在家里，为自己养老送终。

那么，这里又有一个问题，既然苏洵已经放弃学业了，为什么《三字经》里说，他到了27岁时，又开始发奋读书了呢？

当时，苏洵对妻子程氏道：“我想读书了，但不知道是不是晚了。而且，一旦我开始读书，就没有时间料理家务，到时候怎么办呢？”

程氏道：“只要想读书，任何时候都不算晚。你若有志向读书，家里的事情我全都包了，你无须担心。”

得到夫人的全力支持后，苏洵重新读书了。

然而，虽然苏洵有考取功名、建功立业的雄心和壮志，但现实，往往与他的想法背道而驰。

刻苦读书两年后，苏洵29岁时参加了第二次科举考试，结果不中。后来，他卧薪尝胆了八年，37岁的苏洵参加了第三次科举考试，准备一鸣惊人，结果还是不中。

奋发图强、刻苦读书了整整十余年，却得到了这么一个结果，苏洵发誓这辈子，再也不考了！

在苏洵的怒吼中，他真的不参加科举考试了。而他自己，也成了“唐宋八大家”中，唯一一个没有进士身份的人。

那么，到底是什么原因，苏洵屡考不中呢？难道科举考试太严格了吗？还是说，这里面另有隐情？

关于这个问题，这里暂且不表，等说到苏轼兄弟参加科举考试时，再做解答。

总而言之，三次科举考试都不中，让苏洵的工作重点，转移到培养自己的两个儿子，让他们子承父业，去参加科举考试。

就这样，随着苏洵的主动退出，朝廷失去了一个栋梁之材。但是，无官一身轻的苏洵，却培养出了两个永载史册的好儿子。这样的结果，宋朝算是赚大发了。

那么，不参加考试的苏洵，是怎么教育儿子的呢？能够培养出两个圣贤的苏家，其教育模式又是什么样子呢？这个教育模式对于今天的家庭，又有哪些借鉴和启示呢？

慈母程氏

咱们都知道，一个人能否成功，是多个因素综合作用的结果。这些因素中，虽然有运气的成分，但更多的是自己艰苦的努力和良好教育的结果。

这个良好的教育，与学校有关系，但更取决于自身的家庭。

毕竟，一个只会教育孩子抽烟、喝酒、赌博的家庭，要想教育出一位人才，也就这个家庭自己信。

在家庭教育方面，苏轼就非常幸运了。他拥有一位慈爱的母亲，还有一位严格的父亲，堪称是一个慈母严父的组合。而在这种组合下，苏轼能够成为一个永载史册的圣贤，也就不足为奇了。

先说这个慈母——程氏。

史料记载，程氏出身官宦之家，文化素养深厚，个性仁慈而果决。在教育儿子方面，程氏除了让苏轼兄弟接受正规和良好的文学教育外，她还常常用古代圣贤的故事，对他们进行良好的人格培养。

《宋史·苏轼传》记载，程母一有时间，就给孩子读古代圣贤的故事。有一次，程母给儿子读了一段《后汉书·范滂传》，让年仅十岁的苏轼受益匪浅。

故事的主人公范滂，是东汉时期的一位名士，此人公正廉洁、铁面无私，查出贪官污吏后，绝不手下留情，因此深受百姓爱戴。

当然，深受百姓爱戴的官员，很难得到其他官员的认可。在东汉末期党锢之祸时，范滂被奸臣陷害，最终慷慨赴义，死时年仅 33 岁。

史料记载，慷慨赴义前，范滂与母亲诀别，他含着热泪，道：“母亲呀，孩儿对不起您，不能继续侍奉您了。弟弟孝顺，让他来侍奉您。我去九泉下追随父亲了。如今，我们生死两别，望母亲舍弃这段难以割断的恩情，不要再悲伤了。”

听完这番话，范母深明大义地回答道：“一个人既想获得品德名声，又想长寿富贵，这怎么可能呢？如今，你愿意舍弃生命，去实现自己的理想，我怎么会悲伤呢？我为生出你这么一个儿子而感到骄傲和自豪！”

这真是一个荡气回肠的经典故事！

当时，听完这个故事后，小苏轼被感动了，他激动地对母亲道：“母亲，我若做一个范滂似的人，您会同意吗？”

面对苏轼的问题，程母毫无敷衍之意，她郑重回答道：“你如果能做范滂，我也一定能做范滂的母亲！”

什么叫作人格教育？什么叫作道德培养？什么叫作潜移默化？为什么苏轼的一生，那样嫉恶如仇、光明磊落、百折不挠？为什么那么多人喜欢苏轼，被他的人格魅力所折服，被他的良好教育所倾倒。其原因，就在于此！

其实，程母对苏轼的人格教育，又何止是这些！除了给苏轼兄弟灌输各种伟人的故事，程母还从小就教育苏轼兄弟，让他们学会对生命负责，不许恃强凌弱，要有同情和关爱之心。

史料记载，苏轼家里种了很多花草树木，引来了很多鸟雀来这里栖息、筑巢。小孩子们看见鸟雀后都比较兴奋，苏轼就拿着一根小木棒追赶这些小鸟。

见此，程母严肃教育苏轼，不许他这样干，让他保护这些小鸟。

在程母的教育下，越来越多的鸟来他家筑巢了。有些胆大的小鸟，甚至把窝搭在了低矮的树枝上。

苏轼长大后，对于这段童年记忆印象深刻，曾赋诗一首：

> 昔我先君子，仁孝行于家。家有五亩园，幺凤集桐花。
> 是时乌与鹊，巢鷇可俯拏。忆我与诸儿，饲食观群呀。

——《异鹊》

在这种道德培养下，苏轼未来从政才如此爱民如子、体恤百姓，宽厚、仁慈、博爱。

毕竟，一个根本不爱惜生命的人，你还指望他去尊重别人的生命、去爱护弱小的子民，那就是一个笑话。

这种说辞，绝非危言耸听。因为就在苏轼的时代里，就有一个人，完美地从反面诠释了上述内容，最终成了一个祸国殃民的奸臣，还差点害死苏轼。

这个人，就是苏轼曾经最亲的好友、后来最大的仇人——章惇。

家庭教育惠终身

在母亲的细心教育下，苏轼形成健全的人格。

历经1000余年后，苏轼还能被历代人民所热爱、所敬仰，其原因，也离不开苏轼伟大的精神世界，否则他也写不出那样的诗句，创作不出那样的作品。

得此良母，真是苏轼之幸，更是我中华之幸。

除了慈母外，苏轼还得感谢自己的严父。

若没有这位严厉老师的督促，苏轼也不可能获得那么高的成就。毕竟，那句老话说得好——严师出高徒！

史料记载，苏轼父亲的教育非常严厉，严厉到什么程度呢？五十年后，苏轼被贬到海南岛后，竟然梦到了幼年时读书的场景，他惶恐不已，马上赋诗一首，以作纪念。

> 夜梦嬉戏童子如，父师检责惊走书。
> 计功当坐《春秋》余，今乃始及桓庄初。
> 怛然悸悟心不舒，起坐有如挂钩鱼。
>
> ——《夜梦》

这首诗的意思是说：

晚上睡觉时，梦见了小时候贪玩的事。父亲对自己学习监督非常严格，要每天完成一定的工作量。在梦中，当天应该读完《春秋》，结果才读到桓公庄公部分，不及全书的三分之一。因为害怕父亲来检查，竟然被吓醒了。这就好比自己变成了一条嘴里挂了鱼钩的小鱼。

要知道，写这首诗时，苏轼已经六十多岁了。他被贬到遥远的海南岛，过着清苦艰辛的生活。在这种情况下，苏轼想起幼年读书时的场景，还心有余悸。

可见，父亲的读书要求之严厉。

当然，虽然严厉的教育，让苏轼苦不堪言，但也让苏轼受益匪浅。

当时，古人有抄书学习的习惯，一来加强记忆，二来练习书法。在苏洵的严格要求下，苏轼竟然把足足一百二十多卷的《汉书》整整抄写了三遍（也有说是两遍）。

一部完整的《汉书》多少字呢？至少 70 万字！可见，没有强大的毅力和百折不挠的精神，想都别想。估计换成别人（比如我），早就放弃了。

苏轼这种强大的工作量，肯定也能得到一个强大的效果。

史料记载，抄完了三遍《汉书》后，苏轼对于里面所有的典故，全部倒背如流，随便点一处，苏轼都能一字不差地背诵下去，真正做到烂熟于心。

苏轼后来写奏折，为什么文笔那么优美，内容那么精准，运用史料和典故那样的灵活自如、信手拈来，其原因就在于此。

在父亲的教导下，苏轼善下巧功夫，他独创的八面受敌读书法，不仅成为后世读书人学习的方法，即使用今天的学习方法去衡量，也新见迭出、令人深省。

所谓八面受敌读书法，就是一种分主题、分视角的读书法。按照苏轼在信中所说："每一书，皆作数过尽之……每次作一意求之。"

就是说，每一本书，都要读好几遍；每一遍，都是带着一个主题（视角）去读。

比如读《汉书》，第一次阅读，按照读者的视角去读，得到一种知识；第二次阅读，按照帝王的视角去读，又得到一种知识；第三次阅读，按照文臣武将的视角去读，又得到一种知识。

可见，这样读书就能把一本书变成几本甚至是几十本书了，也能把这本书读懂、读透了。

苏轼这样读书，自然能得到无数新颖的结论，增加自己的本事。

随便举一个例子，就能知道苏轼的本事。

史料记载，为了考验儿子的本事，苏洵以《夏侯太初论》为题目，让儿子写一篇文章。

夏侯太初，就是三国时期的夏侯玄，此人字太初。夏侯玄是魏国的忠臣，在司马师继承了父亲司马懿的位置、独裁专权时，夏侯玄参与了诛杀司马师的行动，结果，因为事情败露，被缉捕归案，随后被斩首示众。

夏侯玄临斩前，神色不变，是一个大丈夫。

很显然，苏洵出这个题目，就是让苏轼阐述两个问题：第一，何为忠臣？第二，人应该如何面对死亡？

与歌颂夏侯玄慷慨赴义的论点不同的是，一代才子苏轼另辟蹊径，从一个崭新的视角，来论证夏侯玄这个人。

原来，夏侯玄身上有一个典故，他有一颗“大心脏”。

史料记载，有一次，夏侯玄靠着一根柱子写字，当时正下大雨，一个闪电下来，直接劈着了他靠的柱子。

其他人吓坏了，大家乱成一团。这个夏侯玄的衣服都被烧焦了，他依旧面不改色，继续写字。

见此情景，大家称赞不已，认为此人临危不乱，是一个能成就大事的主。

苏轼就以这个典故，写了一段经典之文：“人能碎千金之璧，不能无失声于破釜；能搏猛虎，不能无变色于峰虿！”

这段话的意思是说：一个人，能够在打破价值连城的美玉时不动声色，却可能被瓦盆的破裂声吓一大跳；一个人，有勇气跟猛虎搏斗，但碰见带毒的蜜蜂蝎子时，也不免失色。

这里的潜台词是——一个勇敢的人，即使能够经历大风大浪的考验，但不小心谨慎的话，一样能阴沟翻船。

一个十来岁的孩子，就能拥有这样新颖的论点、能写出这种惊人的文章，真是不服不行。

根据史料记载，读完这篇文章，苏洵高兴得不得了，自己的孩子能够出师了。

就这样，在十年寒窗苦读后，宋仁宗嘉祐元年（1056 年），21 岁的苏轼与十八岁的苏辙出山了。他们在父亲的带领下，来到了北宋的都城开封，准备参加科举考试。

面对人生中最重要的挑战，苏轼兄弟将如何表现呢？这个让做父亲的屡战屡败的科举考试，又会否难住这对“天才少年”呢？

让我们拭目以待。

第六章 千古一坡仙

参加科举考试

嘉祐元年（1056 年），苏洵带着两个孩子来到京城，准备参加当年的科举考试。结果……老苏又哭了。

这两个孩子就是天才，皆是“一战成名”的类型。第一次参加科举考试，就双双金榜题名了！

想想自己年轻的时候，废了那么大的劲，也没有考上，这两个小娃就跟玩似的，轻轻松松就考中了。苏洵心情可想而知。

于是，苏洵作诗一首，以表心情：

莫道登科易，老夫如登天；
莫道登科难，小儿如拾芥。

——《自嘲》

其实，苏洵也没有什么憋屈的。因为，苏轼兄弟之所以能够轻松中举，其实要感谢一个人。他就是刚刚改革完科举考试制度的欧阳修。

简单来说，苏洵之所以屡考不中，是因为他以前考试的时候，科举还没有改革，考试内容还以华而不实、只重视韵律和谐的骈文为主。这样的考试内容，也把欧阳修折腾得够呛（考了两次），苏洵焉能轻易考上？

后来欧阳修修改了考试内容，所有喜欢押韵、说废话的文章，全被欧阳修淘汰了。

在这种背景下，连“老大难”的曾巩都被录取了（至少考了四次），以苏轼、苏辙的才华，自然也能够考中了。而且，若苏洵自己再考一次，估计也能中举了。

我们只能说，苏洵太背了。

好吧，不管苏洵如何感叹，他的两个孩子都中举了。这样的结果，也算是皆大欢喜。

史料记载，苏轼参加考试时，还发生了一件值得一提的“小事”。

当时，考试的文章叫《刑赏忠厚之至论》，就是让考生讨论什么才叫作真正的惩罚和恩赏。

这自然难不倒苏轼。他很快就写出了一篇观点独特新颖、内容有理有据、文字质朴自然、笔力稳健通达的文章。

苏轼写的这篇文章很短，只有区区六百多个字，但是，这六百多个字堪称言简意赅，让读者读得“不觉汗出”，大呼“快哉、快哉”。

无须多言，现在就“上菜”，让您也“快哉”一下：“可以赏，可以无赏，赏之过乎仁；可以罚，可以无罚，罚之过乎义。过乎仁，不失为君子；过乎义，则流而入于忍人。故仁可过也，义不可过也。”

这种文章，真是堪称“过瘾”也。

史料记载，考试结束后，当时负责审卷的，是欧阳修和范仲淹的好友梅尧臣。这个人读完苏轼的文章后，赞不绝口。然而，梅尧臣却对苏轼引用的一个古典案例，产生了质疑。

这个案例，是这样写的：“当尧之时，皋陶为士。将杀人，皋陶曰‘杀之’三，尧曰‘宥之’三。故天下畏皋陶执法之坚，而乐尧用刑之宽。”

这个意思是说：在尧的时候，皋陶做执法官，准备处决一个罪犯，皋陶三次说“杀掉他”，尧却接连三次说“宽恕他”，因此，天下人都惧怕皋陶执法的严厉，而喜欢尧用刑的宽仁。

看了这个典故后，梅尧臣懵了。饱读诗书的他清楚地知道，皋陶本来是舜帝的执法官，还曾被大禹保荐为继承人。怎么到了苏轼笔下，却成了尧的执法官了？

梅尧臣百思不得其解，只能请主考官欧阳修去定夺了。

当时，欧阳修看完这个典故也懵了。他是文坛公认的大儒，饱读诗书，结果也不知道这个典故。

虽不知道这个典故，但欧阳修非常欣赏这篇文章。

他认为，普天之下，除了自己的得意门生曾巩外，再也没有第二个人能写出这种文章了。

在宋朝，科举考试有严格的“糊名制度”，欧阳修不知道这篇文章的作者是谁，但他却深信这篇文章的作者是曾巩无疑。

为了避嫌，怕别人弹劾自己照顾门生、行徇私舞弊之事，欧阳修忍痛割爱，把这篇爱不释手的文章排在了第二位，给了这个“曾巩”一个榜眼的头衔；把第二名的文章排列第一，让第二名当状元郎了。

结果，正式发榜后，欧阳修大吃一惊：原来写这篇文章的人，不是自己的门生曾巩，而是苏轼；而当了状元郎的，是自己的得意门生曾巩。

知道了这个结果后，欧阳修又羞又臊，他立刻办了一桌酒席，请来苏轼，当面谢罪。

酒席宴间，苏轼没有耿耿于怀，一直谦虚谨慎，对欧阳修以礼相待，也给后人留下了一个大度的美名。

在一番愉快的攀谈后，欧阳修终于按捺不住，问道：“老夫一直有一个疑问，你考卷中那个皋陶的典故，出自何处？”

苏轼道：“回大人，出自《后汉书·孔融传》。”

欧阳修反而更懵了。因为《后汉书·孔融传》里没有这个典故。

苏轼告辞后，欧阳修立刻找来《后汉书·孔融传》，从头到尾仔仔细细看了一遍。果不其然，书中根本没有这个典故。

欧阳修只好再次向苏轼请教。

欧阳修问道：“你考卷中的典故，真的是出自《后汉书·孔融传》？”

苏轼回答道:“真是如此。”

欧阳修困惑道:“那就怪了，为何老夫找不到?”

苏轼回答道:“确实是出自《后汉书·孔融传》，只不过，我在引用的时候，修改了一下。”苏轼将自己改的内容，解释了一番。

原来，在《后汉书·孔融传》中，有这么一段对话。当时，曹操消灭了袁绍，把袁绍漂亮的儿媳妇甄氏赏给了曹丕。听说此事后，孔融嘲讽道:“昔日，周武王伐纣，灭了商朝后，把妲己赏赐给了周公。”

曹操懵了，曹操找来孔融，问什么意思。孔融回答道:“以今天主公所做的事情来看，昔日武王所以会这么干。”

曹操才恍然大悟，原来孔融是在“指桑骂槐”。

苏轼告诉欧阳修:“我之所以这么写，就是借用孔融的思想。我想，尧帝为人宽厚，即使重用了皋陶这样严格的司法官，也会用刑宽仁。因此，我就这样写了。”

史料记载，听完苏轼的解释，欧阳修瞠目结舌。苏轼离开后，欧阳修对家人道:“苏轼这个人读书，善于思考，善于活学活用，以后他的文章，定能独步天下!”

欧阳修还对自己的儿子道:“真是后生可畏，苏轼日后必定独步天下……再过三十年，就不会再有人提到我的名字了!”

就这样，在欧阳修的赏识和栽培下，苏轼开始得到朝廷的重视，也文满天下了。在苏轼的影响下，其弟苏辙也得到朝廷的重用。

有了欧阳修这块“金字招牌”的保荐，苏轼兄弟名满天下，朝野群臣纷纷巴结，苏氏文章争相传阅。

宋仁宗也非常喜欢苏轼兄弟，他除了说出了那句千古名言(后面再说)，还干了一件令人吃惊的事情，以表达自己这对兄弟的喜爱之情。

原来，在制科考试前，苏辙生病了，结果皇帝为了他，曾经考虑过推延考试时间，想等他痊愈了再说。后来，苏辙病痊愈了，考试才如期举行。

单凭此事，皇帝对苏轼兄弟的喜爱，就可见一斑了。

虽然在欧阳修的保举下，苏氏兄弟顺风顺水，但是，欧阳修可能也会有这样的顾忌——苏轼的文章不拘一格，这对于一个文人来说，确实是不可多得的品质。但是，苏轼的这种不走寻常路、办事不讲规章制度的风格，肯定会成为一个官场的另类。而这种另类的结果可想而知。

事实证明，苏轼虽在文坛上一帆风顺，但在仕途之路上却一败涂地。其原因，可能就在于此。

何止是欧阳修，其父苏洵也有这样的顾忌。

苏洵给这两个孩子起名叫“轼、辙”是有深意的，他曾撰写一篇《名二子说》，作为解释。

轮、辐、盖、轸，皆有职乎车，而轼独若无所为者。虽然，去轼则吾未见其为完车也。轼乎！吾惧汝之不外饰也！

天下之车莫不由辙，而言车之功者，辙不与焉。虽然，车仆马毙，而患亦不及辙。是辙者，善处乎祸福之间也。辙乎！吾知免矣。

在古代的车马中，“轮”就是车轮子；“辐”是辐条，是车轮内周的短棍，用以支撑车轮；“盖”指的是车上用以遮日，遮雨的伞状物；“轸”指的是车厢底部四周的横木；“轼”指的是车厢前端供人手扶的横木；“辙”指的是车辆踉过的痕迹，也指道路。

这段话的意思是说：

车轮、车辆、车盖、车轸，都有各自的作用，但唯独这个“车轼”，只起到装饰作用，似乎没有实际用途，但是，若没有车轼，也不能是一辆完整的车。

我之所以给你取名叫“苏轼”，就是希望你记住“车轼”的作用，虽处于显赫地位，也要善于伪装、保护自己。

而对于“苏辙”这个名字，苏洵是这样解释的：行车必有车辙，但说起车的功用时，不会有人想起车辙。尽管如此，一旦车辆翻车，也不会有人归罪车辙。车辙善于处于福祸之间。

苏洵的这个取名，竟然达到了一语成谶的效果。

苏辙一生，就跟“车辙”一样，虽然也有灾祸，但他总体平平安安。而苏轼，也如“车轼”一般，锋芒毕露，却在政坛之路历经风波，郁郁而终。

好吧，书归正传，在官场之路上，初出茅庐的苏轼，将经历哪些挫折和困难呢？

步入仕途

在宋朝历史上，嘉祐元年（1056年）这一榜相当的惊人。此榜足以媲美太宗朝的那次“龙虎榜”。

这一次科举考试，可以说汇集了北宋中后期所有的文学家、思想家和重要的政治家。

文学方面，有苏轼、苏辙、曾巩。在“宋六家”录取了一半！思想方面，有程颢、张载、朱光庭，这些都是北宋著名的大思想家。政界方面，有吕惠卿、曾布、王韶、吕大钧等，这些都是新党和旧党的重要人物。

然而，谁也没有想到，作为里面最耀眼的那颗星，苏轼的仕途之路，却异常艰苦。

原来，正当苏轼打算一展宏图时，一个噩耗传来了。

这一年，苏轼的母亲程氏黯然病逝了。准确地说，苏轼参加考试时，母亲就病逝了，只是因为路途遥远，苏轼不知道这个消息罢了。

闻此噩耗，苏洵父子悲痛欲绝，他们都没来得及跟欧阳修等人打招呼，就急速离开了京城。

就这样，从嘉祐元年（1056年）开始，一直到嘉祐四年（1059年）为止，苏轼兄弟一直在四川老家守孝，没有步入仕途。

光阴荏苒，岁月如梭，转眼三年已过，苏轼兄弟终于可以“出山”了。于是，他们在父亲的带领下，于嘉祐五年（1060年）二月，第二次来到京城。

史料记载，这一次重回京城，苏轼兄弟是打算干出一番大事业的，因为他们是“举家迁往”京城的，已经没有后路了。

然而，明明没有了后路，苏轼兄弟却拒绝了朝廷的官职，他们找了一个僻静的地方，继续读书去了。

原来，苏轼兄弟打算参加嘉祐六年（1061年）八月的一个高级公务员考试。

这个高级公务员考试，就是朝廷不定期举行、由皇帝特别下诏并亲自主持、选拔特殊人才的制科考试（或者说是制举考试）。

这种考试，利端有二：第一，皇帝亲自监考，自然能获得满意的人才。第二，考试形式自由，朝廷需要什么样的人才，就可以开什么科考试。

当然，有利就有弊，这种考试的弊端，也同样明显，那就是，太难考了！皇帝亲自监考，自然要精益求精，务必得到最满意的人才。因此，这种考试的难度非常大。

有史学家做过统计，在两宋三百余年里，共开科举108榜，录取了42457名进士，但考中制举者，不过40多人。

虽然制科考试的录取率低得惊人，但它的回报也同样高得惊人。

毕竟这是皇帝亲自举行的考试，中举者就直接变成“天子门生”。从此以后，有皇帝这棵大树罩着你……偷着乐去吧。

为了获得好成绩而努力备考的苏轼兄弟，在参加考试时，却惊讶地发现——他们参加的这次制科考试，堪称历史上参加人数最少的一次，根本就没有人与他们竞争。

人都到哪里去了？都被他们吓跑了！

原来，在考试前，韩琦看见那么多“不自量力”的人来报名参加考试，就满脸不悦地对众人道：“二苏在此，你们也敢跟他们比？”

大家一听，大名鼎鼎的苏轼兄弟要参加考试，那还考个啥呀！苏轼的文章名满天下，就连文坛领袖欧阳修都要避此人出一头地，我们跟他竞争，不是关公面前耍大刀吗？

呼啦一下子，除了两个不怕死的人，没有人参加这次制举考试了。

对比以前动不动就上百人参加，这次只有四个人参考，二苏的“威力”可想而知了。

名满天下到了这个地步，加上皇帝喜爱、宰相重视，二苏的中举，也在情理之中。

然而，当时没有人想到，在这次考试中，大苏轻松中举，小苏却惊险连连，不仅差点没有中举，还差点引来一场杀身之祸。

这是怎么回事呢？

原来，这次制举的考试题目叫《贤能方正能直言极谏》。大意是，要实话实说，给皇帝直言进谏。在回答这个问题时，苏辙真是实在，竟然真的实话实说了。

苏辙是这样写的——

我来京城后，听路人说，宫内美女佳丽无数，皇帝整天在后宫饮酒作乐、纸醉金迷、腐败奢靡。皇帝既不关心百姓疾苦，也不跟大臣讨论治国大计，怠于政事、滥用职权、横征暴敛……

可想而知，看见这篇文章，负责审稿的官员傻了。苏辙这么写，不是恶意诽谤当今圣上吗？于是，他们联名上奏，要对这个犯上忤逆的苏辙治罪！

眼看苏辙就要遭遇一场灭顶之灾了。好在，就在这个时候，他命中注定的贵人出现了。

这个贵人，就是司马光。

当时，司马光告诉群臣："本次考试的题目，不就是让考生直言进谏、实话实说吗？苏辙这么说有错吗？虽然苏辙在道听途说下，诽谤了当今圣上，但若皇帝以这么一点小瑕疵为由，治了苏辙的罪，恐怕以后天下人都不敢说真话了。"

最终，在司马光的据理力争下，苏辙涉险过关。当然，没有司马光的谏言，宋仁宗也会录取苏辙。

毕竟，人家可号称"仁宗"，而且，这位仁宗也非常喜欢苏轼兄弟，不会为了这么一点"小事"，把他们拒之门外。

宋仁宗有多喜欢他们呢？

史料记载，这次制举考试后，宋仁宗大笔一挥，给了苏轼一个非常好的成绩——第三等。

制举考试分为五等，第三等虽然位居中央，看似不高。但大家要知道，在宋朝的制举考试中，第一等、第二等都是虚设，根本没有录取过一个人，录取的最高等级，就是第三等。

苏轼以第三等的成绩被录用，已经是一件破天荒的大事了。

相比哥哥，苏辙虽然也被录取了，但为了平息众怒，朝廷仅给了他一个第四等。当然，第四等成绩也不错了。

成功通过了制科考试，苏轼兄弟成了朝廷重点培养的干部。

那么，他们是怎么建功立业的呢？

憋屈的第一份工作

史料记载，参加完制科考试后，首先被赏赐的人，是父亲苏洵。

朝廷见苏洵为国家培养出了这么优秀的儿子，就对其破格录用了。

朝廷授予了他一个秘书省试校书郎的官职（九品小官，还是试用）。同年，朝廷加封了苏洵的官职，正式授予了他霸州文安县主簿的官职（从八品，也不大）。

就这样，在“唐宋八大家”中，苏洵成了唯一一个没有获得功名，但也获得了官职的文人，虽然官职不大，但也终于入朝为官了。

第二个被赏赐的人，是弟弟苏辙。

以第四等成绩被录取后，朝廷授予苏辙商州推官的官职。后来，因为苏洵年事已高，苏辙就没去上任，而是留在京城侍奉父亲。

第三个被赏赐的，是哥哥苏轼。

嘉祐六年（1061 年），朝廷颁布圣旨，任命苏轼为大理评事、签书凤翔府判官，就是现在的凤翔县县长助理。

虽然在现在，凤翔是一个县，归宝鸡市管辖。但在秦汉时期，凤翔叫“雍州”，为华夏九州之一，也是秦王嬴政称霸天下的大本营。宋朝时，为了对抗西夏，将凤翔设为国家的西北重镇。

当时，只有拥有相当资历的官员，才能担任这种重要地区的助理官。苏轼这个年轻的小子，获得了这么一个重要的官职，可见朝廷对他的器重了。

嘉祐六年（1061 年）十一月，在朝廷的器重、家人的期待、寒冷的北风中，苏轼告别了父亲兄弟，带着妻子王弗和在襁褓中的长子苏迈，出发了。他怀着一颗治理国家、平定天下的火热理想，踏上了前往凤翔的路途。

然而，到了凤翔后，苏轼却发现，原来，理想跟现实真不是一码事。

简单地说，苏轼到凤翔后，处处被人掣肘，因为他的顶头上司陈希亮，就是看他不顺眼。

陈希亮，字公弼，北宋时期眉州人，祖籍京兆（今陕西西安市）。从年龄上讲，陈希亮可以当苏轼的爷爷；从籍贯上说，陈希亮与苏轼是同乡。陈希亮本应该尽地主之谊，照顾这个“小孙子”才是。然而，情况正好相反。

陈希亮的严格，主要有三：

第一，不留情面。

苏轼来到凤翔后，很多官员都知道这是一个深受皇帝器重的名满天下的大才子，于是，有些同事就巴结苏轼，天天称其为“苏贤良、苏贤良”的。对于这种称呼，苏轼很是高兴，就有点飘飘然了。结果，得知此事后，陈希亮勃然大怒，他当着苏轼的面，对那些阿谀奉承的人大骂道：“一个小小的判官，有什么贤良的？”骂完后，陈希亮还打了他们一顿，让他们不敢再说了。

虽然是同事挨打，但苏轼也脸上无光。试问这种事情，他怎么受得了？

第二，不请苏轼。

每隔一段时间，陈希亮都会举办一次宴会，大家聚一聚，联络感情。但是，比苏轼官大的官员，被邀请了；比苏轼官小的官员，也被邀请了。唯独苏轼，一次也没有被邀请过。

这让少年成名的苏轼很是难堪、郁闷。

这样的次数多了，苏轼索性不跟他们玩了，不管是什么样的宴会，他也不参加。有一年中元节晚会，苏轼就赌气没有去，谁知，他竟然以“无故不参加聚会”的理由，被罚了 1600 文钱。

这笔钱对苏轼来说，不是特别大，他给得起。但是，太伤苏轼的面子了。

第三，随意修改文稿。

苏轼是陈希亮的副手，替他起草各种文稿。但是，不管苏轼怎么写，陈希亮都要在上面修改。更有甚者，苏轼花了一个晚上苦心写的文章，陈希亮看都不看，直接扔了。

苏轼也怒了，他是名满天下的大才子，书写的文章，就连当今圣上、文坛领袖欧阳修看了，都拍手叫好。你一个小小的陈希亮，竟然敢擅自删改这“天下第一”的文章，在上面乱点乱画！

然而，不管苏轼如何抗议，陈希亮的回答永远就是，不通过，继续改！

憋屈，真是憋屈。

苏轼在这个糟老头手下办事，非常不如意，他在给弟弟的书信中，竟然用到了“忆弟泪如云不散，思乡心似雨难开”这样的诗句。而那些什么“虽无性命忧，且复忍须臾”的句子，也频频出现。

当时，苏轼根本不明白，自己到底干了什么事，让他看自己这么不顺眼。

直到两年后，苏轼写完《凌虚台记》，才找到这个答案。

史料记载，陈希亮在宫府后园修建一座楼台，叫作“凌虚台”。修好后，陈希亮请苏轼为此楼台写一篇文章，作为纪念。

对苏轼而言，报仇的机会终于来了。

当时，在写这篇文章时，苏轼是这样写的：“……数世之后，欲求其仿佛，而破瓦颓垣，无复存者，既已化为禾黍荆棘丘墟陇亩矣，而况于此台欤！夫台犹不足恃以长久，而况于人事之得丧，忽往而忽来者欤！而或者欲以夸世而自足，则过矣。盖世有足恃者，而不在乎台之存亡也。”

这段话的大概意思是说：

古代的宫殿，富丽堂皇，雄伟无比，结果数代之后，只剩下一堆残垣断壁。当时宫殿的位置，变成了种庄稼的田地或者是长满荆棘的废墟。宏伟的宫殿尚且如此，何况是一个小小的凌虚台！这个小台肯定会消失的，就跟风云莫测的人生一样，谁能预料到来去匆匆的命运呢？如果有人想把这个小台子留在人世间，借此炫耀于世，满足自己的虚荣心，那是不可能的！世间确实有永垂不朽的东西，但跟这个小台子的存在与否，没有任何的关系。

怎么样？这番话，写得真是可以……

按照苏轼的设想，这篇文章一交，就齐活了。糟老头子看完，估计能被活活气死。

结果，苏轼想错了。

史料记载，看完这篇文章，陈希亮毫无动怒之意，他微微一笑道：“写得很好，去刻在石碑上吧。”

面对苏轼的质疑，陈希亮给出了答案：“我看待你的父亲苏洵，就如同我儿子一样。我看待你，就如同我孙子一样。以前，我对你分外严厉，故意不给你好脸，是怕你骄傲自满。毕竟，你年纪轻轻就名声大振，我怕你得意忘形，想挫一挫你的锐气，让你小子冷静一下。结果，你小子还真的不高兴了。”

苏轼听完这番话后的表现，史无记载，但是我相信，苏轼一定是热泪盈眶，感动不已。

对于苏轼而言，能够得到陈希亮这么一个真心为自己好的长辈，真乃三生有幸。毕竟，陈希亮没有做错，像苏轼这种才华横溢、少年成名的年轻官员，比比皆是（如欧阳修），若不打压他的膨胀情绪，让他经历失败的挫折，必会得意忘形、不思进取，最终变成一个平庸的官员。

陈希亮对苏轼的这种态度，也值得我们反思。

我们经常能够看见所谓优秀的孩子，仗着自己考了几个一百分，就目中无人，再加上老师、同学、家长的一番夸赞，就彻底“上天”了！最后，不思进取，最终变成了平庸的人。

这种说法，绝非危言耸听，您的身边，一定有这样的孩子。

就这样，在陈希亮的鼓励和敲打下，苏轼变成了一个不惧挫折、能够担当大任的官员。

来吧，苏轼，那扇建功立业、永载史册的大门，正在向你敞开。

然而，在开启这扇大门前，苏轼却迎来了两个“噩耗”……

两个噩耗

史料记载，苏轼在凤翔任职结束后，宋朝发生了巨变——宋仁宗病逝，现在是宋英宗的时代。

宋英宗跟宋仁宗一样，也对苏轼青睐有加。在苏轼回到京城后，宋英宗打算破格录用，委任其知制诰（负责起草诏书）或修起居注（记录皇帝言行）的重任。

要知道，这些官职相当于皇帝的贴身秘书。苏轼若获得了这些官职，他就能参加国家的重大决策。宋朝的很多宰相，就是从这些官职上被提拔出来的。

换句话说，苏轼若得到这个官职，不出几年，就有可能成为宰相。苏轼完全有可能继寇准之后，成为这个帝国最年轻的宰相（当时刚满 30 岁）。

然而，宋英宗的这个任命，被韩琦搅黄了。

韩琦以苏轼年龄尚浅、资历不够，骤然提拔会让别人不服为借口，让皇帝收回了成命。

虽然没有支持皇帝的设想，但韩琦也爱惜苏轼这个人才，建议提拔苏轼为直史官（负责编写历史的官员）让其进入馆阁。

进入了宋朝政权的核心层后，苏轼的未来，也可想而知了（就是晚几年的事）。当然，苏轼也很喜欢这个官职。

一来，从这个位置，很容易进入上流社会；二来，馆阁有无数珍贵书本、名人手迹和传世名画，能够看到它们，太开心了……

就这样，苏轼进入馆阁后，一边刻苦学习，一边时刻等待着朝廷的召唤，好建功立业，报效朝廷。

苏轼没有想到的是，朝廷的召唤没有到，两个巨大的噩耗，却不请自来了。

第一个噩耗，就是苏轼的结发妻子王弗，先他而去了。

史料记载，治平二年（1065年）五月，苏轼的夫人王弗病逝，享年27岁。

根据一些文献记载（主要是野史），苏轼的这位夫人，是他参加一个比赛得来的“奖励”。

据民间传说，苏轼在四川青神县中岩书院求学期间，当地进士王方召集当地才子，为这口鱼池命名。

有人取名“藏鱼池”，有人取名“引鱼池”，还有人取名“跳鱼池”。

对于这些名称，王方都不满意。等苏轼发言时，苏轼指着池中的鱼道：“池中鱼儿很解主客之乐，唤之即来，挥之即去。不如就叫‘唤鱼池’吧。”

一听“唤鱼池”三字，王方大喜道：“妙哉，妙哉。‘唤鱼’二字既清新又典雅。”王方说完，众人也齐声喝彩。

就在此时，王方的女儿王弗令丫鬟带着一个卷轴走出来，丫鬟道：“老爷莫急，小姐也为这个池子取了一个名字。”

结果，大家看完后，皆吃惊不已。

原来，王弗与苏轼不谋而合，她也为这个池子取名“唤鱼池”。

后来，王方请人做媒，将王弗许配苏轼，当时，苏轼19岁，王弗16岁。他们的这段姻缘，也成了一段美谈。

史料记载，苏轼与王弗的婚姻，虽然是一个典型的封建制度下的婚姻，是在父母之命媒妁之言下结成的夫妻。然而，他们夫妻恩爱、举案齐眉、好得不得了。

史料记载，刚结婚时，苏轼认为她就是一个文化一般，只会伺候公婆的女子，结果，随着时间的推移，苏轼越发发现，这个夫人不简单。

原来，苏轼背书时，夫人王弗就安静待在一旁，拿着针线干活。苏轼背书忘词，急得抓耳挠腮时，王弗竟能给苏轼提醒，让他继续背下去。

这一下子，苏轼大吃一惊，就问夫人：“你也会读书？”王弗笑道：“略知一二。”

好奇的苏轼问她别的书里的问题，她都能说出来（则皆略知之）。

苏轼大吃一惊，原来他眼中的那个不动声色的夫人，竟然还是一个秀内慧中的大才女呢。从此，苏轼更加喜欢这个夫人了。

除了在生活上有共鸣，在洞察世故和识人相面上，夫人王弗比苏轼均更胜一筹。

咱们都知道，苏轼是一个大才子，这种人在艺术领域上拥有常人没有的天赋，但在与人交往上，却天生就是一个“弱智”。

综观苏轼的一生，他就是因为这种性格，导致处处得罪人。在人际交往中，苏轼也常常犯糊涂，不知道对方的秉性，也分不清楚谁是好人谁是坏蛋。然而，苏轼的这位夫人王弗，却拥有一双“火眼金睛”。

史料记载，有一次，一个来访客人，与苏轼相聊甚欢。这个人走了以后，王弗板着脸道：“不要再跟这个人交往了。”

苏轼问其缘由，王弗道：“这个人说话模棱两可，一直暗自揣测你的意思，还时不时迎合你。这就是一个小人，何必跟他多说话呢？”

还有一次，又来了一位客人，这个人非常热情，与苏轼也相聊甚欢。这个人走后，王弗依旧评价不高。

苏轼问其缘由，王弗道：“这个人虽然不会揣测你的态度，但他太热情了，目的性太强了。一旦跟这种人交往，交情来得快，去得也快，不能持久。”

王弗的这些预测，事后都得到了证实。从此，苏轼更加佩服这个贤内助了。

可见，这两个人在一起，确实能够完美互补。若这个组合继续下去，苏轼未来会少走很多弯路，然而，上天还是选择了“棒打鸳鸯”，让王弗英年早逝，也让苏轼失去了一个贤内助。

史料记载，王弗撒手人寰后，苏轼悲痛不已，即使夫人病逝十年了，苏轼还是一往情深地想念这位夫人。于是，我们才有幸看见了苏轼那篇著名的“哀悼亡妻文”。

十年生死两茫茫，不思量，自难忘。
千里孤坟，无处话凄凉。
纵使相逢应不识，尘满面，鬓如霜。
夜来幽梦忽还乡，小轩窗，正梳妆。

相顾无言，惟有泪千行。

料得年年肠断处，明月夜，短松岗。

——《江城子·乙卯正月二十日夜记梦》

一首至情至爱的词，一段感人肺腑的话，丈夫对妻子的爱，溢于言表。

当然，苏轼后来又迎娶了王弗的堂妹王闰之为妻，纳了歌女王朝云为妾。

书归正传，中年丧妻，让苏轼痛苦。殊不知，还有让他痛苦的噩耗！

第二个噩耗，就是苏轼的父亲苏洵，病逝了。

史料记载，失去爱妻后，苏轼尚未从悲痛中走出来。结果，第二年（治平三年，1066 年）四月，父亲苏洵也与世长辞了，享年 58 岁。

父亲病故后，根据规定，苏轼兄弟带着父亲的棺椁返回老家四川丁忧。当年六月，在朝廷官员的送别中，这对兄弟进汴水，入淮河，逆流而上，经江陵入蜀，回到了眉山老家。

据说，在守孝期间，这对兄弟们曾经相约：他日功成名就后，要返回老家眉山，在这里颐养天年，共享田园之乐。

殊不知，这对兄弟俩的这个愿望，一辈子都没实现。这次返回家乡，也是他们最后一次回归故里。

因为，当重返朝廷后，他们将身陷一场庞大的政治风暴，并在这场风暴中身败名裂，最终客死异乡——苏轼死在了常州，苏辙死在了颍昌。

这场让他们身陷其中的政治风暴，就是那场著名的王安石变法。

第七章 浪漫的实干家

对变法的态度

毋庸置疑，在新党眼中，苏轼绝对是一个旧党成员。毕竟，他天天反对变法，还上疏朝廷，强烈要求废除新法。这样的一个人，要不是一个保守的旧党，那才叫见了鬼。

那么，苏轼是怎么反对变法的呢？

史料记载，熙宁二年（1069 年），王安石打算改革科举制度，废除诗词歌赋考试，改用策论录取进士。

王安石给出的理由是：诗词歌赋与治理国家，根本不对口，我们应该用策论，为国家选拔真正有才华、有实际工作能力的人。

实事求是地说，王安石的这种改革，也是欧阳修的目标。然而，王安石在录取上，全都录取那些同意变法、提倡新学的人，对那些提倡祖宗之法不能变的人，一个都不录取。

得知此事后，苏轼立刻上疏表示反对，并参了王安石一本。

苏轼告诉宋神宗："策论写得好，不一定是治国的人才；诗词歌赋写得好，也不一定不会治国。比如，前朝的孙复、石介等人，策论写得非常好，但都是不懂政事的书呆子。反之，前朝寇准、杨亿等人，诗词歌赋写得非常优美，也一样会治理国家。可见，录取人才，跟考试内容没有关系。我朝原有的录取办法，就能录取无数优秀的人才。如今，王安石非要改革考试内容，完全是缘木求鱼，多此一举。"

读完这份奏章后，宋神宗认为写得还不错，然后竟然把奏章交给了王安石，并询问他的意见。

可想而知，王安石看完后是什么反应。

后来，在一次国子监举人考试中，苏轼作为主考官，竟然出了一道题目，更让王安石受不了了。

这道题目，是这样的：晋武帝独断讨伐吴国，成功了；苻坚独断讨伐东晋，大败而归；齐桓公重用管仲，成就霸业；燕王重用子之，燕国大乱。上述这些案例，开始都差不多，结果却完全不一样，请问这是为什么？

苏轼出的这道题目，就是在暗讽王安石，说他忽悠皇帝违背天理、独断专行，未来必没有好下场。

鉴于此，在新党眼中，苏轼完全就是一个旧党。

但是，新党想错了。苏轼虽然反对变法，但他真不是旧党。

证据，就是他和司马光的对话。

史料记载，有一天，司马光找到苏轼，开门见山道："王安石冒天下之大不韪，擅自更改祖宗之法，甚是可恶。我们应该联合起来，一起讨伐他！"

苏轼道："没错，应该这样做。但是，我们应该反对王安石这个人，不应该反对新法。"

司马光大惑不解道："此言何意？"

苏轼道："在我看来，虽然王安石这个人问题很大，但他创建的新法确实有值得称道之处。而且，在我眼中，那些什么'祖宗之法不可变'的说辞，比王安石的新法更加误国害民。"

司马光一听勃然大怒，痛骂道："好一个介甫（王安石的字）之党！"随后拂袖而去，并恨上了苏轼。

把司马光气成了这样，苏轼还能是旧党吗？

其实，苏轼就是一个实话实说的官员罢了。但是，他的这种实话实说，还是得到了一个反对变法、隶属旧党的评价。这其实也怪不了别人，只能怪他自己。

史料记载，在王安石变法期间，苏轼不止一次上疏朝廷，请求谨慎、认真变法，不要急功近利，造成难以弥补的损失。

在《拟进士对御试策》中，苏轼是这样说的："譬如乘轻车，驭骏马，冒险夜行，而仆夫又从后鞭之，岂不殆哉！臣愿陛下解辔秣马，以须东方之明，而徐行于九轨之道，甚未晚也。"

意思是说：现在的变法，就好比在深夜驾车一样，周围都是万丈悬崖，车夫还玩命纵马狂奔，这随时会车毁人亡呀！希望陛下解下马鞍，让马匹好好休息，等到天亮后再出行也不晚呀！

在《上皇帝书》中，苏轼是这样说的："陛下生知之性，天纵文武，不患不明，不患不勤，不患不断，但患求治太速，进人太锐，听言太广。"

意思是说：陛下是一个好皇帝，不可谓不英明，不可谓不勤勉，不可谓不果断。但是，陛下也有三大缺点。第一，太急功近利；第二，提拔官员速度太快；第三，耳根太弱，什么意见都听。

在《再上皇帝书》中，苏轼更是这样告诉皇帝的："臣以为此法，譬之医者之用毒药，以人之死生，试其未效之方。三路之民，岂非陛下赤子，而可试以毒药乎！今日之政，小用则小败，大用则大败，若力行而不已，则乱亡随之。臣非敢过为危论，以耸动陛下也。自古存亡之所寄者，四人而已，一曰民，二曰军，三曰吏，四曰士，此四人者一失其心，则足以生变。今陛下一举而兼犯之。"

意思是说：如今的变法举措，就好比医生在患者身上胡乱用药，以其性命来检查药效，这怎么行呢？大宋百姓都是陛下的子民，陛下真的狠得下手，让他们当实验用的"小白鼠"吗？如今的变法之政，小用有小失败，大用有大失败，如果一意孤行地进行下去，就会导致国家动乱了！臣这么说，绝不是危言耸听。因为自古以来，国家都需要四种人的帮助，即"民、军、吏、士"，如今的变法，已经把这四种人都得罪了！

苏轼这种反对新法的谏言，还有很多很多。

综上所述，苏轼强烈反对变法和指桑骂槐的话，让王安石自然恼怒。于是，在新党的眼中，苏轼被打上一个深深的旧党烙印了。即使苏轼是一个“无党派”人士，就是一个“说实话”的臣子，王安石也不管不顾了。他誓死要把苏轼轰出朝廷。

最终，一件小事让王安石下定决心，把苏轼轰出朝廷了。

这件小事，是猜谜。

忍无可忍

根据《枫窗小牍》记载，王安石变法期间，突然在京城的大相国寺的墙上，出现了一首莫名其妙的诗。

在宋朝，大相国寺是最大的寺院，不仅接收天下的僧人，也容纳无数的文人墨客在这里参禅拜佛、交流经验。

每逢节日的时候，大相国寺更是热闹无比，各种艺人汇集于此，表演绝活，请求赏赐。而那些坑蒙拐骗的梁上君子，也会来这里一展自己的“技艺”。

史料记载，宋仁宗时期，曹皇后来这里烧香拜佛，结果刚拜完佛，她挂在脖子上的一串珍珠项链（也说念珠）就不翼而飞，被小偷顺走了。得知此事，宋仁宗大怒，下令全城缉捕，务必抓住这个小偷。结果，折腾了数月也没有破案。

由此可见，这个大相国寺，就是这样的热闹。当时，在大相国寺墙壁上题诗的人很多，但像这种莫名其妙的诗句，就很少见了。

这个诗，是这样写的：

终岁荒芜湖浦焦，贫女戴笠落柘条。
阿侬去家京洛遥，惊心寇盗来攻剽。

当时，名满京城的大才子们看完这首诗后，都认为隐含着什么内容，但到底是什么内容，又都说不清楚。于是，大家奔走相告，互相商量，此事一时非常“火热”。

苏轼知道这个消息后，也来此地解谜。

看了一会儿后，苏轼微微一笑。

大家一看，苏轼肯定知道答案了，于是围住了苏轼，请求他说出谜底。

苏轼道："让我说出谜底，没问题，但是，这是一首抨击新法的诗。我说完后，就要把这首诗擦掉，不能继续保留了。"

苏轼继续道："这是一首藏字诗。首句，'终岁'，即十二月，这三个字组合在一起，就是一个'青'字。'荒芜'，即田上长草，所以为'苗'字。'湖浦焦'，为去水的湖泊，所以'去水'，就是一个'法'字。

"第二句，'贫女戴笠'，为'安'字。'落柘条'，即去掉柘树的枝条，所以是个'石'字。合起来，则为'安石'二字。

"第三句，'阿侬'为吴地方言，但是这里反了，应该是'侬阿'。因此，这就是一个'误'字。'去家京洛遥'，暗指在京城附近居住，所以是一个'国'字。所以这第三句，就是'误国'二字。

"第四句，惊心寇盗来攻剽，有扰民、害国之意。综上所述，这个谜的解释就是——安石创办的青苗法误国扰民。"

众人一听恍然大悟，对苏轼的赞美之声不绝于耳。然而，也就是因为这件事情，让王安石下定了决心，要把苏轼轰出朝廷了。

在王安石的眼中，虽然苏轼是一个名副其实的才子，但是，这个才子不能为自己所用，而且添堵，那就只能把他轰出朝廷了。

根据《续资治通鉴长编拾补》记载，这件事后，王安石开始给苏轼"上眼药水"。

不止一次，王安石告诉宋神宗："苏轼这个人，学问来路不正，早晚会危害江山社稷。"

当时，一旁的宰相曾公亮听不下去了，反驳道："苏轼只不过发表了一些不同的意见，王宰相这样说就有点夸大其词了。"

王安石大怒道："没错，苏轼确实有才华。但是，这个人就好比一匹烈马，只有让他吃吃苦头，才会老老实实听话。若不严惩一下他，朝廷怎么好重用呢？"

本来，宋神宗很欣赏苏轼的才华，准备对其委以重任的。结果，在王安石的不断挑唆下，宋神宗开始讨厌苏轼，渐渐地疏远他了。

看见皇帝不喜欢自己，苏轼也不傻。于是，苏轼上疏一封奏章，请求外放，离开这个是非之地，去地方做一点实事。

对于苏轼的请求，刚开始，宋神宗还打算挽留的，但是，在王安石的强烈反对、新党成员的咄咄逼宫下，宋神宗只能同意了。他把苏轼外放到颍州，让他担任颍州知州（颍州市长）。

宋神宗颁布完这道圣旨后就后悔了。于是，宋神宗又颁布了一道圣旨，把苏轼改派到了杭州，让他去那里当一个通判（副市长）。

在宋朝，杭州城风景秀丽、富甲天下，到那里做官，绝对是一个大大的美差。可见，宋神宗对这个苏轼，真可谓不薄。

就这样，熙宁四年（1071年），苏轼离开了是非之地，来到了杭州，从此与这个城市结下了生死之缘。

这一年，苏轼36岁。

与杭州的不解之缘

苏轼一生号称“八典名郡”，就是说他一共在八个地方当过官（顺序为：杭、密、徐、湖、登、杭、颍、扬、定）。

在这8个地方里，苏轼在杭州的任职时间最长，次数最多（两次），影响也最巨大。

去过西湖的人都知道，那里有一个著名的景点叫苏堤。这条大坝，是苏轼第二次出任杭州知州时，为了治理水患，组织人力大规模修建的。

在这条水坝的帮助下，困扰杭州市民多年的水患问题，被有效解决了。人们为了纪念苏轼，便将这条大坝取名苏堤。

现在的苏堤，虽然早已失去了防水的作用，但历经百年的修缮、植被，变成了一条风景优美、景色迷人的千里长廊，是“西湖十景”之一，后人称为“苏堤春晓”。

除了苏堤，苏轼在杭州一带还留下了很多的人文轶事。

这些故事中，以金山寺论佛最为著名，也最为有趣。

如今，一提到金山寺，我们首先想到的就是法海大师，还有那部脍炙人口的《白蛇传》。

其实，在真正的历史中，法海禅师是金山寺的得道高僧，他精通佛法，一生慈悲为怀，普度众生，不仅为当地的老百姓干了很多的好事，更是凭着超人的毅力，创建了规模宏伟的江南第一大佛教寺院金山寺。

法海对佛教做出了很大贡献，因此被奉为金山寺的“开山裴祖”。

当时，苏轼到金山寺拜见的主持不是法海，而是苏轼文章中频频出现的佛印长老。

苏轼与佛印长老为后人留下了很多的故事，其中最著名的要数这两个。

第一个故事：问佛。

有一天，苏轼跟佛印长老参佛，苏轼突然问道：“在大师的慧眼中，吾乃何物？”

佛印长老道：“在贫僧眼中，施主乃我佛如来金身。”

苏轼很高兴，他见佛印身材臃肿，便调侃道：“在我眼中，大师就是一坨牛粪。”

佛印大师一点也不生气，平静地说道：“佛由心生，心中有佛，所见万物皆是佛；心中有牛粪，所见皆化为牛粪。”

这番话，说得苏轼哑口无言。

我个人认为，在现在的社会里，太多太多的人把这个故事忘记了。

若不信，请看看周围的人，必有一些目中无人、常常藐视同事和上级的人，动不动说别人：你们这群蠢货……

请这样的人，好好地、认真地重读一遍这个故事。

第二个故事：换物。

又有一天，佛印大师正与众僧谈文说道，苏轼一身官袍，没跟任何人打招呼，就走了进来。

佛印大师看见他后，抱歉道：“学士从何处来，此间无坐处。”那意思是说：“学士从哪里来？这儿可没有您坐的地方。”

苏轼见佛印大师要轰自己走，便引经据典答道：“暂借四大为坐。”那意思是说：“既然没有坐处，何不暂借大师的四大（佛教中，地、水、火、风为四大），用作禅床？”

佛印听罢，笑道：“学士有意论佛，我有一问，若学士能答，我便让坐；若答不上来，请留下腰间玉带，以镇山门。”

苏轼自恃才高，欣然允诺。

佛印笑问：“四大皆空，五蕴（佛教以色、受、想、行、识为五蕴）非有，学士何处坐？”

苏轼一时答不上来，只能认赌服输，把玉带交给佛印大师。佛印大师也不白要，他送给苏轼一件衲裙，以为回赠。

一条玉带，换回一件衲衣，怎么算都不划算。当晚，睡不着觉的苏轼写了一首《以玉带施元长老，元以衲裙相报次韵二首》的诗，专门纪念此事。

病骨难堪玉带围，钝银仍落箭锋机。
欲教乞食歌姬院，故与云山旧衲衣。

如今，那条玉带依旧保存在金山寺中，供人观赏，并见证着那段历史。

第八章 乌台诗案

大难临头

元丰年间，为了躲开变法旋涡，苏轼自请出京，去地方当官了。

当时，苏轼先后在杭州、密州、徐州当官，政绩斐然，深得民心。

然而，让苏轼没有想到的是，他在湖州当官期间，竟然遭遇了一场突如其来的灭顶之灾，为此锒铛入狱，还差点丢掉了性命。

那么，这是怎么回事呢？

原来，这都是新党们搞的鬼，他们为了巩固自己的权力，排除异己，准备弄死苏轼了。

新党之所以迫不及待地弄死苏轼，原因有四：

第一，苏轼是文坛的领袖，在旧党中名气最大。

咱们都知道，自从欧阳修去世后，苏轼就接过了他的衣钵，成为文坛新的领袖。当时，在苏轼的周围，聚集了一大批著名的文人学者，如“苏门四学士”“苏门六君子”等。这些人在社会上影响巨大，拥有强大的话语权，能够轻易决定社会舆论的走向。因此，在新党眼中，除掉苏轼，就等于抢回了话语权，并顺便扳倒了一大半反对派。

第二，在旧党中，苏轼的“声音”最大，最会抨击新法。

苏轼跟司马光不同，司马光也反对新法，名气也很大，但司马光不嚷嚷，他一门心思闭门修书。反观苏轼，他一直抨击新法，还写了很多反对新法、嘲讽新党的诗词，在社会上引起了强烈的反响，给新法造成了恶劣的影响。

在新党眼中，苏轼简直就是一个闹心的小喇叭，天天“滴滴答答”的，谁受得了！

第三，文坛领袖、抨击新法，固然是新党憎恨苏轼的原因，但并不是根本。新党成员要办苏轼的根本原因，还是因为皇帝赏识、喜欢他。

王巩的《随手杂录》记载，宋神宗非常欣赏苏轼的才华，伺候皇帝的人都知道，宋神宗在吃饭时，如果突然停下手中的碗筷、专心致志阅读文章，甭问，肯定是在阅读苏轼的诗文或奏章。

在新党的眼中，宋神宗这么做，就是在释放一个危险的信号。皇帝如此欣赏苏轼，保不齐哪天他 就把苏轼调回京城、加以重用了。

到那时，这些新党们，又将何去何从呢？

为了不让那一天上演，新党们只能绞尽脑汁，置苏轼于死地了。

第四，除掉苏轼，能让李定报仇雪恨。

咱们前面讲过，苏轼当年骂过李定，还差点把他整死。现在，一报还一报，李定要报当年之仇。

至此，一场对苏轼的进攻，正式开始！

元丰二年（1079年）六月，新党成员、御史中丞李定发起了攻击，他拿苏轼的《湖州谢上表》说事，说苏轼妄自尊大、大放厥词、谩骂朝廷，必须严惩不贷。

咱们都知道，官员在上任前，要给皇帝上一封谢表，以感谢皇帝赐予自己工作。

当时，在谢表中，苏轼一没哭穷，二没谩骂，仅写了短短三百多个字。然而，就是这区区三百多个字，愣是让李定等人找出了几处刺眼的词语：妄自尊大、大放厥词、谩骂朝廷。

何为妄自尊大？

谢表中，苏轼说："（湖州）风俗阜安，在东南号为无事；山水清远，本朝廷所以优贤。顾熗何人，亦与兹选。"

就是说，湖州风俗淳朴富足，是一个比较悠闲富足的城市，山清水秀，本是朝廷礼遇贤臣的地方。我算什么，居然获此厚爱。

苏轼的这番话没啥问题，但是在新党眼中就有大问题了。

李定告诉宋神宗，苏轼这么说就是发牢骚，认为朝廷不给自己委以重任，埋没了人才！

如此还不是妄自尊大？

何为大放厥词？

谢表中，苏轼说："臣性资顽鄙，名迹堙微。议论阔疏，文学浅陋。凡人必有一得，而臣独无寸长。"

就是说，自己的个性很顽固鄙陋，名气和政绩也很小，没什么见识和学识。别人各有所长，自己却一无是处。

苏轼这么说，无非就是谦虚。然而，新党告诉皇帝，苏轼这么说就是正话反说，他鄙视天下所有的读书人，说大家都不如我！因为，我都是文学浅陋、无一是处了，你们都不如我，那你们自己说，你们算啥？

如此还不是大放厥词？

何为谩骂朝廷？

谢表中，苏轼说："知其愚不适时，难以追陪新进；察其老不生事，或能收养小民。"

就是说，我知道自己迂腐不识时务，难以与新进之人共同进步。皇上知道我年老不惹事，所以让我到湖州任职，来这里照顾百姓。

苏轼这么说，错了吗？

一般人看，没错。但在新党眼中，就大错特错了。

李定告诉皇帝，苏轼在辱骂朝廷官员。因为第二句末尾处"新进"这个词，就是"升迁迅速的无能之辈"的代名词。苏轼公然用这种侮辱性的词语指称朝廷百官，太大胆妄为了。

此外，苏轼还自诩"老不生事"，这更有问题了。你不惹是生非，难道现在朝廷的这些人，全都是惹是生非的人？

如此还不是谩骂朝廷？

综上，李定告诉皇帝，苏轼的这封谢表，根本就是一篇妄自尊大、大放厥词、谩骂朝廷的文章。

新党也清楚，一篇断章取义、穿凿附会的文章，不足以搞死苏轼，于是，他们又准备了一堆“武器”，继续攻击。

元丰二年（1079年）七月，狼烟再起。监察御史台里舒亶将苏轼出版的《元丰续添苏子瞻学士钱塘集》献给了皇帝，认为苏轼的诗文处处讽刺新政，还诽谤朝廷，甚至侮辱宋神宗本人。

舒亶告诉宋神宗：“陛下颁布青苗法时，苏轼讽刺道：‘赢得儿童语音好，一年强半在城中’。

“陛下颁布新的考核官员的政令，苏轼讽刺道：‘读书万卷不读律，致君尧舜知无术’。

“陛下下令盐业专卖，严禁私售，苏轼讽刺道：‘岂是闻韶解忘味，尔来三月食无盐’。

“陛下兴修水利，造福于民，苏轼讽刺道：‘东海若知明主意，应教斥卤变桑田’。”

说了半天后，为了严惩苏轼，口干舌燥的舒亶给出了一个处理意见——将苏轼缉捕归案，交给有关部门严惩。

史料记载，对于舒亶的处理意见，宋神宗没有表态。

因为在他的眼中，四川老儒的一篇罪证确凿的诗文，爷爷宋仁宗都能赦免了，如今就凭这几篇断章取义的诗文，就要严惩苏轼，天下人会怎么看他？自己还怎么以“明君”身份自居？

在没有想明白这个问题前，宋神宗不可能缉捕苏轼，更不会对他“严惩不贷”。

然而，人在江湖，岂能由己？皇帝不想干这件事情，也架不住群臣“逼迫”呀。

史料记载，舒亶奏完后，第二天早朝，御史中丞李定带领所有的御史，集体跪在大殿上，要求严惩苏轼，以正国法。

当时，李定状告苏轼四条该杀之罪——

第一条，苏轼三番五次诽谤朝廷，攻击皇帝，其心可诛。如此奸诈小人，该杀！

第二条，当今圣上皇恩浩荡，宽宏大量，不追究苏轼的罪名，希望给他一个改过自新的机会，结果，苏轼竟然依旧口出狂言、傲慢无礼。如此没有一丝悔过之心的小人，该杀！

第三条，苏轼诽谤、抨击朝廷和圣上的文章，虽为无稽之谈，但是，这些文章却能够起到蛊惑人心、混淆视听的效果。百姓读多了，就会被毒害了。如此危害国家统治，不服皇帝教化之人，该杀！

第四条，苏轼精通史传，懂得三纲五常之说，也懂得诽谤皇帝，就是死罪的道理。但是，苏轼为了发泄心中的私愤，还是公开诋毁了圣上的名誉，如此明知故犯、知法犯法的人，该杀！

连续四条大罪，连续四个“该杀”，真可谓杀气腾腾。

在群臣的逼迫下，就算皇帝想袒护苏轼，也只能公事公办了。最终，宋神宗颁布了一道圣旨，将苏轼的案件交给御史台，命李定全权处理此事。

小子，你终于栽我们手里了！

宋朝的御史台，位于京城的北面，是关押朝廷一级罪犯的地方。《宋史·刑法志》记载，“凡群臣犯法，体大者多下御史台狱，小则开封府、大理寺鞫治”。苏轼的这个案件，是皇帝御批的大案，自然归御史台管理。

御史台门外，四周遍植柏树，柏树上常有乌鸦栖息筑巢，所以御史台也称“柏台”或“乌台”。因此，在历史书中，苏轼的这个案件也被称为“乌台诗案”。

那么，这个宋朝的文字狱“乌台诗案”，又将如何演绎呢？苏轼又是如何逢凶化吉，逃出生天呢？

锒铛入狱

元丰二年（1079年），得到皇帝的圣旨后，李定立刻派太常博士皇甫遵前往湖州，捉拿苏轼。

湖州城的官员吓得够呛，大家都不知道发生什么事情，以为苏轼犯了什么大罪。衙门内人心惶惶，一片混乱，苏轼也不知道自己犯了什么事，后来，见避无可避，便跟幕僚商量对策。幕僚道：“事已至此，还是出去见面吧。”

苏轼穿着一身便服，准备出去。

幕僚大喊道："衣服、衣服，大人要穿朝服。"

苏轼道："既有罪，不可穿朝服。"

幕僚道："未知罪名，仍当以朝服相见。"

听完幕僚的建议后，苏轼穿好了朝服，手拿笏板，出来见皇甫遵等人。

见到钦差后，苏轼首先开口道："我知道自己嘴欠（疏于口舌笔墨），多次惹怒朝廷。今日钦差前来，恐怕是要赐死吧。死，苏某不怕，只求在死前能跟家人诀别。"

皇甫遵淡然答道："不至于此。"说完，命随从拿出一份诏书。

众人一看，是皇帝将苏轼"革职查办、带回京城"的普通诏命，大家这才松了一口气。

看完诏书后，皇甫遵押着苏轼出城，准备回京。

出发时，苏轼的一家老少前来送行，大家哭成一片。苏轼见此情景，竟然讲了一个故事。

这个故事，讲的是一个诗人杨朴。

宋真宗时期，赵恒求贤若渴，听说诗人杨朴有才，便把他强召进京。杨朴不愿做官，但君命难违，只能进京。

君臣见面后，宋真宗道："听说爱卿的诗，作得不错。"

杨朴平静地回答道："臣不会作诗。"

宋真宗道："怎么可能？爱卿进京前，肯定写了不少诗句。你的朋友为你饯行，肯定也送了你给诗。"

杨朴道："没人送我诗，只有拙荆（妻子）写了一首。"

宋真宗道："是什么诗，可以告诉朕吗？"

杨朴道："且休落魄贪杯酒，更莫猖狂爱咏诗；今日捉将官里去，这回断送老头皮。"

宋真宗听完后，哈哈一笑，就把杨朴放走了。

苏轼看着一家老小送行的场面，突然想起了这个故事，对着妻子道："当年，杨朴进京前，他夫人送了一首诗。今天，我要进京了，你是不是也送我一首诗呢？"

这里解释一下，苏轼续弦的夫人，是王弗的堂妹王闰之，此女比苏轼小

11 岁，虽然没有姐姐有才华，但在照顾苏轼方面却是“青出于蓝而胜于蓝”。

苏轼这么一说，王夫人哭笑不得，悲伤的心情，似乎烟消云散了。

苏轼被押解到京城后，立刻被关押了起来，但是，审讯了半个多月后，负责审讯的官员越发发现——这个案件，不好审。

虽然御史们罗列了一大堆苏轼的罪证，但这都是诗文。诗文之意模棱两可、寓意模糊，又如何定罪？

比如，“赢得儿童语音好，一年强半在城中”。

苏轼的解释是：因为青苗法手续繁多，农民要一次一次进城办理，半年时间都在城里头，自己的小孩都学会城里的口音了。

虽然苏轼的词语，是说新法给农民带来了很多的不便，也给他们带来了很多的困惑，但并不犯法呀。

这怎么定罪？

再如，这句，“岂是闻韶解忘味，尔来三月食无盐”。

苏轼的解释是：盐价太贵，老百姓吃春笋没有味道，已经有三个月之多了。

苏轼说盐价太贵，老百姓吃不起盐，这跟抨击新法，有什么关系？退一万步说，就算是说新法导致盐价上涨，苏轼也不过是抱怨了一下，他也没有攻击新法呀！

这怎么定罪？

又如，这句，“东海若知明主意，应教斥卤变桑田”。

官员认为苏轼在影射皇帝的水利工程建设，苏轼的解释是：杭州钱塘江来临时，很多人都去弄潮，不仅危险，还有人借此下赌获利。皇帝曾下令百姓不得弄潮，但一直屡禁不止。我认为，如果龙王明白皇帝的苦心，就应该把盐碱地变成良田，百姓就会老老实实去种地了。

可见，这跟新法有什么关系？苏轼又怎么抨击朝廷、诽谤皇帝了？

这怎么定罪？

然而，根据“东坡乌台诗案”的记录，官员们在严刑拷打后，终于让苏轼承认自己是在抨击新法、诽谤朝廷。

好吧，官员们终于可以治苏轼的“罪”了。

然而，官员们想得挺美，实施起来却难如登天。

可不是吗？两句莫名其妙的诗句，就想要了苏轼的命，这不是扯吗？

宋神宗也不完全支持，没有确凿无误的证据，甭想让我给苏轼定罪。更何况，太祖早有誓约，除谋反叛逆罪外，一概不杀大臣。

至此，这个案件僵住了。

多方营救

史料记载，为了得到苏轼犯罪的证据，官员们采用了车轮战术，没日没夜地审讯，希望能够得到想要的结果。

官员们的这种行为，让苏轼痛苦，他也想到了那个字——死。

根据《孔氏谈苑》记载，面对生死难料的未来，苏轼的精神多次在崩溃的边缘。

在来京的路上，苏轼就想投河自尽，只是想到了兄弟亲人才作罢。在服刑期间，苏轼在身上偷偷藏了一瓶毒药，想着一旦被判死刑，就先一步服毒自尽。

在每个深夜，拖着疲惫不堪的身体，苏轼就会想到那些同样面临困境的先贤们，从而获得无限的力量：昔日，文王拘而演《周易》；仲尼厄而作《春秋》；屈原逐乃赋《离骚》；左丘失明，厥有《国语》；孙子膑脚，《兵法》修列……

我要活着，我要好好地活着，一定要活到沉冤昭雪的那一天！

若没有这种坚定的求生信念，估计苏轼在监狱时，早就被自己“吓死”了。

原来，苏轼在服刑时，曾跟儿子苏迈有过约定。苏迈在外面负责打听案件的断决结果，若自己没事，则在送饭时送肉和菜；若自己被判了死刑，则送鱼。

有一天，因钱财用尽，苏迈需要出城借款，他就委托一位朋友代为送饭，但苏迈忘记告诉朋友，不能送鱼。

当时，朋友见苏迈老是送菜跟肉，就想给苏轼换换口味，特意送了一条鱼。

一见此鱼，苏轼大惊失色。苏轼在狱中悲痛不能自抑。狱卒们都傻了，心想苏大人这是怎么了，是吃多了还是疯了？

痛哭流涕中，苏轼想到自己的三个孩子，想到自己温柔贤惠的妻子，想到自己必受连累的兄弟，他悲痛欲绝，索性拿起笔写了两首绝命诗。

其中一首诗的部分内容如下：

是处青山可埋骨，他年夜雨独伤神。

与君世世为兄弟，更结来生未了因。

——《狱中寄子由二首》摘选。

大意是，看来，明年的今天，就是我的忌日了。弟弟呀弟弟，我对不起你呀！咱们这辈子的兄弟情义，我只能用下辈子来还了！

大家看看，这条鱼闹出来的故事，真不是一般的大！

苏轼在狱中，为了一条鱼“闹腾”不已时，他根本不知道，监狱外、朝廷上，也在“闹腾”，且闹腾得更大、更狠，也更热闹。

因为苏轼的案件，此时此刻的朝廷，已经打成一锅粥了。告状的、求情的，挨个粉墨登场。你方还未唱罢，我就急上场，一个接着一个。

在这乱哄哄的局面下，宋神宗的天平，越来越倾向苏轼了。

当时，一共有这么“五股力量”，最终救了苏轼。

第一股力量，毋庸置疑，就是朝中的那些正直的官员。

史料记载，得知苏轼因莫须有的罪名入狱后，三朝元老、已经退休在家的老宰相张万平义愤填膺，书写了一封营救苏轼的书信，让当地官府代为转送。

你想呀，苏轼的案件，可是皇帝亲办的御案，当地官员哪敢蹚这池子水，于是拒绝转呈。

见当地官员不敢转呈，张万平大怒，命令儿子张恕进京去登闻院投递。

咱们前面讲过，登闻院，是宋朝的信访办。这里专门接收来自民间的奏章，是皇帝收听基层声音、下情上传的地方。

来到登闻院后，由于张恕生性懦弱，所以在投递前，他徘徊很久，最终还是没投。张恕拿着父亲的书信，灰溜溜地回家了。

好在张恕没有投，要不然，苏轼就死无葬身之地了！

原来，苏轼出狱后，看见了张万平计划呈给皇帝的书信，吓得浑身冷汗直流。

因为，在张万平的这封书信中，第一句话就是“苏轼为天下之奇才”，劝宋神宗爱惜人才，赦免苏轼。

这句话写错了吗？没错。但问题是，新党扣在苏轼身上的罪名，就是“独以名太高，与朝廷争胜耳”。在这种情况下，张万平说他是“奇才”，很可能会激怒宋神宗。好在懦弱的张恕没有交出这封书信，要不然苏轼就惨了。

虽然张万平的求救，没有取得结果，但以他为首的那些正直大臣们展开的一系列的营救，功不可没。

在这些营救的大臣中，以当朝宰相吴充的营救最为成功。

有一天，吴充觐见皇帝，汇报完工作后，突然问道：“陛下认为魏武帝这个人怎么样？”

魏武帝，就是曹操，此人谋朝篡位、挟天子以令诸侯，世人对他的评价并不高。

听完吴充的问题，宋神宗轻蔑地回答道：“此人不值一提！”

吴充继续问道：“陛下以尧舜为楷模，自然鄙视曹操。但是，连曹操这样的坏人都能容忍当面谩骂自己的祢衡，您为什么不能容忍一个说了几句怪话的苏轼呢？”

吴充的这番话，说得宋神宗只能圆场道：“我没有别的意思，只不过想澄清一些是非，很快就会放了他。”

当然了，虽然皇帝说要释放苏轼，但最终也没放。毕竟，皇帝还有很多疑惑没有解决。因此，要想成功救出苏轼，以现在的官员配置是不够的，还需要“重量级”的营救，方才有效。

这个重量级的人物，就是那个虽然远离朝堂，但威望依旧的王安石。

第二股力量，来自王安石的信。

史料记载，虽然早已退居江宁（今南京），不问政事，但为了搭救苏轼，王安石还是写信给宋神宗，替苏轼求情。

王安石问了皇帝一个问题：“安有圣世而杀才士乎？”

大意是，亲爱的皇帝，既然你标榜是英明之主，那么，哪有在盛世里杀士大夫的道理？

虽然王安石隐居江宁多年，早已不问政事，但他依旧是宋神宗最器重的大臣，因此他的话起到了很大的作用。

其实，不光是王安石的话，那些陷害苏轼的人的话，也起到了巨大的作用，甚至比王安石的话还“有用”。

第三股力量，坑害苏轼的大臣。

为了弄死苏轼，新党不是玩命寻找证据吗？结果，他们这种不遗余力的挖掘工作，竟然适得其反了。这些人不仅没有坑死王安石，反而让皇帝厌恶他们，开始同情王安石了。

有个故事，是这个样子的：

某一天，宰相王珪找到皇帝，继续攻击苏轼道：“苏轼对陛下有不臣之心！”

这种话，宋神宗已经听了无数遍了，他敷衍地问道：“苏轼固然有罪，但对朕还不至于如此，你为什么这样说？”

王珪呈上苏轼书写的一首诗句，道：“启奏陛下，这首诗叫《王复秀才所居双桧》，乃苏轼所写，其中两句是‘根到九泉无曲处，世间惟有蛰龙知’。苏轼把自己比作‘地下蛰龙’，与陛下的‘天上飞龙’齐名，这不是不臣，又是什么？”

宋神宗看完这首诗句后，不以为然道：“苏轼的这首诗，不过是描写桧树的，跟我有什么关系？”

一旁的翰林学士章惇附和道：“龙者，非国君独称，很多臣子也可称龙。”

宋神宗点点头，道：“自古称龙的臣子，多了去了。三国时期的卧龙诸葛亮，魏晋时期的荀氏八龙，他们都是臣子。”

一听这话，王珪无言以对，只能灰溜溜地走了。

王珪走后，章惇追了上来，问道：“相公为何如此，你非要灭了苏轼一门吗？”

面对章惇的质疑，王珪羞愧难当，只能道：“这是舒亶的主意，跟我无关。”

章惇大怒道：“舒亶、舒亶！你无条件追随舒亶，百分之百信任他的话，是不是他的唾液，你也能当食物吃下去！”

这番话，骂得王珪无言以对。

虽然在未来，章惇是一个奸臣，比王珪厉害得多，他才是坑死苏轼的罪魁祸首（后面再说），但是在当时，章惇还是一个为国为民的好官。他的这种行为，也或多或少地影响皇帝，让宋神宗讨厌新党、同情苏轼了。

在宋神宗打算释放苏轼时，一个人的突然生病，更加坚定了皇帝的决心。

这个生病的人，就是太皇太后曹氏。

第四股力量，来自后宫的压力。

元丰二年（1079 年）秋，纵横三朝的曹太皇太后病重。宋神宗忧心忡忡，每天下朝后必来伺候，以尽孝道。

在侍奉期间，曹太皇太后问道："官家气色不好，是不是朝中有什么难事？"

宋神宗知道无法隐瞒，只能回答道："国家多难，变法未见成效，还有大臣苏轼公开写诗诽谤朝廷。"

曹太皇太后道："仁宗皇帝当年举行完科举考试后，高兴地对我道：'今天，朕录取了两名宰相之才，一个叫苏轼，另一个叫苏辙，他们是兄弟俩。朕年龄大了，这是为儿孙们找到的良才啊。'你怎么能杀了呢！"

听完后，宋神宗低头不语。

曹太皇太后问道："如今这个苏轼，在哪里呀？"

宋神宗道："苏轼因写诗诽谤朝廷，被关押在御史台，正在审理。"

曹太皇太后道："因写诗文而系于牢狱，我朝开国至今尚无先例，你要谨慎审理，切不可滥杀忠臣。如今，我患病已久，万不可再生冤屈之事，致伤中和之气。"

至此，在多股力量的作用下，宋神宗终于打算把苏轼无罪释放了。

当然了，在释放苏轼前，宋神宗还得跟一个人商量一下。

这个人，就是他自己。

逃出生天

第五股力量，宋神宗自己。

史料记载，虽然在吴充、章惇、王安石、曹太皇太后的劝说下，宋神宗打算赦免苏轼，但是，在几个月的时间里，李定等人天天地在他耳边诋毁苏轼，这还是给他留下了深刻的印象。

因此，皇帝打算试一下苏轼，看看这个人到底是一个坦荡荡的忠臣，还是一个常戚戚的奸臣。

史料记载，有一天晚上，苏轼已经睡了，忽见牢门打开，一个人径直走了进来。这个人也不说话，把手中的包袱往地下一扔就躺下睡觉。

苏轼心想："这个人，可能是新来的犯人吧。"苏轼就没理会他，继续睡觉了。

大概四更天，也就是现在凌晨两三点时，苏轼被"新犯人"摇醒了，那人道："贺喜学士！贺喜学士！"

苏轼问其祝贺的原因，那人也不回答，只是道："学士安心熟睡即可。"说罢，那人拎着包袱，头也不回地走了。

原来，那人是宫中的一个小太监，是宋神宗秘密派入监狱、暗中观察苏轼的。

第二天天亮，小太监汇报宋神宗道："苏轼举止坦然，一夜熟睡，鼻息如雷。"

听完汇报后，宋神宗对左右道："朕就知道，苏轼胸中无事、心里没鬼！要不然，他不可能睡得这么香！"

元丰二年（1079年）十二月，苏轼入狱五个月后，这个案件终于结案。苏轼虽然保住了一条命，但他因为诽谤朝政、妖言惑众，还是获得了一定的惩罚。

这个惩罚就是，苏轼被贬黄州，本州安置，不得签书公事（相当于软禁）。

苏轼被贬后，其弟苏辙受连带责任，被贬到筠州。其余旧党大臣，如司马光、范镇、陈襄、李常等人，因为与苏轼有亲密关系，也受到了不同程度的惩罚。

至此，这场宋朝历史上大名鼎鼎的"乌台诗案"，就以这样的结局告终。

综观此案，虽然是一个不折不扣的"文字狱"，但从还是产生了三个不错的结果。

第一个结果，皇帝用苏轼的这个案件，完成了一次整肃纲纪、压制言论的目的。从此以后，再也没有人敢胡乱写诗，诽谤朝廷了。

第二个结果，李定等人用苏轼这个案件，成功打击了政敌，巩固了自己的阵地。虽然没有达到斩草除根的目的，但这个结果，他们也能接受。

第三个结果，被整整关押了一百三十天后，苏轼老实了很多，再也不敢恃才自傲，胡乱说话，抨击朝政了。

就这样，贬走了苏轼后，不管是新党成员，还是王安石，抑或者宋神宗，大家都完成了各自的目的。

然而，树欲静而风不止，没过多久，宋神宗等人就惊讶地发现，一个天降的“大馅饼”，又一次砸在他们的脑袋上了！而这个“馅饼”，竟然还是来自那个西夏！

原来，元丰四年（1081 年），西夏拥护皇帝的大臣流亡至宋朝，他们请求宋朝出兵，讨伐国贼，帮助夏惠帝复位。

神奇的是，这个西夏国贼，她不是别人，正是夏惠帝的母亲——大梁太后。

更神奇的是，这个西夏的大梁太后，竟然是西夏开国皇帝李元昊的儿媳！换句话说，从庆历四年（1044 年）双方签署了《庆历合约》后，短短 37 年内，西夏竟然换了三位皇帝！这个速度，也算是可以了。

更更神奇的是，虽然西夏换皇帝的速度跟宋朝有一拼（宋朝也是换了三代），但是这两个国家的结果，堪称天壤之别。

宋朝换皇帝，是由于生老病死的自然规律。西夏换皇帝，不是谋杀，就是被杀，他们前两任皇帝竟然都死于非命！随着这些皇帝的惨死，西夏进入了一个“太后垂帘听政”的时代。当时，已经有两位太后垂帘听政，执掌西夏王朝二十余年！

这都是什么情况？

关于这些历史，还得从李元昊时期讲起。

第九章 继续西夏那些事

饱暖思淫欲，万恶淫为首

在党项人的心中，李元昊是他们最伟大的领导。

看看这位帝王的履历吧，20 岁统领军队，30 岁成为党项首领，36 岁建国称帝，40 岁战胜宋朝和辽国这两个强大的对手，41 岁逼迫宋朝跟自己签署停战协议，让其每年乖乖“送上”25 万金银，以金钱换和平。

在党项人的心目中，这位皇帝李元昊，是西夏无人能够匹敌的英雄、战神。

党项人相信，在这位英明神武的皇帝领导下，党项一族将开创一段辉煌的历史，建造一个强大富庶的王朝！

然而，没有一个人能够想到，这一切的一切，在公元 1048 年元宵节的夜里，全部戛然而止。

那一天，李元昊死于儿子之手，享年 45 岁。

此时，距离西夏建国才不过 10 年。

此刻，距离李元昊与宋朝签署《庆历和议》，仅仅过去了 4 年。

一代战神，英年早逝，让人唏嘘不已。

史料记载，葬送李元昊性命的，是他对女人的无情和多情。但在我眼中，李元昊之所以会死，原因只有一个——太混蛋。

关于这位皇帝的死，还得从头说起：

咱们都知道，在中国历史上，很多帝王普遍有一个通病：前半生兢兢业业，开创一个盛世；后半生志得意满，却醉生梦死、腐败奢靡了起来，最终落得一个毁荣参半的结局。

这些毁荣参半的帝王，包括孟昶、唐玄宗，也包括这位西夏的开国皇帝李元昊。

史料记载，自从跟宋朝签订了停战合约后，李元昊就天天花天酒地、纸醉金迷。

腐败奢靡也就算了，可怕的是，李元昊跟三国时期的孙权一样，除了昏庸还越来越怀疑自己的下属，害怕他们起兵造反，抢夺自己来之不易的“胜利果实”。

于是，在这种胡乱的猜测下，李元昊中了宋朝的反间计，杀掉了自己两个得力干将野利旺荣和野利遇乞，并把野利一族全都赐死了。

虽然诛杀了野利一族，但李元昊却没有铲草除根，而是留下了两个野利家的女子。

第一个女子，就是野利皇后。毕竟，野利皇后跟随自己多年，夫妻感情还在，何况太子宁令哥年幼，还需要这个娘。

第二个女子，是野利遇乞的美丽妻子没藏氏。李元昊之所以留下这个女子，还需要解释吗？“美丽”二字，足以说明。

史料记载，李元昊得到没藏氏后，天天宠着她，如胶似漆。他们的这种亲密举动，把野利皇后惹怒了。

野利皇后质问李元昊：“你杀了大臣，抢了他的妻子，这不就是一个昏君吗？你怎么能干这种事呢？”

当时，李元昊还是很尊敬这位结发之妻的，他听从了野利皇后的意见，把没藏氏驱除出皇宫，还命她削发明志、出家为尼，替亡夫守灵。

见李元昊如此行事，没藏氏很是高兴。但没过多久，这位皇后就再也高兴不起来了。因为，野利皇后发现，李元昊玩了一把“金屋藏娇”的游戏。

史料记载，所谓的让没藏氏“剃度出家”，完全是一场闹剧。每隔几天，李元昊就会来到这个寺院，先对佛祖顶礼膜拜，随后跟没藏氏……

光阴似箭，日月如梭，恩爱了三年后，李元昊与没藏氏有了爱情的结晶。

公元 1047 年二月，李元昊带着没藏氏出城打猎，在一个两河分岔的地方，没藏氏生下了一个男孩。李元昊虽然有很多的子嗣，但除了太子宁令哥长大成人，其他的孩子不是病死，就是被他亲手淹死了。所以，得到这个男孩后，李元昊非常高兴，他就以这里的地形给孩子起名叫“两岔”。

等这个孩子长大后，改名叫谅祚。

这就是西夏第二代皇帝——夏毅宗李谅祚。

弑父杀君

得知情敌生了一个男孩后，野利皇后再傻，也知道这意味着什么！

因为这个没藏氏多年来，在朝中安排了无数的耳目，他的哥哥没藏讹庞更是通过外戚的关系，成为国相。

对内，自己被没藏氏压制；对外，朝廷又被没藏讹庞掌握大权，野利皇后苦不堪言，却又毫无办法。毕竟，自己手里无权无势，拿什么跟他们斗？这个女人唯一的筹码，就是自己的儿子宁令哥。

只有儿子登基，才能把这个不利的局面扭转。

可惜的是，野利皇后到死，也没有等到那一天。因为没过多久，就出现了一件始料不及的事。这件事让宁令哥愤怒极了，最终选择了弑父杀君。

事情的起因，是这样的：

公元 1047 年，太子宁令哥长大成人，可以娶媳妇了。小伙子迎娶了一个叫没移氏的美丽女子，他天天高兴得不得了。

可是，事情坏就坏在这个“美丽”上了。

史料记载，1048 年正月，宁令哥带着家眷入宫朝拜，李元昊竟看上这位儿媳妇了。

李元昊道：“这个女子归我了，回头再给你找一个。”

宁令哥气坏了。他觉得自己应该复归“李”姓，改名叫“李瑁”。

李瑁是唐玄宗的儿子，也是杨贵妃的原老公。

李元昊现在干的事情，根本就是重演“唐玄宗与杨贵妃”呀！

两个舅舅无故被杀，母后天天以泪洗面，如今，好不容易娶了一个媳妇，还让老头子横刀夺爱了，真是岂有此理！

越想越气，越想越觉得憋屈，宁令哥就来找自己的老师，向他哭诉。也赶上宁令哥够倒霉的。因为他的这个老师，就是那个大奸臣没藏讹庞。

其实，宁令哥去找没藏讹庞，也合情合理。毕竟，你妹妹把我母亲害得够呛；如今，我媳妇又让你妹妹尝到了“旧人不如新人好”的滋味。咱俩有共同目标呀，应该能够畅所欲言一番。

然而，宁令哥是这样想的，但那个大奸臣没藏讹庞却另有打算。

没藏讹庞压根就没有生气，他反而觉得，这是一个千载难逢、能让自己妹妹和侄子上位的机会。

史料记载，为了达到自己的目的，没藏讹庞玩儿命灌酒，玩儿命煽风点火。

没藏讹庞道：“太子，你也老大不小了，怎么能在这里哭哭啼啼呢？夺妻之恨，不共戴天！老百姓家的媳妇被抢了，都得去拼命，你一个堂堂的西夏储君，却只会在这里哭哭啼啼。我都替你害臊！”

宁令哥喝了一口闷酒，道：“我能有什么办法，那是我爹，我还能弑父杀君吗？”

没藏讹庞道：“为何不可？”

正所谓“酒壮怂人胆”，在酒精和老师的挑唆下，宁令哥一时头脑发热，抄起一把刀，直奔后宫，找父亲算账去了。

那一天是元宵节，宫内正忙着过节，大家乱成一片，没有人去阻拦宁令哥。当然，太子进宫，也没有人敢阻拦。

很快，太子就来到了父亲的寝宫，他隔门听到父皇正在跟自己的媳妇行苟且之事，心中大怒，他抽出腰间宝刀，踹开房门，大喊一声：“昏君，拿命来！”说罢，宁令哥冲到床前，照着父皇的脑袋就是一刀。

无法想象，一生征战沙场的李元昊，面对儿子的刺杀时，会是一个什么样的表情，是愤怒、是惊恐、是震惊，还是愧疚……也许，他根本就不会想到，自己的儿子竟然会如此大逆不道，干这种弑父杀君之事！

面对儿子的屠刀，李元昊本能地躲避，躲开了这一刀。然而，李元昊的鼻子特别大，宁令哥这一刀虽然失手，但也削去了李元昊的鼻子。

李元昊血流满面，疼得大叫。看见这满床的血迹，宁令哥也酒醒了，他吓得丢下刀，仓皇逃命去了。

由于当时的医学水平不发达，最终，李元昊因失血过多，一命呜呼了。

至此，这位号称“青天子”的西夏国一代枭雄，就这样死在了儿子的刀下，死在了女人的怀里。

史料记载，宁令哥弑父后，逃到了国相没藏讹庞的家中，对其道：“老师，我刚才弑父杀君了。我砍了父亲一刀，把他鼻子削了下来。父亲流血过多，怕是活不了了。你赶紧拥立我称帝，我当了皇帝，一定不会亏待您。”

没藏讹庞道：“太子无须担心，老夫就是舍弃了这条命，也要拥立您登基称帝。只是，不知道皇帝是生是死，请允许我出去打探一下消息再做打算。”

宁令哥想都没想，就放没藏讹庞出去了。结果，当他第二次看见没藏讹庞时，还看见了很多抓捕自己的士兵，以及他们手中的刀枪剑戟、手铐脚镣……

啥也别说了，中了这个奸臣的计了。宁令哥只能束手就擒，乖乖认命。

第二天，没藏讹庞向天下昭告了宁令哥的罪行，将他斩杀示众。就这样，太子糊里糊涂地给了老爹一刀，自己也稀里糊涂地挨了一刀。

太子死后，没藏讹庞派人进宫，缉捕了野利太后，将她赐死。但凡与野利太后交好、有关系的大臣们，也都被清算了。

收拾干净了朝中所有的反对势力，没藏讹庞尊自己的侄子——年仅一岁、尚在襁褓中的谅祚为皇帝，是为夏毅宗。

皇帝太小，无法亲政，国家大事，只能听没藏氏兄妹的。于是，母亲没藏氏，也成为西夏国第一个垂帘听政的太后。

这个女子，也开启了一段极其辉煌的历史！

从李元昊死后，在长达一百多年的时间里，西夏国的政权被四位太后掌控。这种连续性的“太后垂帘听政”的历史，在中国五千年历史中极为罕见，估计也只有东汉的历史，能够与之匹敌了。

那么，这位不满一岁的“两岔”国君登基后，又会发生什么样的故事呢？这位曾经出过家、号称“尼姑太后”的没藏氏，她的下场又如何呢？

尼姑太后

公元 1048 年，即北宋庆历八年、西夏天授礼法延祚十一年，李元昊因伤病逝，享年 45 岁。

李元昊死后，他不满一岁的儿子谅祚即位。新君年幼，没藏氏兄妹开始把持朝政，没藏氏也成为西夏历史上第一个垂帘听政的太后。

一夜之间，从一个尼姑，成为一个万人之上的皇太后，没藏氏的心情可想而知。然而，这位太后还没高兴多久，就惊讶地发现，从帝国的北面来了一群不请自来的“讨债”人。

这就是辽兴宗耶律宗真以及他麾下的 10 万铁骑！

原来，得知西夏爆发了内战、李元昊惨死后，辽兴宗立刻下令：“出兵伐夏！老子要一雪前耻！”

毕竟，当年李元昊把他打得那叫一个惨，10 万大军毁于一旦，自己还差点被生擒活捉。此仇不报枉为人！

公元 1050 年三月，辽国不宣而战，开始大举入侵。西夏军根本没有准备，他们猝不及防，被辽军打得节节败退。辽军乘胜追击，兵分三路，颇有一举灭掉西夏之势。

同年五月，辽军直抵西夏国都兴庆府，开始攻城。这是西夏国都第一次被围攻，没藏氏太后下令全军防守，死守城池，这才击退了辽国。

同年六月，围困了西夏都城一个月后，辽军见无法啃掉这块硬骨头就开始西进，越过贺兰山，去攻打贺兰山西麓的摊粮城。摊粮城，一听名字就知道，那里是西夏储备粮食的重要城池。辽军在那里洗劫一空，将西夏储备的粮食全都运走了。

同年十月，辽军开始东进，扫荡贺兰山一代。然而，这次军事行动，却是辽兴宗自己的意思。

原来，探马来报，在贺兰山腹地的一处寺院里，让李元昊父子反目的美女没移氏，就在这里出家修行。很久以前，耶律宗真就想见见这位美女，把她收入后宫了。

史料记载，见李元昊父子骨肉相残后，没移氏认为是自己的美貌害了他们。心灰意冷的她离开了皇宫，皈依在了一个小小的寺院，打算与青灯古佛为件，超度公公、夫君的亡灵，以达到心灵上的安慰。

然而，没移氏没有想到，自己的美貌，不仅让李元昊父子反目，还招来了辽国的皇帝。面对辽国的大军，没移氏根本无法抵抗，就被辽军带走了。

辽兴宗带着这些战利品，高高兴兴地回家了。在他身后，则留下了满目疮痍、家破人亡的西夏土地。

辽国撤军后，没藏氏太后深感自己无力抵抗辽国，就派人向辽国求和。

辽兴宗一琢磨，杀也杀够了，抢也抢够了，美人也到手了，就联盟吧。毕竟，辽国还要利用西夏的战略地位，以牵制宋朝。

这里还有一个小花絮，在求和期间，没藏氏太后除给辽国金银财宝外，还提出了一个要求——为儿子李谅祚求婚。

面对这个和亲请求，辽兴宗是同意的。但是这个和亲之事，却让宋朝的使者搅黄了。

原来，当时宋朝的三司使王拱辰正在出使辽国。听说这件事情后，王拱辰第一时间觐见辽兴宗，道："我听说，辽国曾经把一个公主嫁给了李元昊，公主得不到最起码的尊重，最终郁郁而终，可有此事？"

一提旧账，辽兴宗忿忿不平道："没错，确有此事，公主最终饮恨而死！"

王拱辰道："这就怪了，如今，辽国想与西夏联姻，难道不怕此事重演吗？"

一语惊醒梦中人，王拱辰说完后，辽兴宗立刻下令："不嫁公主了，解除婚姻，把西夏的聘礼都给我退回去！"

至此，不动声色之间，王拱辰破坏了西夏与辽国的盟姻，也彻底把没藏氏太后给得罪了。

得知此事后，没藏氏太后大怒，心想你个小小的宋朝，竟敢坏我的好事，老娘打不过辽国，但你个小小的宋朝，看我怎么收拾你！

在没藏氏太后的愤怒下，西夏与宋朝关系直转而下，准备兵戎相见了。

西夏人的爱情观

纵观西夏的历史，有一个非常有意思的事情——这个王朝被强者欺负了，他不去找强者报仇，却去找弱者撒气，而且还一直如此。

现在，辽国欺负了它，它不去报仇，反而找宋朝撒气；后来，金朝欺负了它，它不去报仇，反而找辽国撒气；再后来，蒙古欺负了它，它不去报仇，反而去找金朝的晦气。

西夏这个国家，不懂得联系弱者，共同对抗强者；反而一直助纣为虐，帮助强者欺负弱者。当然了，秉持这种国策的国家，最终亡国，也只能自作自受。

书归正传，被辽国欺负后，没藏氏太后一心想找回场子，她准备拿宋朝撒气了。

公元 1051 年二月，没藏氏太后送给宋朝一封书信，索要宋朝境内的渭州城。

宋仁宗都懵了。什么情况？我们将士浴血奋战无数次才得到的城池，你说要就要？这女人是疯了不成？

宋仁宗呵斥了对方无礼的要求，把西夏使者驱逐出境。

使者被轰回后，没藏氏太后大怒，她采取了军事手段，开始抢占宋朝的地盘。当时，没藏氏见麟州一代的土地肥沃，就命西夏民众越境耕耘，并将耕种所得攘为己有。

宋朝焉能同意。于是，双方在边境线上的冲突愈演愈烈！

眼看一场大战不可避免，结果，在这个关键时刻，西夏方面却突然偃旗息鼓。

原来，就在此时，没藏氏太后被人暗杀了。

准确地说，是被没藏氏太后的“老相好”暗杀了！

一代太后，怎么会有“老相好”呢？被“老相好”暗杀，又是怎么回事呢？

这里先解释一下：在西夏，女人可以有“老相好”，而且这也不是什么丢人的事情。

中原文化信奉贞节牌坊、三从四德，还自我感觉良好。然而，少数民族却不屑这些东西。他们的血液里流淌着自由、奔放以及勇于摆脱各种社会束缚、追求真爱的精神。

根据西夏的《天盛律令》记载：妇女出嫁后，若与男方不再相爱，可出轨，也可与相悦者一起出逃，组建一个新的家庭。组建新的家庭后，若生活不如意，也可返回原家庭生活。回家时，前夫不得阻挡夫人进门，也不能追问出走情况。

可要是中原出现了这种情况，男方就直接“炸”了！

其实，在西夏人的思维里，夫妻离婚，肯定是夫妻共同的责任。女方出走有错，男方也不可能没错。现在，女方发现前夫的好了，打算回来重新过日子，那么对于男方而言，就没有必要死揪女方的过错了。毕竟能在一起过日子，这才是正道。

中原的文化里，就没有这种思维模式，君若不信，看看现在的社会案例。只要女方“出轨”了，那就是一片谴责之声。没有人关心女方内心的痛苦，也没有人关心女方真正的诉求，而是一律谴责，认为这种女人就该浸猪笼沉江、千刀万剐，等等。

然而，一个家庭之所以分裂，难道都是一方的责任吗？

书归正传，西夏人没有中原人的那种婚姻文化体系。他们认为，只要两个人能够好好过，比什么都重要。

此外，西夏有一句谚语：“后生相爱恋，每日十往还，不恋自己家，远远奔天涯。”在西夏人的眼中，私奔无罪，是自由恋爱的具体表现，法律还大力支持。

要知道，在中原人的思维中，子女私奔，可是父母人生的最大污点；子女为爱情殉情，更是奇耻大辱。但是，在西夏人的思维里，私奔是对爱情的一种最美好的表现形式。

宋人上官融的《友会谈丛》记载：“凡育女稍长，靡由媒妁，暗有期会，家不之问。情之至者，必相挚奔逸于山岩掩映之处，并首而卧，绅带置头，各悉力紧之，倏忽双毙。一族方率亲属寻焉，见不哭。谓男女之乐，何足悲悼？”

这段话的意思是说：

党项女性长大成年后，可以自由恋爱、选择未来的伴侣，并与之结婚。若家人反对，但他们情之所至，青年人可以选择私奔甚至殉情。

青年殉情后，他们的族人、亲属也不会悲伤。因为，在党项人眼中，青年人为爱情殉情，是一件非常美好的事情，何必悲悼？

综上所述，在西夏这个国家里，没有中原文化的那些伦理道德。因此，在西夏人眼中，太后有几个情人，不足为奇；即便太后与情人发生了两性关系，也不会像中原那样引起轩然大波；西夏反而欣赏太后这种率直、敢作敢当的个性。

西夏的这种情况，跟辽国差不多，在这些少数民族的眼中，太后身边出现几个面首，是能够理解的。

话虽如此，但是，若太后死于这些面首之手，就有点说不过去了。

史料记载，没藏氏当上太后后，为了排解寂寞，包养了两个面首。

第一个老相好，是没藏氏第一任丈夫野利遇乞的管家——李守贵。

当时，野利遇乞被杀后，没藏氏魂不守舍，害怕被连带致死。这个时候，李守贵来安慰她，一来二去，就把没藏氏搞定了。

第二个老相好，是李元昊的贴身侍卫——宝保吃多巳。

没藏氏出家为尼时，宝保吃多巳负责保护没藏氏的安全。刚开始，李元昊来寺院找没藏氏时，宝保吃多巳就站在门外护卫。屋里有这么一个貌美如花的女人，试问哪个男人受得了？于是，李元昊离开后，宝保吃多巳就顶替了李元昊的位置，进入没藏氏的闺房，继续在屋内“护卫”了。

按理来说，太后有几个老相好，不是什么新鲜事，但问题是，因为后面的那个老相好宝保吃多巳受宠，先前的那个老相好李守贵就吃醋了。

两男争宠，必有一伤，结果李守贵落败。因为失宠，李守贵因爱生恨、因妒生仇，他一不做二不休，雇用了几个杀手，把没藏氏和宝保吃多巳给暗杀了。

公元1056年十月的一天，没藏氏太后带着宝保吃多巳出宫打猎，回来的路上被李守贵伏击，双双毙命。

一代太后，死于乱刀之下，以这样的方式结束了生命，真让人唏嘘。当然，李守贵这种逞一时之气的做法，也没有得到好结果。

第二天，李守贵被没藏讹庞斩杀示众，家族也被连根拔起。

没藏氏太后去世后，没藏讹庞忙着收拾她留下的烂摊子，也就没时间跟宋朝开战了。宋夏之间这场箭在弦上的大战，就此不了了之。

那么，没藏氏太后死后，西夏的未来又将何去何从呢？

斗法岳父

没藏氏太后死后，为了巩固自己的权力，没藏讹庞就把年幼的李谅祚接到了自己的国相府，代为抚养。

国相府就此取代了皇宫，成为全国政治的中心，没藏讹庞在这里“挟天子以令诸侯”，号令天下。

后来，为了巩固自己的权力，在李谅祚 9 岁时，没藏讹庞把自己的女儿嫁给了他，成为这个国家的国丈。

没藏讹庞既是国相，也是国舅，如今还是国丈。三重身份，让他权倾朝野，俨然成为这个国家的“皇帝”了。

当然，这样的结果，必然引起那个真正皇帝的不满。

史料记载，李谅祚慢慢懂事了，他对没藏讹庞的所作所为，也越发不满。李谅祚 14 岁时，他对没藏讹庞的不满彻底爆发。

当时，在朝廷上，李谅祚任命了一些自己信任的大臣，准备抢夺没藏讹庞的权力；在家里，李谅祚也玩命撬没藏讹庞的墙角，把他的儿媳妇给拐跑了。

没错，李谅祚把没藏讹庞的儿媳妇，也就是自己的嫂子给撬走了。

原来，没藏讹庞有一个姓梁的儿媳妇，甚是漂亮。那时，没藏讹庞为了让儿子建功立业，经常让儿子镇守边疆，儿媳妇梁氏只能独守空房。

一边是独守闺中的成熟美妇，另一边是闲着无聊的热血少年……这要是不出事，那才叫见了鬼。于是，梁氏就和李谅祚搞在一起了。

对于这种不伦之恋，很多史料都解释道：“李谅祚之所以勾搭自己的嫂子，是为了安插眼线，好监视没藏讹庞。”当然，真相到底如何已经无从考证，也无须知道了。我们唯一知道的是，这样做的结果很不妙。

史料记载，公元 1061 年四月，李谅祚正与梁氏偷欢时，没藏讹庞的儿子突然回家，结果撞了一个正着，发现了奸情。

目睹了这一切后，没藏讹庞的儿子大怒，心想：朋友之妻不能欺，兔子不吃窝边草。这可倒好，皇帝连兔子都不如，把身边的草给啃了，把我的窝也给霸占了！

虽然满腔愤怒，没藏讹庞的儿子却不敢找皇帝的晦气，他只能来到老爹这里，请老爹为他评理。

听完儿子的哭诉后，老谋深算的没藏讹庞却并不在意。因为，在他的眼中，他已经从扣在儿子头上的那顶“绿帽子”上和皇帝的那顶“金帽子”上，看到了互相交换帽子的契机。

一顶绿帽子，换一顶皇冠，这笔买卖太划算了！在没藏讹庞眼中，干出如此行径，李谅祚就是一个无道昏君。没藏讹庞打算以此为由，杀了李谅祚，另立新君，甚至取而代之。

越想越妙，父子俩立刻谋划了一场政变。

商量结束后，没藏讹庞叫来自己的儿媳妇，告诉她：“你这个不守妇道的女人，竟然干出如此行径！今天，我们本可杀了你，但是，因为皇帝，我们无法轻易处置你。这样吧，你进一趟皇宫，把皇帝请来，我们好好聊聊，再决定如何处置你。”

梁氏回答道：“是，奴家知错了，我立刻进宫去请皇帝。”说完，梁氏直奔皇宫。

梁氏也不傻，她要是傻的话，也不可能勾搭皇帝。进宫后，梁氏一琢磨：“公公和夫君说事时，脸上毫无愤怒之情，这是想干大事呀。闹不好，这爷俩是想弑君呀。不行，我不能跟他们一起干，我得让皇帝知道他们的阴谋诡计。”

甭说梁氏有这种想法了，换个人，也是这种想法。

毕竟，梁氏跟着没藏讹庞他们干，能得什么好处？最多是一个将功赎罪。相反，投奔皇帝，那就有救驾之功了，未来保不齐能得到皇帝的册封，混个妃嫔当当，甚至还能成为皇后。

在这道选择题面前，只有傻子才不会选。

说干就干，梁氏进宫后，二话不说，直接来了一个大义灭亲，把公公、夫君打算弑君夺位的事情全都给说了。

李谅祚毫无惧色，心想，行了，你们不仁，那就别怪我不义了。咱们之间的恩怨，今天就一笔了结吧。

皇帝对梁氏道：“你现在回去，稳住这爷俩，骗他们进宫，就说朕要给他们赏赐，要给他们加官晋爵。”

梁氏受命而归，把皇帝交代的话都给说了。没藏讹庞父子根本没有起疑，还真的以为是皇帝“愧疚”他们家，要给补偿呢。于是，这爷俩屁颠屁颠进宫了。当然，他们再也没有活着出来……

史料记载，没藏讹庞父子刚刚进宫，就被御前侍卫给绑了。李谅祚将他们押到金銮殿上，当面痛骂他们的罪名，随后就将他们斩首示众。

没藏讹庞父子死后，皇帝下令，除了这个有功的嫂子外，没藏讹庞满门抄斩、一个不留。没藏讹庞的亲信们，也全部罢免。皇帝的那位没藏氏皇后，自知难逃一死，就在后宫上吊自杀了。

没藏氏皇后自尽时，最多不超过 13 岁。

清除了没藏讹庞一族的势力后，14 岁的李谅祚大权独揽，开始统治西夏。西夏的历史，也进入一个崭新的时代。

那么，在这个新的时代，这位年轻有为的西夏君主，又会干出什么惊天动地的事情呢？

第十章 西夏新的局面

宋夏议和

在对外政策中，毋庸置疑，李元昊和没藏氏太后是“鹰派”，他们的目标就一个——与宋朝开战；然而，这位西夏的第二代当家李谅祚，却是一个不折不扣的“鸽派”，他的目标就一个——与宋朝休战，和平共处，共同发展。

史料记载，夏毅宗李谅祚亲征后，立刻干了几件事，表达了自己亲宋的决心。

第一件事，归还宋朝的土地。

李谅祚亲征后，立刻归还了当年没藏氏太后侵占的宋朝土地，并告诉宋廷：“当年，我们西夏的统治者不懂事，侵占了宋朝的土地，现在他们都死了，我愿意把土地归还宋朝，化干戈为玉帛，两国从此交好，再无战事。”

宋朝一看，这位西夏新主还挺懂事，就接受了李谅祚的好意。从此，宋夏罢兵休战，恢复了友好的关系。双方恢复榷场，开通互市，进入了一个和平发展的时代。

第二件事，恢复汉礼。

咱们前面讲过，李元昊建国时，建立了一套党项人的礼仪制度。李谅祚亲政后，立刻废除了这套礼仪制度，继续学习中原文化，把本国的那套制度全部荒废了。

除了全面恢复汉礼外，李谅祚还花费重金购买了《四书五经》《太平御览》《太平广记》《文宛英华》《册府元龟》等书，用来加强民族教育。

从此，西夏到处皆有琅琅读书声，西夏这个“尚武”的国家也开始“崇文”了。

第三件事，更改名字。

李谅祚告诉宋仁宗，我们一家不姓“嵬名”了，继续用唐朝赐予的“李”姓。

这里还有一个小花絮：李谅祚复归“李”姓后，请求与宋朝联姻，希望宋朝嫁个公主过来。当时，宋仁宗一看李谅祚身边没有辽国的公主，就同意了这件事情，准备下嫁一个公主。

然而，这个秦晋之好的事情，却让宋朝官员们给搅黄了。

宋朝的官员告诉宋仁宗：“陛下，您糊涂了！他李谅祚虽然复归‘李’姓回归中原了。但您别忘了，在咱们宋朝的历史中，他可一直姓‘赵’呀！他是您‘本家亲戚’呀。同姓家族，焉能婚娶，李谅祚迎娶公主，就是乱伦呀！”

宋仁宗一听言之有理，于是，告诉李谅祚，迎娶公主的事情，你别惦记了。但是，我可以给你一些丝绸、茶叶、瓷器，用来弥补你失落的心情。

李谅祚一看，反正迎娶宋朝公主，也是八字没一撇的事，也没放在心上。于是，李谅祚收下了宋朝的赏赐，再也不提迎娶之事了。

至此，宋朝与西夏进入了一个和平发展、共同进步的时代，边境线上暂时狼烟消散。西夏在这种休养生息的政策中，慢慢恢复了国力。

如果宋夏能够一直保持这种睦邻友好的关系，对两国的子民，将是一件非常幸运的事情。但可惜的是，在历史的词典中，永远没有“如果”二字。

这不，仅仅过了三年，宋夏之间的关系就急转直下，双方由爱生恨，准备兵戎相向了。

史料记载，公元 1063 年，宋仁宗驾崩。为表示自己的哀悼之情，李谅祚派遣使者进京，去祭吊宋仁宗，并祝贺宋英宗登基称帝。

殊不知，在这次出使中发生了一件小事，让李谅祚甚是恼火，开始讨厌宋朝了。

原来，当时西夏使者吊唁时，不知道什么原因，西夏使者与宋朝的引伴使高宜发生了争持。高宜是一个不会说话的人，他竟然对着西夏使者大喊道：“你们这些蛮族之人，有什么了不起的。早晚有一天，我们宋朝将出兵百万，踏平整个贺兰山，摧毁你们所有巢穴！”

西夏使者回国后，将高宜的言辞告诉了李谅祚，并添油加醋了一番。

李谅祚听完大怒，心想：“我对宋朝这么好，宋朝却这样侮辱我，真是太可恶了！看来，不给宋朝点厉害看看，真把老子当兔子了！”

愤怒的李谅祚决定展现一下自己的实力，让宋朝知道自己的厉害。

就这样，在未来的4年里，宋夏的边境线战火不断，虽然双方的使者继续往来，但大家都明白：一场大战无法避免。

在这种背景下，宋治平四年（1067年），宋朝一个叫王韶的大臣递交了一份叫《平绒策》的奏折，终于引爆了这场大战。

大顺城之战

史料记载，王韶任建昌军司理参军时，在考察了边关地形后，给刚刚登基的宋神宗写了一份详细的奏折。

在这份奏折中，王韶禀报宋神宗：西夏人一旦攻陷了青唐城，就将占据地利，肆无忌惮地攻打宋朝的渭水一带了。到时候河湟一带、甘肃中部一带，很可能就是西夏的领地了。因此，王韶建议，宋朝要先发制人，屯重兵于青唐城一带，预防李谅祚的进攻；再联系占据青藏高原的吐蕃，让李谅祚腹背受敌。

当时，因为与西夏的关系恶劣，宋神宗身陷“自我实现预言”的思维里，他认为宋朝与西夏之间必有一战。所以看完这封奏折后，宋神宗二话不说，就提拔了王韶，命他全权处理此事。

这里解释一下，什么叫“自我实现预言”？

按照心理学的定义，“自我实现预言”是一种正能量的心理暗示，是一种“能使自己的预期成真的预言”。

比如，如果一个人认为自己做销售能成功，那么在成功前的那段时间，不管发生了什么挫折、什么打击，这个人也毫不改变自己的思想，认为自己一定能够成功。而且，到了最后，这个人经受住了足够的打击、扛住了足够的耻辱后，真的成功了。

这也可以归结为一种正能量的自我催眠。

虽然“自我实现预言”是一种正能量的心理暗示，但不恰当的“自我实现预言”，也会带来消极的影响。

假设我们自我催眠，与某个国家必有一战。为了那场大战，从现在开始，我们就要操练兵马、扩充军队，好未来打赢那一战。那个国家本来不想与我们开战，但他们一看，你们这么玩命操练兵马、扩充军队，到底要干什么？于是，为了应对可能出现的危机，这个国家也玩命操练兵马、扩充军队了。最后，双方都玩命扩充军队，且都想置对方于死地，一旦发生了什么擦枪走火的事件，那就只能开战了。

当时的宋朝和西夏，因为长期不和，大家都是这种思想，结果一有风吹草动就开战了。

史料记载，王韶到了青唐城后，立刻整顿兵马、全力备战。同时，王韶还积极地游说吐蕃的部落首领，劝他们降属宋朝。

在一系列外交后，王韶真的劝降了一个叫俞龙珂的吐蕃首领，以及他麾下的 12 万部民。

目睹了宋朝的所作所为后，李谅祚终于知道自己该干什么了……

宋治平四年、西夏拱化五年（1067 年）八月，为了显示自己的“肌肉”，也为了切断宋朝与吐蕃的联系，李谅祚毅然决然下令：率军西进，与宋朝决一死战！

西夏皇帝都有御驾亲征的习惯，李谅祚也不例外。这一次，李谅祚开始了自己生命中的第一次御驾亲征！

殊不知，这次御驾亲征，是李谅祚生命中的第一次，也是他的最后一次……

书归正传，李谅祚率领数万大军开始伐宋。因为是不宣而战的出兵，所以李谅祚获得了先声夺人的效果，西夏军闪电似的进攻，瞬间把宋朝打懵了，宋军毫无防备，惨败连连。

在这种局面下，如果李谅祚好好谋划的话，定能夺取宋朝不少的土地。然而，西夏军的这种完美开局，却在一座城池下功亏一篑了。在那里，西夏军不仅吃了一场大败仗，还赔上了皇帝的性命。

这就是当年范仲淹用 10 天时间修筑的人类奇迹——大顺城。

史料记载，李谅祚御驾亲征后，一路攻无不克、战无不胜，很快就抵达了大顺城。他准备攻陷这座城池，打通一条东进的通道。

当时，虽然范仲淹已经仙逝了 14 年之久，但大顺城守将环庆路经略安抚使蔡挺依旧记着范仲淹的作战方略，他坚壁清野，屯重兵于城墙，严防死守，绝不轻易出战。

凭借这座坚固的城墙，蔡挺愣是抵挡住了西夏军数十次的进攻。李谅祚一次次命令士兵攻城，又一次次被打回来，他愤怒无比，却一筹莫展。

后来，为了攻陷这座城池，李谅祚不顾个人安危，冲到了战场的第一线，打算就近指挥，鼓舞士气。

但问题是，皇帝亲临到了第一线，西夏军是看见了，可宋军也不是瞎子呀！

蔡挺定睛一看，什么情况？对面来了一个耀武扬威的，好像还是西夏的皇帝！真是天助我也，哥几个，别怕浪费弓箭，给我玩儿命射，就射那个最嘚瑟的人，一定要把他射倒在地。

李谅祚就是一个温室里长大的花朵，哪里经历过战争的洗礼。宋军一阵箭雨过后，李谅祚当场就趴下了——被宋军的一支毒弩射中了。

皇帝被射伤了，这个仗还怎么打？李谅祚只能选择了撤兵。

这场大战，因为发生在大顺城下，所以史称“顺城之战”。

“顺城之战”结束后，由于懊恼、悔恨和毒箭的作用，李谅祚的身心都很痛苦。数月后，这位皇帝竟然一命呜呼了。

西夏拱化五年（1067 年）十二月，李谅祚毒发身亡，死时年仅 20 岁（虚岁 21）。李谅祚不甘心地闭上双眼后，其子李秉常即位，史称夏惠帝。

夏惠帝年幼不懂事，治国大事由他的生母梁氏代为管理。

至此，西夏又开始了一段太后垂帘听政的历史。在这段历史中，这位梁太后，又会干出什么事情呢？

党项女人的“威力”

公元1067年，是一个神奇的年份，也是宋夏历史上一个重要的年份。

这一年的年初，宋朝的统治者宋英宗病逝，20岁的太子赵顼即位，这就是历史上著名的宋神宗。这一年的年尾，西夏的统治者李谅祚郁郁而终，8岁的李秉常登基继位，由母后梁氏垂帘听政。

宋夏，在同一年中，都完成了“新老交替”的任务，真是巧。

西夏这个垂帘听政的梁氏，就是当年那个为了真爱，一切皆可抛，告发自己的公公、夫君，后来被李谅祚收为己用的那位嫂子。

当年，因为告密有功，李谅祚亲政后，立刻迎娶了自己的嫂子梁氏，并把她册立为皇后。这个皇后也非常给力，为李谅祚生下了嫡子李秉常。

拱化五年（1067年）十二月，李谅祚去世后，8岁的李秉常继承皇位，史称夏惠帝。新君年幼，只能由母后代为处理国政，梁氏就此走上了历史的舞台，西夏也开启了一段崭新的太后亲政的历史。

史料记载，梁太后听政后，立刻依葫芦画瓢，还是来了那一套——为了巩固自己的权力，梁太后马上任命自己的弟弟梁乙埋为国相，还把自己的侄女嫁给了儿子。这些办法，与当年的没藏氏太后如出一辙。

更神奇的是，梁太后的这位侄女，后来竟然也成为一个垂帘听政的太后！而且这个女人摄政13年之久，比这个姑妈弱不了多少（姑妈是16年）。

一门两位垂帘听政的太后，梁氏的这两位姑侄，在西夏的历史上，甚至在中国的历史上，也实属罕见。

在西夏历史上，这两位著名的梁太后，李元昊的儿媳、李谅祚的妻子梁氏，被称为大梁太后；大梁太后的侄女、李谅祚的儿媳、李秉常的妻子梁氏，被称为小梁太后。

小梁太后的那些惊人的事情，有机会再说，现在还是说这位大梁太后。

史料记载，大梁太后一生就一个行为标准——百分之百维护党项贵族的利益，废除所有的亲宋政策。

大梁太后之所以这样干，其实也能理解。道理很简单，大梁太后是一个汉人，不是党项人。

在她的眼中，自己不是党项人，却成了党项人的太后，她要是不做的比一个党项人还党项人，就无法获得党项人的认同，更别说当他们的最高统治者了。

这就好比是生活在海外的华人，为了融入当地的圈子，往往比洋人还要洋人一样。

为了成为一个党项人，大梁太后听政后，立刻颁布了一系列法令：废除夫君亲宋的制度，西夏回归蕃礼，全面恢复党项人的服装、文化、发髻、姓氏，等等。从此，儿子也不姓“李”了，还是叫“嵬名”。

跟自己的“鸽派”丈夫不同，大梁太后是一个坚定的“鹰派”主义者。自听政后，大梁太后就与宋朝彻底决裂。她不仅不断出兵攻打宋朝，还不惜用御驾亲征这种形式，来证明自己的决心。

当然了，大梁太后这种频繁地对宋朝用武，除了证明自己是一个党项人外，还有更深一层的含义在里面——这个女人要不断地打仗、不断地建立军功，以维护自己的统治。

要想在无情且激烈的政治斗争中存活下来，得有“两把刀”才行。

没有兵权，就别想在政治舞台上发言。此乃千古不变之道理。

大梁太后深知此道。自听政后，这位太后就一直培养自己的嫡系部队，任用那些忠于自己的将领。此外，她还组建了中国历史上第一支娘子军——麻魁军。

在中国的历史上，自从商鞅颁布了“令军市无有女子”的规定后，一直到民国，中国都鲜有女子上战场的记录。即使有花木兰这样的女子存在，也仅仅是一个“代父从军”。

当然，奇葩女子，也包括南宋的那位开国皇后——吴芍芬。

书归正传，战争，一直与女性无缘；女人，也始终远离战争。然而，这个千古不变的真理，却被大梁太后推翻了。

史料记载，大梁太后组建的这支麻魁军，是中国历史上第一支女性部队。

在党项语中，“麻”为“妇”，“魁”为“壮”，“麻魁”的意思就是“壮妇”。这些女子各个武艺高强、勇猛无比，完全能够胜任士兵一职。

其实，西夏女人勇猛善战由来已久，甚至有光荣传统在里面。

遥想公元960年，赵匡胤建立了北宋政权后，有一个叫折从远的党项羌族首领前来归顺。在一番机缘巧合下，归顺后的他把自己的女儿折赛花嫁给了杨业为妻。

在后代的修史人中，因为党项的“折”与中原的“佘”同音，所以这个女子，也被写成“佘赛花”。

这个佘赛花，就是流传至今、大名鼎鼎的杨门女将主帅佘太君。而杨门女将之所以能名扬天下，其实从另一个方面讲，也是党项女人能征善战的证明。

党项女人，就是这样的剽悍！

史料记载，组建了这样一支强大的麻魁军后，大梁太后信心十足，她准备率军东进，讨伐宋朝。

殊不知，理想是美好的，但现实……何止是骨感，甚至完全超出了大家的想象！

此次出征，大梁太后无论如何也不会想到，自己竟然不战而败，10万大军竟然被一个女人给骂了回来，堪称有多大脸、现多大眼。

而且，这个女人，竟然还是一个妓女！

妓女骂退10万兵

根据沈括的《梦溪笔谈》记载，元丰年间，大梁太后率领10万大军，突然讨伐宋朝。大梁太后兵贵神速，瞬间就包围了宋朝的边境重镇——保安军顺宁寨。

面对突然大军压境的西夏军，顺宁寨内仅仅有数千宋军。如此实力悬殊的较量，让顺宁寨人心惶惶，大家皆认为此寨必破、败局已定。

宋将们聚在一起商量对策，却毫无办法。此时，一个姓李的妓女主动请缨道:“诸位大人莫慌，我有办法御敌。只要让我在阵前喊一番话，就能喝退西夏军！”

听完妓女的话，诸将哈哈大笑，说你这个妓女是不是疯了？一番唇舌，就能喝退敌军，这不是扯吗？

面对诸将的耻笑，妓女并不在意，她大义凛然道:“有用没用，一试便知。若女婢的嘴没用，喝不退敌军，甘愿受罚。”

诸将一看，妓女还挺有信心的，就让她试试吧，反正也没有别的退敌之计，死马当活马医了。于是，大家在城墙上修建了一个安全的楼台，让妓女站在上面，痛骂西夏军。

各位，好戏上演了……

《梦溪笔谈》记载，妓女上台后，撩起衣裳、卷起袖子、气运丹田，开始破口大骂。她痛骂的内容很多，但中心思想就一个——论梁太后是一个什么东西！

妓女痛骂大梁太后不守妇道，是一个水性杨花的女人。这个女人本是没藏讹庞的儿媳妇，为一己私欲，与皇帝私通，杀死了自己的夫君，害死了自己的公公，才坐上这个位置。这个女人干的事情，简直人神共愤！这个女人，应该浸猪笼、下油锅，开膛破肚，挖肝掏心，抽筋剥皮，剔骨去肉，扔到荒郊野地去喂狼……

原来，妓女李氏打开大门做生意，接待了不少南来北往的大商人。因此，李氏对西夏皇宫里的那些龌龊事情非常清楚，甚至比宋朝的那些将领们还要清楚。

李氏的言论，虽然有加工的成分，但基本属实，让人不得不信。

听到如此劲爆的消息后，宋军哄堂大笑，说西夏那位英明神武的太后，原来是这么一个货色，真是笑煞我也。西夏军则“皆掩耳”，人人羞愤，不敢再听。因为，西夏军害怕太后怪罪自己，他们生怕听到的越多，死得越快。

一时间，西夏军的士气全线低落，进而崩溃。

西夏将领羞愧难当，他们拉弓射箭，想把这个妓女射死。然而，城楼防守严密，西夏军的弓箭都被挡了下来，根本伤不了李氏分毫。而且，西夏军越射她，李氏就骂得越给力，她骂人的词语滔滔不绝，连绵不断，越说越来劲。

见这个妓女骂得没完没了，西夏军的士气彻底崩溃，他们恐怕太后恼羞成怒、怪罪自己。最终，这些西夏将领以“敌军援军到了”为由，灰溜溜地撤兵了。

至此，妓女用自己的一张嘴，喝退了10万西夏军。顺宁寨的一场灭顶之灾，也被她消弭于无形。

这场战争，在中国历史上甚至是世界历史上，都极为罕见，估计仅此一家了。

太后篡位，西夏求援

西夏军被骂回来后，大梁太后气愤无比，她恨不得再次出兵，攻陷顺宁寨，千刀万剐了那个痛骂自己的妓女。但大梁太后转念一想，我要是再去，再被骂一次，岂不是再次受辱，得不偿失？

最后，大梁太后按捺住心中的怒火，开始管理内政，不再出兵了。

拜这顿骂所赐，在好几年里，大梁太后都不敢再去战场了，她对战场的兴致，也没有以前那么高了。大梁太后索性归政给儿子，自己去后宫享福了。

事实证明，归政给李秉常，是大梁太后这辈子做的最坏的决定。

纵观西夏王朝的历史，“母子不合”伴随这个王朝的一生，先前母子不合的是李元昊母子，这一次，是这个李秉常母子。

简单来说，李秉常一登基，就开始推翻母亲的执政理念，跟她对着干了。李秉常干的事情很多，但主要有下列两点：

第一点，全面废除蕃礼，恢复汉礼。

大梁太后听政后，不是废除了汉人文化，全面恢复了党项人的蕃礼吗？夏惠帝亲政后，又全面废除了蕃礼，恢复了汉人的服装、文化、发髻、姓氏，等等。他还对外宣传，从此以后，我们一家不叫“嵬名”了，还是姓“李”（这叫一个折腾）！

第二点，在与宋朝的外交上，大梁太后是鹰派，天天跟宋朝打仗。夏惠帝则是一个鸽派，他一直想跟宋朝和好。为此，夏惠帝竟然颁布了一道圣旨——如数归还母亲占领的宋朝土地，以领土换和平。

得知儿子干了这么两件事情、特别是第二件事情后，大梁太后有多怒可想而知。她心想——我怎么生了这么一个“败家”的儿子！先帝和无数将士浴血奋战数年，用生命换来的土地，这个败家儿子说扔就给扔了！

于是，盛怒之下的大梁太后就和国相梁乙埋联起手来，来了一次西夏版的“戊戌政变”，把夏惠帝软禁了起来，大梁太后第二次垂帘听政了。

夏惠帝被软禁后，西夏那些效忠皇帝的大臣，只能流亡国外。这些大臣逃到宋朝后，就向宋朝报告了西夏的国情。他们请求宋朝出兵，讨伐国贼，帮助夏惠帝复位。

至此，就出现了先前的那一幕。

史料记载，得知此事后，宋神宗惊讶地发现——跟自己的祖先宋太宗一样，西夏又给自己送了一个饕餮盛宴，就看自己吃还是不吃了。

那么，是吃还是不吃呢？

当然要吃！

看看现在西夏的情况吧——女主当国、皇帝被囚、君臣贰心、上下解体、人心惶惶，好一片亡国之相……这个时候不打、不吞并这个西夏王朝，更待何时！

何况，现在的宋朝，形势是一片大好，不管是文臣还是武将，都同意出兵。满朝文武，竟然没有一个唱反调、拖皇帝后腿的臣子（如当年的范仲淹）。

当时，以苏辙为代表的文臣告诉皇帝："秉常之祸，人心离贰……可举兵攻讨，深入其地，夺其疆土。"

同样，以种谔为代表的武将告诉皇帝："夏国无人，秉常儒子，臣往提其臂而来耳！"意思是说：西夏国中无人，李秉常不过是一个小破孩，根本管理不了国家，只要让臣去西夏转一圈，保证把李秉常提回来！

很好，"君臣齐心、其利断金"，在这一片大好的形势下，宋神宗终于下定决心——倾尽全国之力，出兵西夏，一雪前耻！

元丰四年（1081 年），宋朝以夏惠帝被梁太后幽囚为借口，"兴问罪之师"。宋神宗通电西夏全国，他号召西夏军民揭竿而起，"共诛国仇"，配合宋军讨伐逆贼梁氏，好让国主复位。

伴随着讨伐檄文，宋军源源不断地向边境集结。一时间，西至今甘肃临洮、东到今山西北部的上千里边境线上，到处都是集结完毕的宋军。

最终，宋神宗一声令下，宋军分兵五路，开始攻打西夏！

这五路大军，分别是：

第一路，宦官李宪统兵 7 万，从甘肃西南部出兵，从西面攻打西夏；

第二路，宦官王中正统兵 6 万，从陕西神木一代出兵，从东面攻打西夏；

第三路，大将种谔统兵 9 万，出陕西绥德，从正面攻打西夏；

第四路，外戚高遵裕统兵 9 万，从今宁夏和甘肃的交界处环县出发，从西南面攻打西夏；

第五路，都总管刘昌祚统兵 5 万，从宁夏南部的固原出发，从南面攻打西夏。

五路大军，共计 36 万余人，全军旌旗遮日，杀气遮天。宋军浩浩荡荡出发，杀奔西夏而来！

宋朝与西夏历史上最大规模的一场战役，就此拉开了序幕。

这场战役，史称“元丰五路伐夏”。

那么，宋神宗不计后果地出兵，会让西夏臣服吗？还是说，跟他的祖先宋太宗五路伐夏一样，最终也功败垂成，以失败而告终？

第十一章 宋夏之战

西夏的对策

元丰四年（1081年），在宋神宗的圣旨下，36万宋军兵分五路，讨伐西夏。

面对宋朝的倾国来袭，西夏的国母大梁太后在干什么呢？这个女人是在后宫瑟瑟发抖、彷徨无助呢？还是在朝堂之上调兵遣将、指挥若定呢？

历史自有答案。

史料记载，面对宋朝的大兵压境，这个女人跟辽国的萧太后一样，尽显帝王本色。大梁太后临危不惧，稳如泰山。她下令，召开全体会议，商量对策，抵御宋军。

根据《宋史·卷四八六》记载，面对宋军的入侵，西夏年轻一代的将领们毫不惧怕，大家“尽请战”。

这些年轻将领们告诉大梁太后：“区区36万宋军，何足惧哉？我西夏有精兵猛将50余万！兵来将挡，水来土掩，请让我们出战，必杀尽宋军，让他们知道我们党项武士的厉害！”

老将嵬名令公却提出了不同的见解，他告诉大梁太后：“西夏之所以能够屡败宋军，不是靠正面对抗，而是靠诱敌深入、坚壁清野的战术。咱们要引诱宋军进入国境，再用骑兵截断宋军的粮道，宋军无粮后，即使有百万大军也只能不战而溃。”

大梁太后立刻同意嵬名令公的建议。于是，她颁布了一道圣旨——命西夏边境的所有部队，不要与宋军正面对抗，能战则战，不能战则撤回内地。不要求你们与阵地共存亡，也不要在乎一城一地之得失，要保存有生力量，为未来的反击做准备。

事实证明，大梁太后的这个决策完全正确。这个决策，也是世界战争史上以少打多、以弱胜强的基本战术。

一时间，在大梁太后的命令下，西夏边境部队“全线溃败”，西夏部队集体收缩防线，源源不断地涌入内地，不能逃跑的则干脆投降了宋军。

宋军全线旗开得胜，五路大军接连获胜，形式也一片大好。

首先获胜的，就是宦官李宪的部队。自从进入西夏境内，李宪攻无不克、战无不胜，西夏守军不是望风而逃就是望风而降。结果，李宪攻破了十余个西夏城寨，打败了数万西夏军，光抓的俘虏就有 1 万多人。

看着这些毫不费力的胜利结果，李公公立刻得意了起来，他开始建功心切、轻敌冒进了。

李公公打算抢先进入西夏腹地，再立奇功。结果，在降卒的错误带领下，李宪军彻底迷路，他只能率军在沙漠里打转了。

最终，由于沙漠里补给困难，缺水少粮，宋军崩溃。李宪无奈，只能班师回营。

在回国途中，李宪遭遇了西夏降兵的偷袭，损失了近一半人马，只带了 4 万人马回来。

至此，宋朝的一路大军，因轻敌冒进，粮草断绝，落败而归。

其实，何止是李宪的这一路大军，作为主力的种谔军，也犯了同样的错误。

当时，种谔率领 9 万大军进入夏境，首战攻打米脂，不仅一战即破，还击溃了 8 万西夏军（其实是对方故意逃跑）。

此战过后，种谔威震西南，他趁热打铁，继续率军前进，一举攻陷西夏国的石州、夏州和银州三个军事重镇。

石州的战略意义，一般；夏州和银州的战略意义，可非比寻常！

咱们前面讲过，夏州和银州都是党项人赖以生存的“定难五州”之一。换句话说，这两州是党项人的大本营。

捷报传回朝廷后，宋神宗欣喜若狂，宋朝百姓也高兴无比。当时，宋朝所有的文人都作诗，来纪念这次大捷。

当时，在黄州“坐监狱”、正在躬耕东坡的苏轼也异常兴奋，作了一首《闻种谔米脂川大捷》称赞此事：

闻说将军取乞银，将军旗鼓捷如神。

应知无定河边柳，得共江南雪絮春。

宋朝文人当时的诗人，就一个字——“爽”。然而，文人这种歌功颂德的诗词，除了表达自己的欢喜之情外，也助长了种谔的骄傲和野心。

简单来说吧，连续大胜、攻陷了意义非凡的城池后，种谔胆儿大了、野心也膨胀了，他竟然上疏朝廷——请求独立行军，自主行事，不再受王中正的节制了。

原来，此次出兵前，为了防止武将独断专行，宋神宗按照祖先的制度，命宦官为监军，监督大将的行为，防止他们造反。当时，负责监督种谔的就是宦官王中正。

这个制度，让种谔极其不爽，他不想被这些“不全之人”领导。

本来，种谔上这种奏章，就是主动找死。这要是在宋太宗时期，啥也别说了，敢不听指挥，直接砍了脑袋祭旗！但是，现在是宋神宗时期，这个皇帝的耳根软，不像祖先那样强硬，且种谔刚刚打了一个大胜仗，宋神宗甚是高兴。

借着兴头，宋神宗脑袋一糊涂，就同意了种谔的请求，允许他单独行动，不再听王中正的调遣了。

这一下子，大错就此铸成。

得到可以独立出兵的圣旨后，种谔立刻挥师出发、轻敌冒进。结果，跟李宪一样，种谔也迷路了，也得到同样的下场。

因缺水少粮，再加上突然而至的暴风雪，种谔军损失惨重，尚未遇敌就不战自溃了。

最终，种谔只能下令退兵。撤兵期间，种谔军遭遇了渴死、饿死、冻死、累死这四重打击，损失惨重。回国后，种谔麾下的9万大军，只剩下不到3万人了。

种谔惨败回国后，王中正一看，你身为大将，自己撤兵了，把我这个宦官留下，我咋办呀？王中正也不再进军了。

后来，听说另外两路大军惨败后，王中正也就撤兵了。

至此，宋朝的三路大军，就以这样的结局告终。

当然，这三路大军虽然败了，但比高遵裕和刘昌祚的结果要好得多。毕竟，这哥俩惨败回国，输得那叫一个彻底……

惨败而归

史料记载，高遵裕出生在一个武将世家，他的祖父，就是在澶渊之战时力劝宋真宗亲征、痛骂过冯拯的高琼。祖先是宋朝一代名将，但到了高遵裕这里，就只剩下一个显赫的身份了。

史书上的高遵裕，是一个纨绔子弟，啥也不会。因为他是高太后的弟弟、皇上的舅舅，绝对不会造宋神宗的反，所以皇帝才命他统帅9万大军，出兵西夏。

事实证明，皇帝重用这么一个大臣带兵，根本就是一种不负责任的表现，就是拿士兵的生命当儿戏！

当时，高太后清楚地知道弟弟的能力，她强烈反对，不让这个弟弟带兵出征。反对无效后，高太后语重心长地对皇帝道："你舅舅高遵裕报国忠心这方面，不输给任何人，让他带军队，确实放心。但是，他有一个致命的弱点，气量太小，虚荣心强，绝不允许别人的功劳高过他。重用这种有短板的人，早晚得出事，一旦失败，后果不堪设想。即使任命他为将，也只能任命为副将，绝不能任命为主帅。"

事实证明，高太后的谏言，完全正确。然而，咱们都知道，因为岐王的事情，皇帝跟太后不合，所以高太后的这番肺腑之言，宋神宗压根就没听。他还是任命高遵裕为一军统帅，还命他节制刘昌祚。

宋神宗这么做，真的有点对着干的意思了。

史料记载，看见李宪、王中正、种谔都建功立业了，高遵裕就急眼了，心想我乃堂堂国舅爷，麾下有 9 万大军，这要是寸功未立，回去还不得被人笑死。

高遵裕下令，放弃所有辎重部队，全军轻装急行，用最快的速度进军，建立自己的军功。

高遵裕这一路，是遇寨攻寨、遇城攻城，只要是西夏人的城寨，高遵裕就要给"端"了。至于这个城池重不重要、有没有战略意义，他全都不管，也没有兴趣了解。

就这样，高遵裕率领的这一路人马，就跟一只无头苍蝇一样，在西夏的国土内乱窜，没有什么既定的目标，更别说战略目的了。

高遵裕这一路胡作非为，但他手下的刘昌祚，却非常能打，这个人也知道，攻陷什么样的城池，才能给西夏最致命的打击。

刘昌祚，字子京，真定（今河北正定县）人，北宋名将。史料记载，刘昌祚"气雄貌伟，精通兵法，善骑射，有百步穿杨之能，夏人得其箭，以为神"。

在这五路大军中，刘昌祚的官职最小，领的兵马也最少，但是，他却最受西夏军的"照顾"。

史料记载，为了挫败宋军的锐气，西夏集结了 10 万大军，准备攻打刘昌祚，消灭这支只有他们一半人马的部队。结果，刘昌祚不愧为宋朝一代名将，他身先士卒，奋勇杀敌，以 5 万人马大败西夏 10 万大军，获得了一场大胜。

得到这么一场大胜后，刘昌祚就跟种谔的想法一样了，他扬扬得意，不想听从上级高遵裕的调遣了。

当时，打退西夏军后，刘昌祚上疏朝廷，希望率军攻打灵州，重新夺回这座重要的城池。

按理来说，刘昌祚的建议是对的，战略目标也正确，但是，这哥们儿太着急了，结果就出事了。

史料记载，上呈了奏章后，刘昌祚根本不等朝廷的回复，也不听顶头上司高遵裕的命令，独断专行，直接率军奔着灵州去了。

得知刘昌祚独断专行后，宋神宗怒了。在他的眼中，这些将领们是要"造反”呀，难怪列祖列宗都防着这些武将。

一个种谔，不听王中正的调遣，非要独自出兵，结果音讯全无，都不知道去哪儿了。现在，这个刘昌祚，也不听我舅舅的调遣，自己奔灵州去了。你们眼里还有我这个皇帝吗？

盛怒之下，宋神宗立刻给了高遵裕一封手谕，告诉他：“刘昌祚不听指挥，已无法胜任其职，你速到刘昌祚部，撤其兵权，拆其部队，另选能将代之。”

看完这封手谕，高遵裕大喜，心想这真是天降大礼，自己成为最后的统帅了，麾下有十余万人马，看来，这个灭亡西夏的重任，也就舍我其谁了！

高遵裕立刻下令给刘昌祚，说：“朝廷有命令要传给你，我现在就到你那里去，在我到之前，你不许再行军了，也不许攻打灵州城。”

本来，刘昌祚率领部队已经到了灵州城下，准备率军攻城了。当时，灵州城内只有区区数千士兵，西夏的援军还在路上，如果此时攻城，就能夺回这座战略意义重大的城池。

结果，在高遵裕的强烈命令下，刘昌祚无可奈何，只能按兵不动，望城兴叹。他眼睁睁地看着西夏军准备好了所有的防御武器，看着西夏数万援军进入城池……

战机贻误、机会丧尽，宋军就这样白白地丧失了夺取灵州城的最好时机！

几天后，晃悠悠的高遵裕来到灵州城，出示了皇帝的手谕，并告诉刘昌祚：“皇帝有旨，说你好大喜功、不识大体，已将你革职查办。现在的你，已经不是一军大将了，你下岗回家了。”

高遵裕颁布完这道圣旨后，刘昌祚的部队就哗变了。刘昌祚的部下都不服这道圣旨：“我们这一路过来，不仅攻陷了数座城池，还击溃了西夏的主力部队，我们打得比谁都辛苦，凭什么得到这种不公平的待遇？还要撤换我们的主帅，这是一个什么道理？我们不服这个判罚，我们还是只听刘大帅一人调遣，其余的人都滚蛋！”

高遵裕都快气疯了，但是，他也无计可施。毕竟，这里是人家的地盘，高遵裕没有动手的本钱，他也不敢动手。

高遵裕选择了妥协，他告诉刘昌祚等人：“这样吧，我上疏朝廷，说临阵换帅乃兵家大忌，我也不能干这种不仁不义的事情。刘昌祚还是一军统帅，但只是名义上的统帅，再也不能行使权力了。”

这一下子，虽然刘昌祚的官职保留住了，但他也等同于下岗了。对此，刘昌祚的手下们忿忿不平，他们不再给高遵裕效忠，打仗时也出工不出力。

至此，因为将帅不和，宋军在丢失了攻取灵州城最好的时机后，又丢了本方的士气。在这种不占天时、不占地利、不占人和的情况下，宋军已经不可能再攻打下灵州城了。

对于宋军这种极其不利的局面，高遵裕却根本没有看出来，他反而下令全力攻城！高遵裕要在灵州城内插上自己的旗帜，成就自己伟大的战绩。

然而，将有必死之心，士却有贪生之念，宋军根本不卖命。十多万大军围攻了灵州十余天，也没有爬上灵州城的城墙，宋军甚至都没有跟西夏军肉搏的意思。

围困了灵州城十余天后，天降大雪，后方粮饷不继，宋朝兵卒饥寒交迫，斗志渐渐衰颓，终于无力再战了。

见此，大梁太后立刻下令，按照先前的计划掘开黄河灌渠，行当年“关羽水淹七军”之计，以水代兵，水淹宋军。

宋军没有想到，西夏军竟然用水攻！宋军损失惨重，溺死者无数。为了躲水，一些宋军甚至主动来到了灵州城下当俘虏。

在这个危难关头，高遵裕叫来刘昌祚，对其道：“我是皇帝的舅舅，我不能死！你赶紧率军殿后，我给你一个戴罪立功的机会。”说完，高遵裕头也不回，策马逃跑了。

刘昌祚这个恨呀，但也无可奈何。刘昌祚率军殿后，且战且退，一直率军退到陕西渭州才站稳脚跟，打退了追击的西夏军。

打退西夏军后，刘昌祚清点了一下兵马，大吃一惊——出战的两路大军，加起来有 14 万人，现在只剩下不到 2 万人了。

至此，宋朝的这两路大军，就以这样的结局告终。宋朝的这次五路伐夏，也以五路全败的结局告终。

总结一下这场战役吧：

宋朝五路伐夏，虽然犯了军事上的分兵大忌，但是，若统率五路的将领，全是能征善战之辈，也不至于这样大败。在选将方面，宋朝择将非人，才导致今日之败。

看看宋军的统帅吧，两个身体不全的宦官，一个啥也不懂的外戚，一个只会吹牛皮的将军，唯一一个能打的还被多方掣肘，有力气也没法使。这样的将领带兵要是能够打胜仗，那才叫见了鬼。

其实，当初宋神宗打算任命李宪、王中正做统帅时，就有大臣强烈反对，大臣还与皇帝争执了起来。

固曰："然则孰为陛下任此者？"帝曰："吾以属李宪。"固曰："伐国大事，而使宦官为之，士大夫孰肯为用？"上不悦。固请去，不许。

它日，又对曰："今举重兵五路并进，而无大帅，就使成功，兵必为乱。"固数以大帅为言，帝谕以无其人，同知枢密院吕公著进曰："既无其人，不若且已。"固曰："公著言是也。"

——《续资治通鉴长编·卷三一三》

这段话的大概意思是说：

得知宦官为统帅后，大臣们都不服气，问皇帝："讨伐敌国这么重大的事情，您让太监领兵，哪个士大夫会服气？这件事情肯定行不通呀。而且，现在五路大军并进，没有一个最高统帅，谁来主持全局呢？宋军打了胜仗后，万一他们各自为战，谁能镇住他们呢？指望您的两个公公、一个大舅子去镇压他们，这不是扯吗？"

面对大臣的质疑，宋神宗没有改变出兵的人选，还是重用这些宦官、外戚领兵，结果导致了这场惨败。

然而，宋神宗却认为这场大败，不是因为用人不当，而是因为其他原因。

那么，这是什么原因呢？

战火再起

史料记载，五路伐夏失败后，宋神宗非常不服，他认为之所以败，不是因为用人不当，而是有其他原因。

宋神宗下令，让群臣寻找这次战败的真正原因，他好再次出兵西夏，把颜面找回来。

正是这个决定，让宋朝从一场惨败，最终变成一场溃败。

史料记载，得知皇帝要寻找战败的原因后，前线战败的将领们立刻上疏，阐述这次失败的原因，并告诉了皇帝一个事实——此次战败，不是我们不能打，而是朝廷的战略失误导致的。

以宦官李宪为首的官员建议，朝廷发兵时，要吸取分兵大忌的教训，集中优势兵力，任命自己为统帅，发兵一路攻打西夏的鸣沙城（今西夏中宁县）。以此地为根据地，讨伐西夏。

以种谔为首的官员们则不同意李宪的建议。他们认为，宋朝刚刚经历了一场大败，不宜再次出战，在休养生息后，再讨伐西夏不迟。在宋军“休息”期间，我们应该筑城修垒，建立纵深的立体防线，阻断西夏人的入寇之路。等待时机，再次出兵。

除了种谔外，《梦溪笔谈》的作者、当时的延州知州沈括也建议修筑城池，抵御西夏军的进攻。

沈括还上疏朝廷，希望按照当年范仲淹的战术，以逸待劳，小规模地不断出兵，持续地消耗西夏的国力，积小胜换大胜，最终消灭西夏王朝。

在这道“到底是攻还是守”的选择题下，宋神宗苦思冥想了数天后，终于同意了种谔、沈括等人的请求，他决定暂不再跟西夏军开战了。

虽然不主动进攻了，但还是得防守，宋神宗打算在前线修筑一座城池，抵御西夏军的进攻。

修筑一座城池，用来抵御西夏军，这个决定，宋神宗做得是绝对正确的。但是，除了这个决定，宋神宗其余的方案，都是一场闹剧！

因为，他派去修筑城池的，是一个只会纸上谈兵且满脑子不知所云的主。

这个人，就是朝廷的给事中——徐禧。

徐禧，字德占，洪州分宁（今江西修水县）人。历史上的这个徐禧，可是一个超级牛人，史称他“少有志度，博览周游，以求知古今事变、风俗利疚，不事科举”。

按照这段文字解释，徐禧若在元明两朝，绝对是一个刘秉忠、姚广孝类型的人物，就是一个流落在民间的布衣宰相。

熙宁年间，王安石变法期间，徐禧上疏了《治策》等二十四篇文章，进入了变法派的眼帘。

后来，在吕惠卿的推荐下，朝廷以学识超卓破格录用了徐禧，让他以一介布衣的身份，进入朝堂。

虽是一介布衣，但徐禧毫不怯场，在回答皇帝的问题时，知无不言言无不尽，说得头头是道、一语中的。皇帝被他的才华所折服，称其道："朕多阅人，未见有如卿者。"于是，宋神宗提拔他为太子中允、馆阁校勘、监察御史。

一介布衣，能让皇帝如此折服，宋朝官员们很信服他，大家送给徐禧四个字："当世奇才"。

后来，"永乐城战役"结束后，徐禧更是一战成名，宋朝官员们更加信服他了，大家又送给他四个字："纸上谈兵"。

实战能力和理论基础差这么多，从这个方面看，徐禧也算是一个永载史册的牛人了。

那么，徐禧到底干了什么事情呢？

原来，史料记载，宋神宗接受了种谔、沈括的建议后，命令徐禧到前线，选择一战略要地筑城。

徐禧转了一圈后，发现银州、夏州、宥州三地交界处的永乐地区不错，一旦在这里筑好了城池，就等于掐住了西夏三个州的咽喉了。

然而，对于徐禧修筑城池的地方，大将种谔强烈反对。

种谔告诉徐禧："这里虽然是西夏的咽喉之地，是兵家必争之地，但这里却不适合筑城。因为，这里有一个致命的缺陷——没有水源！如果在这里筑城，一旦敌军围城，守城的将士就没有水喝。到时候，守军就能不战自破了！"

种谔的这番话，但凡是一个明事理的人，都应该听得进去。然而，此时此刻的徐禧，已经被功名利禄蒙蔽了双眼，他就想赶紧建功立业、升官发财。

对于种谔的建议，徐禧根本不听，他反而告诉种谔："咱俩谁官大？你想造反吗？甭废话，就在这里筑城！"

对于徐禧的决定，种谔再三不同意在这里筑城。最终，恼羞成怒的徐禧道："你难道想死吗？敢耽误国家大事！"

种谔毫不畏惧地反驳道："筑城必败，败则死；抗拒上级的命令，也是死；违命而死，总比军队战败、被俘到异国强。"

徐禧气得半死，他当即就想砍了种谔祭旗。但是，种谔在军中的威信极高，徐禧最终没敢动他。于是，他上奏朝廷，以种谔专横跋扈、不听指挥为由，把他轰到延州去了。

随着种谔的离开，再也没有人能够阻止徐禧独断专行、胡作非为。

史料记载，徐禧决定在此地筑城后，发动了20万民夫来到永乐。修城期间，徐禧要求三班倒，人可以轮换着休息，修城却不许停歇。

在连续修筑了14个日夜后，徐禧一共修筑了6座砦堡，在这里留下了数万宋军以及数十万民工。他准备以此为据点，讨伐西夏。

城池修建完成后，宋神宗很是高兴，亲自赐名为“银川寨”。当然，宋朝人高兴，西夏人则愤怒了。

毕竟，宋朝在西夏咽喉部位修筑了一个“违章建筑”，西夏人要是不拆了它，那才叫没有天理。

元丰五年（1082年）九月，大梁太后拜叶悖麻、咩讹埋等人为将，命他们率领30万西夏军出征，攻打永乐城。

得知西夏军来犯后，当时驻守在米脂的徐禧立刻点齐兵马，增援永乐城。孰料，尚未出兵，自己的部下却“造反”了。

当时，大将高永亨谏言道：“不要去防守永乐城，那里城池又小又没有水源，一旦开战，必败无疑。”

听完高永亨的建议后，徐禧立刻就急眼了，他认为高永亨动摇军心、蛊惑士气。他大骂道：“老子千辛万苦修建的城池，怎么就不能御敌了，你这分明是在动摇我军士气！来人，把他拖出去斩了！”

一听这话，周围的将领赶紧替高永亨求情。大战在即，徐禧就饶了高永亨一命。但死罪可免、活罪难饶，徐禧下令把他关进监狱，等自己击退了西夏军凯旋后，再治高永亨的罪。

关押了高永亨后，徐禧点齐了三军，浩浩荡荡地出发了。

殊不知，他这一去，就再也没有回来。高永亨也因为入监，幸运地躲过了这场灭顶之灾。

一败再败

元丰五年（1082年）九月，西夏兵倾国而至，誓要拆除这座阻碍他们咽喉的永乐城。

面对黑压压、一望无际的西夏军，高永亨的兄长高永能建议道："敌军现在阵型未稳，我军要赶紧出击，打他们一个措手不及。要是敌军列好阵了，就不好打了。"

高永能的建议，是一个正确的建议。然而徐禧的回复，依旧那样的"给力"。

史料记载，"你不知道吗？王师不鼓不成列。我们要等对方列好了阵后，再去打他，这才像话！我堂堂朝廷大军，要打，就要名正言顺地打，犯不着使这样的阴谋诡计！"

看着这位顶头上司，高永能产生了一种错觉，他仿佛回到了1500多年前，回到了那个春秋战国的时代。而这位徐禧，也变成了那个时期让人贻笑大方的宋襄公。

事实证明，高永能没有产生错觉，他的这位顶头上司，跟宋襄公干的事情，完全如出一辙。

史料记载，西夏列好军阵后，其主力部队铁鹞军就开始渡河。见敌军渡河了，大将曲珍就建议道："请赶紧出兵，击杀敌军于半渡，等他们过了河，就全晚了！"

对于这个合理的建议，这个"宋襄公"答道："不能这样，半途而击，不守信义，我们怎么能趁人家渡河时攻打呢？等西夏军过了河以后再说。"

西夏军过河后，开始重新列阵。这个时候，曲珍着急道："敌军阵型未稳，请赶紧出兵，不然就彻底晚了！"

不出意外，这个"宋襄公"继续道："等着，等他们列好阵后，咱们再堂堂正正地跟他们开战！"

至此，宋军白白丧失了战机，丧失了消灭西夏军的所有机会。

当然，虽然是一个无可救药的书呆子，但徐禧却精神可嘉。《宋史·徐禧传》记载，面对攻上来的西夏军，徐禧"执刀自率士卒拒战"，就是自己挥舞着大刀，带着士兵冲上去了。

当时，宋军虽然骁勇善战，但猛虎架不住群狼。在一番殊死的战斗后，宋军全线溃败，败卒全都逃回了永乐城。

史料记载，宋军这次溃败时，自相踩踏，死者无数，光西夏军缴获的战马就有8000匹。面对溃败的宋军，西夏军更是发动了毁灭性的追击，史称“夏人乘之，师大溃，死及弃甲南奔者几半”。

仅仅打了一战，宋军就损失了一半的人马。面对这一战绩，徐禧彻底慌了，他这才清楚地知道，自己真不是打仗的料。

事已至此，这位徐大学士才有了自知之明，他赶紧收缩阵地，死守永乐城。同时，徐禧派人出城求援，让朝廷速发救兵来救自己。

宋神宗接到了徐禧的求救信后，才明白了事情的重要性，他立刻命沈括赶紧出兵，八百里急行军，去救永乐城。

为什么朝廷这么着急呢？因为，永乐城内没有水源！

先前，在修筑永乐城时，大将种谔就据理力争，说这里没有水源，一旦敌人围城，不出数日，宋军必败无疑。结果呢？铁的事实证明，种谔的预测完全正确。

不听老人言，吃亏在眼前……

西夏军包围了永乐城后，控制了城外所有的水源，彻底切断了城内的水源。宋军无水可用，饥渴难耐。

为了得到水源，徐禧下令，在城内打井。结果打了十余丈深，就出来一点点水。得到一点水后，徐禧又下达了一个头昏脑涨的命令——按照官职的大小，排队喝水。

宋军都渴成那样了，谁管你这个呀。结果，为了这么一点水，宋军竟然自相残杀起来。一番厮杀后，宋军互相砍死了10余人，最后还把这水打翻了。城内，因为无水，宋军渴死者超过了大半；城外，西夏军则像蚂蚁一样登上城池，玩儿命攻城。在这个危难时刻，守城大将曲珍认为，这个城池保不住了，还是突围吧。

于是，曲珍建议徐禧“尽捐金帛，募死士力战以出”，但是，士兵们已经渴得不行了，大家宁愿当俘虏，也不愿意听徐禧的话。

至此，战争胜负已定。

二十日夜里（戊戌夜），电闪雷鸣，突降大雨。但是，倾盆而下的大雨不仅没有鼓舞宋军的士气，反而让他们崩溃了。

原来，由于先前修的太仓促了，永乐城就是一个豆腐渣工程。在雨水的“攻击”下，新修的城墙竟然被冲塌了！

见永乐城墙被冲毁，西夏军士气大振，他们奋勇攻城，把永乐城攻陷了。在这兵荒马乱之际，永乐城的大小宋军将领们各自突围而走。

大将曲珍，换上了一个小兵的服装狼狈而逃，侥幸活了下来。那位劝徐禧赶紧出兵的高永能奋勇杀敌，战死沙场。其余诸将，或被俘，或逃跑，或战死沙场。

至于徐禧，则不知所踪了。宋朝资料记载，徐禧战死沙场了；西夏资料则记载，徐禧被俘了，还在西夏当了官。

徐禧的未来如何，我们已经不再需要知道了，我们唯一知道的是——因为这个傻子的错误指挥，宋军大败，史称永乐城之败。

这场战争后，宋军损失了 230 余位将领，战死了数万精兵，还有 20 余万的民工。

真是一场彻头彻尾的惨败……

根据《续资治通鉴·卷七七》记载，败报传回宋廷后，神宗皇帝“涕泣悲愤，为之不食。早朝，对辅臣痛哭，莫敢仰视”。

就是说：看完败报后，宋神宗皇帝悲愤欲绝，号啕大哭，饭也不吃了。第二天早朝时，皇帝还在哭泣。群臣则低着头，不敢看皇帝。

皇帝太伤心了，毕竟，一战死了 20 余万人，这可是宋朝从建国以来未有之事。而且，搞出这个结果的，还是宋朝很有理想、很有抱负的皇帝。

这让宋神宗情何以堪。

五路伐夏失败后，他本想在永乐城这里扳回一局，挽回自己的颜面。现在好了，又败了一次，而且输得更惨……

永乐城之败后，宋神宗痛定思痛，他“始知边臣不足任，深悔用兵，无意西伐矣”。

终神宗一朝，都无意再攻打西夏了。

宋神宗病故、宋哲宗即位后，宋夏之间还频繁爆发战争，但战争的主要局势，还是以“夏攻宋守”。直到宋徽宗命童贯、种师道出征西夏，才让西夏再次对宋朝臣服。

当然了，虽然在当时，西夏对宋朝臣服了，但是没过多久，在另一个国家的进攻下，宋朝就彻底灭亡了。

那个国家，就是来自白山黑水的游牧民族——金。

第十二章 新的形势

苏轼回归

史料记载，宋朝对西夏的战争惨败后，宋神宗陷入了深深的自责中。最终，皇帝想明白为什么朝廷屡次三番的惨败了！

原因就是——如今的朝廷之上，竟然没有一个能臣，这样焉能不败！

看看现在的朝中官员，首辅王珪碌碌无为，人称“三旨宰相”，这个人除了会上朝“取圣旨”，在朝“领圣旨”，下朝“颁圣旨”外，啥也不会了。

这就是一个尸位素餐、不干实事的“大混混”。

这里多说一句，虽然王珪是一个“大混混”，但他家族却非常显赫。他女儿的女儿，就是李清照；他儿子的女儿，就是秦桧的老婆王氏！

书归正传，除了大混混王珪外，两个副宰相蔡确和章惇也都有问题。他们身为新党的领袖，在维护既得利益，打压旧党、诬陷害人方面，都是“行家里手”，但在其他方面，他们就是一群庸臣了。

看来，朝廷太需要一些能臣了。那个人，也该被召回朝廷了。

这个人，就是宋神宗最欣赏的、已经在黄州“反省改造”了四年之久的“东坡先生”——苏轼。

那么，此时此刻的苏轼，是什么样子呢？

史料记载，苏轼到了黄州后，虽然生活艰苦，已经到了自己种菜耕地的地步，但依旧是那个乐天派的苏轼。

在黄州生活期间，苏轼不怨天，不尤人，在艰苦的生活中，找到了自己的乐趣，并创造了无数脍炙人口的诗句。

如今，大家耳濡目染、众人皆知的《前赤壁赋》《后赤壁赋》，以及永载史册的《念奴娇·赤壁怀古》，都是他在黄州创作的。那些优美的诗词，不仅是苏轼的巅峰之作，也是宋代文坛乃至中国文坛的瑰宝。

不知道《念奴娇·赤壁怀古》？那好，复习一遍。

大江东去，浪淘尽，千古风流人物。故垒西边，人道是，三国周郎赤壁。乱石穿空，惊涛拍岸，卷起千堆雪。江山如画，一时多少豪杰。

遥想公瑾当年，小乔初嫁了，雄姿英发。羽扇纶巾，谈笑间，樯橹灰飞烟灭。故国神游，多情应笑我，早生华发。人生如梦，一尊还酹江月。

苏轼的《念奴娇·赤壁怀古》，不仅成为他的文学代表之作。而他被贬的黄州，也因为这篇诗词，在中国历史上留下了一个赫赫有名的名字——“文赤壁”。

从此以后，在中华大地上有了两个赤壁。一个赤壁，就是三国时决战的场地湖北蒲圻，叫“武赤壁”，或叫“周郎赤壁”。而另一个赤壁，就是苏轼被贬的湖北黄州，叫“文赤壁”，或叫“东坡赤壁”。

一个心怀救国之梦的人，被奸臣所害，流落至此，无人问津。而他的到来，却让这个本来无人问津的小城，名声大噪，成为一个名胜古城……

虽然苏轼写了三首豪放的赤壁赋，但是，他创造的很多诗词，还是充满了心酸和苦楚。

史料记载，有一天，苏轼和几个好朋友一起去游玩，大家在船上饮酒作乐。

饮到高兴时，苏轼喜极而泣，他望着波涛的河水，想着自己苦涩的人生，不由得诗兴大发。于是，苏轼赋诗一首，以寄心情：

夜饮东坡醒复醉，归来仿佛三更。家童鼻息已雷鸣。敲门都不应，倚杖听江声。

长恨此身非我有，何时忘却营营。夜阑风静縠纹平。小舟从此逝，江海寄余生。

——《临江仙》

创作完这首诗后，苏轼就继续喝酒去了。大家也只是认为这首诗句写得好，并没太当回事。

结果，第二天一早，出事了。

原来，第二天天亮后，众人来到苏轼家，继续邀请他游玩。孰料，苏夫人大惊道："我家相公彻夜未归，我还以为他跟你们在一起呢！"

得知苏轼无故失踪，大家全都着急了。

有一个人大声道："昨天，咱们喝酒的时候，苏轼都写了啥？我好像记得，他写了'小舟从此逝，江海寄余生'。"

一听这话，苏夫人立刻急了，她大哭道："什么叫'江海寄余生'呀？我家相公肯定是投河自尽了！你走了，留下我们这些孤儿寡母，怎么办呀？"

大家一听，彻底慌了，立刻散开去寻找苏轼。还有人跑到衙门，告知当地知州，让他派人一起去寻找苏轼。

得知苏轼可能投河自尽了，黄州知州都吓坏了。要知道，苏轼是皇帝亲自下旨、送到这里的"罪犯"，要是出现了差错，皇帝怪罪下来，自己就玩完了。

惊慌失措的黄州知州立刻上疏了一份奏折，把这里的情况告知了朝廷。同时，他亲自带人出城，沿着水路寻找苏轼去了。

结果，在一番大规模的寻找后，大家终于找到了苏轼。

原来，昨天喝完酒后，苏轼心中还是郁闷，他就一个人拎着一壶酒，沿着河道溜达，一边走一边借酒消愁。后来，苏轼喝高了，索性趴在了一个草堆上呼呼大睡。等众人寻找到他时，苏轼还在呼呼大睡。

看见苏轼没有跳河自尽，大家都松了一口气。他们在数落苏轼的同时，黄州知州也赶紧上疏朝廷，将这里的真实情况上奏了朝廷。

没有一个人能够知道，因为这件事情，苏轼反倒因祸得福了。

因为，这件事情后，宋神宗重新起用他，让他重回朝廷了。

原来，黄州知州第一份奏章传到朝廷时，宋神宗正在吃饭，得知苏轼“自杀”的消息后，宋神宗愁眉不展，饭也吃不下去了，一直喃喃自语道：“人才难得，人才难得。可惜，可惜……”

看见了黄州知州第二份奏章，得知苏轼没死后，宋神宗大喜过望。也就是从这个时候起，宋神宗下定决心，准备复起苏轼。

史料记载，就在苏轼这场“乌龙自杀事件”后，某一天，君臣闲谈时，宋神宗突然发问道：“苏轼可与哪位古人相比？”

大臣们一听，立刻懵了，在一番短暂的思考后，回复道：“可与李白相比。”

大臣的这种回答，很有技巧。确实，苏轼很像李白，一样的才华横溢，一样的口无遮拦。当然，大臣这样回答，也是暗示宋神宗——苏轼很像李白，不能委以重任。

殊不知，宋神宗根本不满意大臣的回答，他反驳道：“不对，李白虽然有苏轼的才气，却没有苏轼学识广博！”

可见，宋神宗有多么欣赏苏轼。那么，苏轼重回朝廷的日子，还会远吗？

果不其然，没过多久，元丰七年（1084 年）正月，宋神宗亲自颁布诏书，命苏轼移居汝州，继续“戴罪反省”。

虽然皇帝的旨意中，没有复起苏轼的意思，还特别说明苏轼“不得签书公事”。但是，傻子都知道，汝州（今河南临汝）就在京城旁边，甚至就算是京城的远郊区了。皇帝把苏轼安排在这里，明显是另有所图。

就这样，在黄州生活了四年后，苏轼终于重见天日了。

那么，经过了这次血的磨难和反思，重新回到朝廷后，苏轼又将如何改变呢？还是说，这个人会继续做自己呢？

相逢一笑泯恩仇

元丰七年（1084 年），在黄州度过了四年田园生活后，这个自称“东坡居士”的人（苏轼在黄州种农活，他的田地在东面的一块坡地上，所以自称“东坡居士”），终于重新出山了。

当然，苏轼在回归朝廷前，必须要跟一个人和好，否则的话，即使回归朝廷，也会被人轰出来。

毕竟，这个人的政治影响力太大了，他早就不是一个人，而是一个巨大的政治派系。

这个人，就是变法派的核心人物——王安石。

史料记载，为了会见这位曾经权倾朝野的宰相，苏轼特意转了一个圈，他没有直接北上汝州，而是顺河南下，来到了江宁。

在面见王安石前，苏轼紧张无比。毕竟，昔日王安石在朝说一不二的场面，还历历在目，即使王安石下岗了，他“虎威”还在，焉能不害怕？

结果，苏轼看见王安石后，他明白了那句话的深意——同是天涯沦落人，相逢何必曾相识。

苏轼无论如何也不会想到，昔日那个说一不二的王安石，在迎接自己时，就穿着一身便装，骑着一头小毛驴。

看着这个“落魄”的小老头，苏轼的内心就跟打了五味瓶一样，说不尽的酸甜苦辣咸。

双方感慨颇多，不知如何言语。

最终，苏轼打破了这个僵局，他拱手对王安石行礼道：“苏某失礼，今日只穿了一身便装来见大丞相。”

王安石摆摆手，高兴道：“那些俗礼，难道是为我等设立的吗？你看，我现在不也是一身便装吗？”说完后，双方哈哈大笑。

双方寒暄了一会儿后，王安石便请苏轼进屋了，双方按宾主落座。王安石命人上茶，双方一边喝茶，一边交流。

要知道，这二人皆是中国顶级的大才子，肯定有很多共同语言。

当时，双方回顾了多年的友谊，就共同感兴趣的话题（如佛学、道学、儒学等）交换了意见，并在交流中重新认识了对方，给予了对方高度的评价。

王安石的评语是——子瞻（苏轼的字），真乃人中之龙……不知再过几百年，才能再出现苏轼这样的人物（出自《西清诗话》）。

苏轼的评语是——王安石，不愧是一个博学多才的大师，他是一个真正懂自己的文人。跟他交流，真是痛快！

这个所谓的“懂自己”，是怎么回事呢？

原来，双方在闲聊时，苏轼拿出了他在密州创作的《雪后书北台壁二首》，让王安石点评。

王安石对这些诗句赞不绝口，并对里面的两句“冻合玉楼寒起粟，光摇银海眩生花”称赞不已。王安石赞道：“这两句诗里用的典故，非常精妙。妙哉！”

当时，王安石的女婿蔡卞（奸臣蔡京胞弟）在旁边侍奉，他看完这两句诗后，大惑不解道：“这不就是两句描写雪景的诗吗？将雪中的楼台比作玉楼，将漫天飞舞的大雪比作银海，哪有典故？”

王安石笑着解释道：“在道教的典籍中，把人的双肩比作玉楼，把人的双目比作银海。这两句诗的意思就是——天气寒冷，冷得人耸起肩膀，直打寒战；满天的大雪纷纷，让人看得目不暇接，眼花缭乱。”

解释完后，王安石看着苏轼道：“子瞻，我解释得对吗？”

史称苏轼笑而不答。

多年后，苏轼在跟好朋友聊天时，不得不承认：这两句诗自问世起，还没有一个人能够猜出里面的典故。为此，自己还有一点小骄傲。结果，竟然被王安石看破了。这个王宰相，不愧为一个博学多才的人，真是懂自己呀。

当然，老谈论诗词歌赋，也就那么回事。以苏轼的性格，他要是不谈一点儿“正事”，那才叫见了鬼。

史料记载，这二人谈得热火朝天时，突然，苏轼板起了脸，严肃道：“荆公（王安石致仕后，被封为荆国公），我有一要事相商。”

王安石一听苏轼的口气，吓了一跳，以为苏轼要算当年那些不愉快的账呢。孰料，苏轼说的根本就不是这些事。

不等王安石回答，苏轼继续道：“如今，帝国北面，我们与西夏连年征战，战争规模越来越大，却难求一胜。帝国南面，蔡确等人在大兴文字狱，坑害忠良，穷兵黩武，大兴冤狱，这是汉唐亡国前的征兆！我朝自太祖建国以来，一直以仁厚治理国家，就是为了避免重蹈覆辙。现在，面对这种情况，您这个曾经的当朝宰相，为什么不上疏朝廷、仗义执言，解救这种危局呢？”

听完苏轼的话后，王安石一时无语，只能搪塞道：“你说的话有道理，但上述这些事情，都是吕惠卿、蔡确等人挑起的。我一个告老还乡的官员，怎么能妄自议论，攻击当朝官员呢？”

苏轼站起身来，大义凛然道：“王公的话，在理。毕竟，不在其位，不谋其政。但是，当今圣上以非常之礼对待荆公，您为什么不知恩图报，而用常规之礼来对待圣上呢？”

听完了苏轼的话，王安石感慨颇深，心想这么多年了，苏轼还是那个苏轼，即使被迫害、被发配，还是那个敢为天下先、“宁鸣而死，不默而生”的苏轼。

这样的一个人，值得尊敬……

史料记载，听完苏轼的话后，王安石被深深地感动了，他当即表示：“子瞻不必再说，我现在就上奏朝廷，向圣上谏言此事。”

目睹了王安石的表现后，苏轼很高兴，也很欣慰，对于眼前的这个曾经的“拗相公”，苏轼也有了新的认识。而且，在黄州时，苏轼也从多方途径了解到，虽然王安石的变法有很多的弊端，但这个人创建的新法，确实有利国利民的效果；这个人，是真的在为国家办好事、办实事，只是大家不理解罢了。

在敬佩王安石之余，苏轼赋诗一首，以表心情：

骑驴渺渺入荒陂，想见先生未病时；
劝我试求三亩宅，从公已觉十年迟。

——《次荆公韵》

这首诗最后一句话的意思意义非凡！什么叫作“从公已觉十年迟”？苏轼的意思是说——我现在开始追随荆公，但已经有点晚了，要是能早上十年，那该多好呀！

要知道，十年前，王安石变法时，苏轼因为反对变法，跟王安石水火不容，斗得不亦乐乎。可现在呢？苏轼这么写，就是在后悔当初的那些事情，也正式表明，自己与王安石和好了；当年那些不愉快的事情，已经全都烟消云散。

就这样，度尽劫波兄弟在，相逢一笑泯恩仇。随着这一次会面，63 岁的王安石与 47 岁的苏轼昔日的那些恩恩怨怨，全都成了过眼云烟。

在未来的岁月里，这对兄弟将携起手来，一起辅佐圣上，一起造福江山社稷、国家黎民了。

元丰七年（1084 年）八月，在王安石的期待与不舍中，苏轼与他告别了。他踏上前往北国的道路，去建功立业。

殊不知，苏轼刚刚到常州，京城就传来一个噩耗，让他如五雷轰顶一般，不知所措。王安石知道了这个噩耗后，更是一度昏厥了过去。

那么，这是一个什么噩耗呢？

这就是——元丰八年（1085 年）三月，宋神宗皇帝突然早逝了，死时年仅 38 岁。

伴随着宋神宗的病逝，原有的朝廷格局全部被打乱，一个新的时代也即将来临。

在这个新的时代里，王安石和苏轼都不可避免地卷入一场大旋涡，最终在其中心力交瘁，郁郁而终。

当然，除他们外，那个人也将被卷进来，成为他们的对手，与他们进行一场殊死交战。

这个人，就是在“独乐园”修书 11 年之久，王安石至死不渝的好朋友——司马光。

新皇登基

元丰八年（1085 年）三月戊戌（初五），宋神宗突然驾崩于福年殿，享年 38 岁。

史料记载，王安石得知这个消息后，他如五雷轰顶一般，口吐鲜血，昏倒在地。

家人玩儿命抢救后，王安石才苏醒过来，他老泪纵横，大哭道：“圣上呀！圣上呀！你怎么这么年轻就驾崩了呀。天呀，天呀！”

痛哭后，王安石赋诗一首，以表自己悲痛的心情：

将圣由天纵，成能与鬼谋。聪明初四达，俊乂尽旁求。

一变前无古，三登岁有秋。讴歌归子启，钦念禹功修。

——《神宗皇帝挽辞二首》

在哀悼宋神宗的同时，王安石还有一丝兔死狐悲的感觉在里面。

毕竟，在高太后的全力“护犊子”下，下一任的国家君主，很有可能是宋神宗的弟弟岐王赵颢。而咱们都知道，岐王不仅是一个坚定的旧党，还是旧党的魁首。

若岐王登基，王安石的变法，只能胎死腹中了。

然而，没过多久，王安石就惊讶地发现，新出炉的皇帝，竟然另有其人！

这个新出炉的皇帝，就是年仅9岁的宋神宗长子——赵煦，也就是宋哲宗。

咱们前面讲过，在高太后的护犊子下，赵颢不仅成为旧党的核心人物，更是一个储君人选。

当时，在下一任君主的问题上，如果让满朝文武“押宝”的话，我相信，百分之九十以上的官员会选择赵颢。

这绝非危言耸听，理由有三。

第一，赵颢有高太后撑腰，而咱们都知道，在宋朝，太后干政、册立下一任储君，可是有悠久历史的（参考“金匮之盟”时的杜太后）。

第二，本朝有“兄终弟及”的先例。若再干一次，也没有人认为不妥。只要不干出“那种”丑闻来（斧声烛影），大家也都会默认的。

第三，赵颢拥有一个强大的政治班底，且这个班底实力雄厚，有足够的实力争夺储君之位。

加上皇子年幼，太后还未归西等因素，赵颢成为下一代储君的概率，更是增加了不少。

毕竟，上一次宋太宗皇帝继位，可是在太后归西、皇子年长的压力下，力排众议，登基称帝的。这一次呢，太后正值春秋鼎盛之时，宋神宗的子嗣又弱小年幼，这种情况下，赵颢将有很大的概率登基称帝。

鉴于此，当时的旧党都愿意押宝给赵颢，认为其会成为下一代皇帝。而那些新党，为了给自己留条后路，也频频地对赵颢示好。

最终，在这些势力的助推下，赵颢的势力，达到了一个什么程度呢？

瞠目结舌一下吧！宋神宗驾崩前一天，国家都没有举行过册封太子的仪式。可想赵颢一直在干扰宋神宗，不让他册立太子，以免阻碍自己“升级”。

都不让宋神宗册立太子了，赵颢的势力之大，就可想而知了。

综上所述，赵颢登基称帝，成为宋朝第七代皇帝，就是一件板上钉钉的事情了。

然而，这个板上钉钉的事情，最终还是让两股人给搅黄了。

第一股人，就是朝中的新党们。

当时，以蔡确、章惇为首的新党们清楚地知道，若赵颢登基称帝，自己就死定了。于是，这些人联合起来，秘密调遣了一支部队进京，准备逼迫宰相王珪跟他们联手，共同册立赵煦为太子，让赵颢彻底断了这个念想。

虽然在平常，王珪毫无主见，就是一个“传话筒”，但是，在这件事情上，王珪却完全同意新党的主张，他与蔡确等人进宫，请求宋神宗颁布册立太子的诏书。

本来，宋神宗就打算传位给儿子，不想给弟弟。于是，大臣们一说，宋神宗不顾重病的身体，就把这封圣旨写好了。大家拿着圣旨，高兴地出来了。

史料记载，这些人刚刚退出皇帝的寝宫，就看见了不请自来、准备接班的岐王赵颢。

看见这个“仇敌”后，蔡确大声道：“我等已经得到圣旨，陛下已立赵煦为太子，不知王爷要怎么办呢？”

一听这话，赵颢大吃一惊，在短暂的思考后，他只能无奈道：“如此，乃天下之幸。”说完，就仓皇出宫了。

其实，赵颢之所以仓皇出宫，除了害怕蔡确等新党势力外，更重要的一个原因是支持他登基称帝的母后，不知道因为什么，已经反了水，再也不支持他了。

这第二股人，就是他的母亲——高太后。

史料记载，宋神宗病危前，高太后秘密交代一个心腹，让他按照 10 岁小孩的身材，赶制一件龙袍。这充分说明，高太后已经打算让皇孙登基称帝，不让这个小儿子荣登大宝了。

就这样，在群臣的反对、太后的反水下，赵颢终于体会了众叛亲离的感觉。

最终，在高太后的主持下，年仅 9 岁的赵煦登基称帝，成为北宋第七代皇帝，是为宋哲宗。而高太后这种大公无私的壮举，也赢得了天下人的称赞，大家皆称赞太后是一个尊重传统、贤明的太后。

其实，大家全都中计了。这位太后既不“贤”，也不“明”。

要知道，高太后之所以选择赵煦、抛弃赵颢，只不过是一个成熟政治家的合格选择罢了。

毕竟，在这位太后的眼中，赵颢年长，赵煦年弱，为了自己能够垂帘听政、大权独揽，还是选择一个年幼的皇帝比较方便。

这里多说一句，在中国历史上，要说后宫最乱的王朝，非大宋莫属。

终两宋 18 帝，基本所有的太后、皇后们，都不是省油的灯。而这位有谋略、有野心的高太后，更是其中的佼佼者。

为了自己的权力，高太后毅然决然地抛弃了最爱的儿子，而选择了年幼的孙子。可怜的赵颢，做了数年的皇帝梦，最终“竹篮打水一场空”。

元丰八年（1085 年）三月，宋哲宗登基称帝后，赵颢立刻审时度势地搬出了皇宫，正式退出了这场“游戏”。

这场持续了数年的立储大战，以哥哥赵顼的胜利（还是传给了儿子）、弟弟赵颢的惨败而告终。

这个结局，也告诉了我们一个永恒不变的真理——在这个世界上，没有永恒的盟友，也没有永恒的仇敌，只有永恒的利益。

女中尧舜

史料记载，从元丰八年（1085 年）开始，一直到元祐八年（1093）为止，因为皇帝年幼，高太皇太后垂帘听政了八年。

在这八年的时间内，大宋王朝不姓“赵”，而姓“高”。

但是，高太皇太后并没有在历史上留下什么恶名。反之，她在历史上评价颇高，人们送给她一个称号，称其为“女中尧舜”。

之所以得到这么高的评价，是因为她干了四件非常漂亮的事，被人们津津乐道，也为她收揽了无数的民心。

这四件事情，分别如下：

第一件事，虚心纳谏。

史料记载，高太皇太后垂帘听政时，礼部官员为了巴结她，把这个垂帘听政的仪式放在了文德殿。御史们知道了这件事情后，全都炸了。

文德殿是什么地方呀？那里是皇帝办公、上朝的地方，一个女人跑到那里，实在是于礼不合！

当然，虽然女性不能去神圣的大殿，但是礼部这样做，也是有前例的。毕竟，当年刘娥垂帘听政，就是在文德殿举行的仪式。有先例在此，高太皇太后在这里举行仪式也完全可以。

然而，高太皇太后还是听从了御史的建议，不在文德殿举行册封仪式，改在其他地方举行了。

就这样，不管是真心，还是虚与委蛇。高太皇太后此举，既成全了大臣直言进谏的威名，也成就了自己虚心纳谏的美名。

这个女人，不简单。

第二件事，刚正不阿。

史料记载，高太皇太后垂帘听政后，很多大臣想讨好她。大臣建议，可行“侯仁宝之事”，找一个替罪羊，恢复高遵裕的官职。

前面讲过，侯仁宝，是赵普的妹夫、征讨交趾失败的那个将领。当时，侯仁宝讨伐越南失败，被追究了主要责任，家人也跟着受了罪。

赵普重新拜相后，他找了一个替罪羊，让妹夫沉冤得雪，家人也重见天日。

大臣们这么说，就是想恢复高遵裕的官职，以讨好这位新出炉的太皇太后。

结果，听完大臣们的建议后，高太皇太后勃然大怒，痛骂这些大臣道：“昔日，高遵裕兵败西夏，伤亡惨重，数万将士客死他乡。这么一个罪大恶极的人，能免除死罪，已经是先帝的法外开恩了。如今，先帝尸骨未寒，我却要顾惜亲情，恢复了他的官职，这怎么可以？我怎么能违背天下的公义呢？”

听完这番话后，那些提主意的大臣都羞愧难当，灰溜溜地跑了，而那些正直的大臣们，更加欣赏这位刚正不阿的太皇太后了。

第三件事，远离小人。

史料记载，高太皇太后垂帘听政后，她的那些“鸡犬们”，开始蠢蠢欲动了。

当时，有一奶妈仗着自己的身份（宋朝历代皇帝的奶妈，都是正一品国夫人），竟然收取了大臣们的贿赂，准备在面见太皇太后时，替他们说好话。

按照奶妈的设想，她跟高太皇太后关系非常铁，再加上自己只是负责传话，成不成跟自己无关，所以她毫不避讳。

结果，奶妈尚未说完，高太皇太后已经怒不可遏了，她当场翻脸道："说，你收了那些官员多少好处，敢来这里当说客。你这么干，已经是干涉朝政了，我完全可以将你斩杀示众！念你是初犯，不治你罪，若你执迷不悟，定斩不赦！"说完，高太皇太后就把这个奶妈轰走了。

咱们前面讲过，历朝历代，有多少英明神武的皇帝，因为管不住身边的亲信，听信了他们的谗言，最终将大好河山葬送，甚至成了亡国之君。在这个方面，高太皇太后做得确实不错，颇有当年仁宗风范。

第四件事，直接降旨。

史料记载，高太皇太后垂帘听政后，立刻下令修改新法，命令官员不得对百姓贷款，也不得对百姓强征赋税。

当时，由于新法主力成员尚在，高太皇太后害怕他们阻碍自己的懿旨，于是，直接选择了"内降"，即从后宫直接颁布旨意，越过中书省执行。所以，地方官员得知这些命令时，当朝的宰相王珪、蔡确等人却一概不知。

虽然高太皇太后此举，违背了官场流程，但她这么做，是为了修改新法、造福百姓。因此，官员不仅并没有反对高太皇太后这么做，反而赞美高太皇太后，认为这是一个"解民于倒悬"的壮举。

当然，高太皇太后也非常有自知之明，她深知"内降"于礼不合，也违反了官场程序。因此，等司马光回朝后，高太皇太后立刻取消了"内降"制度，还政于官员了。

综上所述，因为干了这四件漂亮事，大家非常拥立这位太皇太后，皆称赞其为"女中尧舜"。

当然，除了上述四件事情外，这位"女中尧舜"还干了一件事，那就是废除新法。

废除新法，就要有一个合格的操作人。为此，高太皇太后选中了"那个人"。她相信，这个与王安石势同水火的人，一定会不负众望，彻底废除了这个误国害民的新法。

这个人，就是远离朝廷 11 年之久，如今王者归来的——司马光。

“涑水先生”回朝

王安石清楚地知道，作为反对派的领袖，司马光此次回朝，一定会废除新法，维持所谓的“传统”。

话虽如此，但是，王安石没有想到的是，司马光回朝后的第一件事，竟然是拨乱反正，并且是从那个女人下手，还将其赐死了。

那个女人，就是让朝廷展开过超级辩论的阿云。

前面讲过，为了这个“阿云杀夫案”，王安石和司马光展开了一场旷日持久的辩论会，但谁也辩不倒谁。最终，在皇帝不公平的判罚下，阿云免除死刑，仅判了一个有期徒刑了事。没过多久，朝廷大赦天下，阿云就被释放回家了。

阿云回家重新嫁人，这么多年过去了，婚姻美满，也生了孩子。对于当年的罪行，阿云也彻底忘记了。

然而，阿云忘记了，司马光却压根没有忘。

司马光回朝后，立刻以拨乱反正为由，重新审理了此案。最终他以“谋杀亲夫”的罪名，将阿云逮捕归案，斩首示众。

阿云罪有应得了，而通过此事，16 年前输掉辩论的司马光，似乎向大家说明：他，终于将失去的东西夺回来了。

这里要澄清一件事情。实际上，没有一本史料记载司马光杀了阿云，他也不可能杀了阿云。

司马光不杀阿云的原因有二。

第一，阿云是宋神宗亲自赦免的罪犯。司马光对这个判罚再不满，他也不能违背宋神宗的意思，斩首了这个罪犯。

第二，司马光从事刑法多年，他也知道欧阳修父亲欧阳观一生的行为准则——求其生而不得，则死者与我皆无恨也。

这句话，是欧阳修和他的父亲欧阳观一生的行为准则。

可见，在这一背景下，即使为了树立自己的权威，拿阿云开刀，司马光也不可能把阿云斩首示众，会给她留一条活路。毕竟，司马光虽然干了很多“缺德事”，但他依旧是一个圣贤。

无独有偶。对于这个问题，当时很多正直的官员，也有这种认识。

我国有一部著名的法律案例汇编，叫作《折狱龟鉴》，这本书的最后一个故事，是这样写的：

北宋仁宗年间，有一个叫王延禧的大臣，率军剿灭了一伙匪徒。当时，从这伙匪徒抢夺的财物来看，他们罪大恶极，理应被判处死刑，王延禧因此也能加官晋爵。

结果，王延禧却唉声叹气，一点也不高兴。手下问其原因，他悲哀地回答道：“这些人原本都是安分守己的百姓，因为最近天灾不断，实在活不下去了，才铤而走险，当上了匪徒。我身为地方长官，不能让他们安居乐业，已经是失职了，如今，还要用他们的头颅作为升官的台阶，这让我情何以堪？我怎么能干这种残忍的事情呢？”

最终，为了救这些匪徒一命，王延禧冒着风险，下令少报赃物的数量。结果，王延禧没有升官，这些人却免于死刑。

《折狱龟鉴》把这个故事放在结尾，就是要告诉我们一个言简意赅的道理：“恻隐之心，人皆有之，为物所迁，斯失之矣。故有利人之死为己之功者，或文致于大辟，或诬入于极典，宁复能存不忍之心，以贷应死之命乎？故着此事矜谨篇末，庶几览者有所警焉。”

每个人都有恻隐之心，但现在人为了利益，已经斯文扫地了。为了能让自己建功立业，他们或用法律条文给人定罪、或用诬陷方法将人处以极刑，谁还会心存不忍之心、宽恕善待可怜之人呢？这样长此下去，真的好吗？

郑克写这篇文章的目的，真是不说自明。希望每一个读者，都能从这段故事中找到一个属于自己的答案。

书归正传，对于司马光重审阿云这件事，王安石知道他意欲何为，他就是以阿云的案件做铺垫，对新法动手了。司马光要全面否定新法，要像对付阿云那样，把这个新法废除了。

事实正是如此！

史料记载，在高太皇太后的支持下，司马光刚刚回朝，就罢免了变法派的核心主力章惇，又驱逐了首辅蔡确。随后，保守派的核心主力吕公著、范纯仁、苏辙等人，开始陆续回朝，执掌大权。

虽然王安石的预料完全正确，但他还存一丝侥幸心理。毕竟，孔子曾说过一条古训："三年无改于父之道，可谓孝矣"。就是说，父亲死后，儿子在三年之内，不能改变父亲生平的规矩。

在宋朝，这是一条强有力的道德约束，稍微懂点历史的人，都会顾忌这条古训。何况，司马光是闻名天下的史学家，对于这条古训，不可能不知道！

因此，在王安石的眼中，变法还能持续几年。虽然变法已经处于"苟延残喘"的处境了，但只要还有时间，就能找到对策、就能对司马光进行反击，继续变法。

然而，司马光仅用了一句话，就把王安石最后的希望，绞杀殆尽。

原来，面对古训，司马光只用了一句话，就让他们全部闭嘴了。

这句话就是——废除先帝的政策，不是儿子的决定，而是母亲的决定。这不是"子改父道"，而是"母改子政"！

看看，司马光的借口，就是这样的合情合理。

这一下子，反对派们彻底无语了。毕竟，皇帝再牛，也得遵从孝道，听从太后呀。太后把儿子的决策改了，改就改了，谁敢说太后的不是呀。

于是，在反对派们的集体失语中，司马光开始大规模的"拨乱反正"，对王安石的新法下手了。

一个天下大乱的时代，终于到来。

第十三章 废除新法

司马光的手段

不得不说，司马光“下手”不是一般地狠……

史料记载，元丰八年（1085 年）三月，宋神宗驾崩；同年五月，司马光回朝；同年六月，朝廷授予其资政殿学士、通议大夫、录门下侍郎的官职，让其主持朝政。同年七月，废保甲法；同年八月，废市易法；同年十月，废农田水利法；同年十一月，废方田法；同年十二月，废保马法……

这个人，就是这样的狠、狠、狠！

虽然司马光出手凶猛，一下子就废除了一多半的新法，但是，这样的成绩还远远不够。毕竟，按照司马光自己的言辞：“期于竭忠，不敢爱死……四害未除，臣死不瞑目！”

这“四害”，就是王安石变法的核心内容——青苗法、差役法；选拔将领的“将官法”和“与西夏重新议和”。

青苗法、差役法前面讲过，这里不再讨论，说说“将官法”和“与西夏重新议和”的问题。

严格来说，“将官法”并不是王安石发明的，而是范仲淹的“杰作”。

当年，范仲淹率军与西夏人开战，打仗前，范仲淹发现了宋朝军制的弊端（那个“敌人入侵后，官小的先出阵，官大的后出阵”的制度）。为了提高宋军的战斗力，范仲淹下令唯才是举，把部队分给六个将领指挥，让他们协同作战。

这个选拔制度，就叫“将官法”。

范仲淹虽然死了，但王安石变法时，觉得这个制度很好，就把这个制度保留了。结果，等司马光执政后，即使这个制度是利国利民，司马光也无情地将其废除了。

当然，司马光废除这个制度，也合情合理。毕竟，“将官法”严重违背了官场“论资排辈”的原则，与祖训不符。

如果说，司马光废除“将官法”，是为了维护国家祖训、杜绝官场地震，还有情可原，那么，在“与西夏重新和谈”的问题上，司马光却没有任何原则，他甚至愿意割让土地，不惜“以领土换和平”，这就有点说不过去了！

原来，为了与西夏和好，司马光想把王安石收复、苦心经营多年，用无数将士鲜血换来的河湟地区送给西夏，以表示自己的诚意。

此令一出，群臣都懵了，大家苦苦相劝，说割让土地，事关重大，我等无权决议。就算要割让土地，也应该找一个专业人士问一问，若那些土地真的没用，再割让不迟。

司马光一听，言之有理。于是，他请来了久居西北的将领张路，向他询问。

史料记载，张路听说司马光要割让河湟一带后，彻底疯了，这哥们儿抱着地图，就来找司马光了。

面见司马光后，张路摊开地图，指着这些地名，道：“大人请看，河湟一带地理位置极其重要，一举切断了西夏与南方诸部的联系，让其处在三面的包围圈内。若失去了此地，不仅多年的努力付之一炬，还会使我大宋的西北地区处于危险之中。”

看完地图后，司马光恍然大悟道：“若不是您的意见，我几乎误了国家大事！”

从此，司马光再也不提割让河湟一带之事了，“与西夏重新议和”这个“四害”之一，也只能寻找其他途径解决了。

这个连地图都没有看过的司马光，就敢如此大放厥词、振振有词地要放弃土地，我真的不知道，他到底是哪里来的勇气！

我只能说——此时此刻的司马光，为了废除新法，已经丧失了基本的判断能力。

好在，在割让土地这个问题上，司马光还算是“清醒”了一下。否则，历史真不知道该如何评价他，他也不会得到“文正”的谥号了。

这种说法，绝非危言耸听。

熟悉历史的人都知道，晚唐“牛李党争”，在毫无原则的氛围下，为了打击政敌，牛党领袖牛僧孺意气用事，下令不许出兵吐蕃（当时吐蕃在内战，机不可失），也不许接受吐蕃的叛将叛民。结果，此举造成了唐朝极大的被动（言而无信）和极大的损失（你不要人家，人家就怀恨回去，转过年打你），还成了牛僧孺一生的污点，被人口诛笔伐到现在。

可想而知，如果司马光真的割让了河湟之地，那就比牛僧孺的做法“有过之而无不及”。这就不仅仅是司马光的污点了，应该说是他的罪行了，而且是永久的罪行！

一意孤行

史料记载，宋神宗病逝后没多久，西夏的大梁太后也病逝了。这个女人死后，西夏的惠帝李秉常再次亲征。

前面讲过，李秉常是一个坚定的“鸽派”，他根本不想与宋朝开战。而且，虽然西夏打赢了这两场大战，但是他们也损失惨重。于是，李秉常主动示好，请求与宋朝罢兵休战。

得知敌人“服软”，司马光甚是高兴，他便同意了对方的请求，与西夏重新和好。

至此，两国再不用兵戎相向。虽然这种和平，仅仅延续了七年（次年李秉常病逝，其妻小梁太后垂帘听政，又开始讨伐宋朝），但不管怎样，当时司马光眼中的“四害”，算是解决掉一个。

至此，废除“差役法”和“青苗法”的问题，也要被提上日程了。

然而，司马光惊讶地发现，废除这两法要难得多。

因为，有一个人始终跟自己唱反调，说什么也不让废除差役法。

这就是刚刚回朝的苏轼。

史料记载，经过了民间的“洗礼”后，苏轼已经变了，他已经从当年那个不了解民情的官员，蜕变成一名知道百姓苦楚的好官了。在差役法的问题上，苏轼认为，这是一个利国利民的好法，不应该废除。

于是，苏轼全力反对，而且在反对期间，还常调侃司马光几句。

他调侃道：“相公此论，故为鳖厮踢！”这个意思是说：“您这么做，就跟两个鳖互相踢一样。”

司马光不懂其中之意，问道：“两个鳖，不能互相踢吗？”

苏轼回答道：“就是不能互相踢呀！”

至此，司马光才明白，苏轼这是在嘲讽自己，把自己的这个举动，比作两个短腿互相踢的土鳖。看着挺用力，实际根本踢不着对方。

这个人，嘴太欠了！

被冷嘲一番后，司马光大怒，跟苏轼争论了起来。苏轼叹了一口气，说起了一件当年司马光干过的事情。

苏轼语重心长道：“相公还记得吗？当年，宋英宗时期，为了对抗西夏大军，宰相韩琦建议，要在陕西一代征召百姓，刺字为军，组建一支‘义勇军’，让他们开赴前线，与敌人作战。当时，对于这件事情，您强烈反对，您还记得这件事吗？”

司马光道：“是有此事。当时，若组建这么一支义勇军，确实能增加 20 万的兵力。但是，这些士兵根本没有训练过，就是一群炮灰，空有人数优势，却毫无作用，徒增伤亡罢了。”

苏轼道：“没错。后来的事情发展，全在您的预料之内。义勇军上战场后，毫无作为，死伤无数，还助长了西夏军的嚣张气焰。”

司马光道：“是的，若当年韩公听我一劝，也不至于如此惨败。”

苏轼道：“没错。你劝说韩公时，我就在现场。你劝说韩公的言辞，至今仍在我的脑海。当时，韩公不听您的劝，您非常生气。可如今，您当上宰相后，为什么也听不进去别人的谏言，就不能让我把话说完吗？”

《续资治通鉴长编・卷三八二》记载，对于苏轼的这个问题，司马光只能“不悦而罢”。

后来，不管苏轼如何劝说，司马光就是铁了心了，非要废除差役法。

史料记载，见司马光根本不听劝说，苏轼气极了。下朝回家后，苏轼一边脱掉官帽，一边大骂道：“司马牛！司马牛！”“这个司马光，真是一头倔牛！”

这样的结果，真是让人唏嘘……

曾几何时，王安石当政，刚愎自用，凡事根本不听劝。为此，司马光气得咬牙切齿，送其一个外号“拗相公”。结果，司马光当政后，竟然跟王安石一个德行，最终也得了一个刚愎自用的“司马牛”的头衔。

拗相公、司马牛……得此结果，真是让人感慨万千。

还是那句话，早晚有一天，你会变成自己曾经最讨厌的那种人。刘娥如此，宋仁宗如此，司马光、王安石、章惇、蔡京，还有无数的大臣，也是如此……只有一个人，不是这样。

这个人，就是苏轼。

书归正传，虽然苏轼为司马光起了外号，但也改变不了他的决定。司马光还是力排众议，在元祐元年（1086 年）三月，正式废除了差役法。

得知这么一个利国利民的好法被司马光废除了，苏轼很是伤心。但是，还有一个人更加伤心，并因为伤心过度，最终郁郁而终。

这就是苏轼的好友、变法的开拓者——王安石。

王安石病逝

史料记载，废除差役法的消息传到江宁府后，王安石不敢相信自己的耳朵，在确认无误后，他无奈道：“此法亦能罢乎？此法亦能罢乎？我和先帝反复研究讨论此法一年多，才颁布执行。此法考虑甚是周详，措置极其精当。此法一罢，天下事尚可为乎？尚可为乎？”

说完，王安石气得往床上一躺，开始不吃不喝。不管谁劝，王安石也心里堵得慌，不想说话，不想吃饭。

在这种状态下，这位已经 66 岁的老者，生病了。

没过多久，元祐元年（1086 年）四月癸巳日（初六），王安石在悲愤交加中，不甘心地闭上了双眼，享年 66 岁。他带着自己的法、未完成的事业，去另一个世界了。

一代“奇才”，就此病逝。

关于王安石的死，没有什么可说的，就是愁死的。

毕竟，人这一生中，还有什么事情，比亲眼看见自己奋斗一生的心血被毁灭，而更可悲、更可怜、更无奈的呢？

好吧，斯人已逝，给王安石盖棺论定一下吧……但是，怎么盖棺论定呢？

要知道，王安石是中国历史上争议很大的人物。不同的人，研究“王安石变法”时，能得到不同的见解，并得出一个完全不同的解释。

直到今天，在以中国历史为研究对象的中外学界里，“王安石变法”依旧属于高等级的研究对象。史学大师黄仁宇先生更是认为：“对其的褒贬评析，遂成为国际学术界的一大题目，影响、左右着国际视听。”

可见，这样一个“影响巨大”的人，如何为其盖棺论定？

咱们前面讲过，在很长的一段时间里，王安石都是一个罪人，一个让北宋亡国、“集古今所有大奸大恶于一身”的大罪臣。

理由是：“由言利而变法、由变法而绍述、由绍述而召乱。则宋家南渡，荆公有以致之也！”

这番说辞，有一定道理。毕竟，王安石亲手点燃了朝廷的斗争火焰，一手开创了一个党争的时代。

若没有王安石的一意孤行，就不会有司马光后来更加一意孤行的“元祐更化”；如果没有司马光一意孤行的“元祐更化”，就不会有章惇大规模反击的“绍圣绍述”，更不会有蔡京打着变法的幌子，坑害忠良的“元祐党人碑”事件！

可见，若不是王安石挑起了变法的事端，宋朝的士大夫们也不会党同伐异，如此的不问是非、互相攻杀，将党争这一运动“发扬光大”。

因此，如果从这个逻辑来推的话，王安石就是宋朝的大罪人，是北宋亡国的罪魁祸首。

但是，咱们即将知道，北宋的亡国，是因为宋徽宗和蔡京这对昏君奸臣组合的结果，即使没有王安石，北宋也会在他们的手中玩儿完。因此，有没有王安石，北宋也得亡国，跟他没有一点关系。

也有学者认为，王安石不仅不是北宋亡国的罪魁祸首，而是北宋王朝的“大英雄”。因为，王安石延续了北宋王朝的“性命”。毕竟，如果没有王安石，以宋朝那个时候积贫积弱的表现，早就被外族灭亡了，根本传不到宋徽宗手里。

综上所述，对于这么一个人，真是没法评价。

好吧，俱往矣。既然逝者已逝，还是不要再打扰王安石，让他好好地“休息”吧。

据说，人死了以后，会以灵魂的形式出现，依旧会看着我们的世界。如果王安石在天有灵的话，他会惊讶地发现——自己死后仅仅五个月，他的那位好朋友，就跟自己相聚了。

这位好朋友，就是王安石的死敌——司马光。

司马光病逝

史料记载，王安石病逝后，仅仅过了四个月，他创建的变法的核心内容、那个他一直津津乐道的“民不加赋而国用足”的青苗法，终于被司马光废除了。

元祐元年（1086 年）八月六日，朝廷正式下诏，废除青苗法，回归平旧法。

至此，王安石一手创建的所有新法，全部灰飞烟灭了。轰轰烈烈的熙丰变法，以全面被废的惨淡结局告终。

可想而知，王安石即使活下去，也会气得“生不如死”了。还是早死早托生吧……

殊不知，另外的一个人，也“早托生”了。

这个人，就是司马光。

史料记载，废除了青苗法仅仅 6 天，司马光就彻底垮了。元祐元年（1086 年）八月十二日，在早朝时，司马光突然昏厥倒地，随后被抬回家中。

这是司马光最后一次上朝。从那以后，他再也没有回来……

司马光就跟三国时的诸葛亮一样，被自己活活累死了。

《宋史·司马光传》:“期以身殉社稷，躬亲庶务，不舍昼夜。宾客见其体羸，举诸葛亮食少事烦以为戒。光曰:‘死生，命也。’为之益力。”

这，就是司马光的命。

司马光不怕死，但他不愿留着遗憾死去。

司马光挂念的第一件事情，就是《资治通鉴》的出版。

史料记载，弥留之际，司马光叫来养子司马康（司马光大哥司马旦之子)，询问道:“《资治通鉴》校订完了吗？”

司马康含泪回答道:“孩儿与黄庭坚昼夜校订，即使这样，也还需要一个月的时间。”

司马光着急道:“不能再快点吗？”

司马康含泪道:“不能了，这已经是最快的时间了。”

司马光无奈道:“好吧，你们慢慢校订吧。不要因为赶时间，让世人嘲笑我。”

司马光多么想看一眼这部大书的出版呀，但是，自己已经等不到了……

司马光虽然不甘心，但也没有办法，毕竟，校订的时间，都让自己给耽误了。要知道，奉诏回京后，他一直忙着废除新法，除四害，驱三奸（首相蔡确、枢密使章惇、副相韩绛)，根本没有时间去校订，也没有安排人手去校订。

史料记载，司马光死后一个月，黄庭坚才把这套书校订出来。朝廷将这套校订完毕的《资治通鉴》送往杭州刻板，才让这套书真正问世。

此时此刻，距离司马光仙逝，已经过了一个半月。

虽然没有看见自己的书籍问世，比较遗憾，但司马光还有一个更大的遗憾，留在了人间。

这个遗憾就是，司马光清楚地知道——自己死后，变法派会卷土重来，恢复新法，让自己的所有努力付之一炬。

这种说法，绝非危言耸听，从两个方面就能证明。

第一，新党会反击。

司马光是借助太皇太后的手，废除新法的。借助太皇太后的手，虽然是司马光的一个“神来之笔”，但从另一个方面讲，又是他的一个“堆墙败笔”。

毕竟，当皇帝亲政、得知“三年无改于父之道”的祖训后，宋哲宗会怎么想呢？他能饶了“坑死”自己的司马光吗？

还有，那些新党成员被轰出京城后，他们留下的那些“誓言”，又怎能不让司马光心有余悸？

“司马光，你口口声声说，废除新法是按照天意行事，绝对没有问题（天若祚宋，必无此事）。那好，我们可以告诉你：今天，你打着天意的旗号废除新法，他日，我们也能打着天意的旗号去恢复新法！你等着，那一天，早晚会来！”

是的，那一天，早晚会来。

八年后，在章惇的挑唆下，宋哲宗毅然决然地以“天命不可违，先帝遗志不能动”为由，改年号“绍圣”，宣布全面恢复新法。

第二，皇帝的“态度”很明确，他想恢复新法。

根据《续资治通鉴长编》记载，司马光病倒后，宋哲宗召见了言官王岩叟和朱光庭，向他们询问了一件事情。

宋哲宗问他们：“青苗法已经被废除了吗？”

王岩叟道：“在皇帝的圣德高明下，青苗法已经被废了，真乃天下之幸。”

宋哲宗道：“废除青苗法是好事，但国库会不会不足呢？我现在发现，若过个五六年，国库恐怕就不足了。”

一听这话，王岩叟马上道：“此非陛下所忧之事，青苗法乃害民之法，必须废除。废除此法后，只需数年，国家就可以富裕了。国家富裕了，陛下还担忧什么呢？”

宋哲宗道：“今不比列祖列宗之时，国家要用钱的地方很多，恐怕数年后会患不足……”

一个年仅11岁的小娃娃，就开始言利、患不足了，这要是亲政后，还不会直接“想起”王安石？

毕竟，王安石的那套东西，能瞬间聚揽钱财，让皇帝看见白花花的银子。

对于司马光而言，既然皇帝出现了“患不足”之意，那就要严防死守，把他的欲望扼杀在摇篮里。

为此，司马光干了两件事情。

第一，派一个根本不会理财的人，去执掌三司使。司马光给出的理由是，让不懂财务的人当国家的“掌柜”的，以防他出馊主意，替皇帝去敛财。

第二，派正统儒学思想的学者出任皇帝的老师，让他们用正统思想去教育皇帝，不要一味看重钱财，要重礼义、知廉耻，这才是一个明君所为。

当时，司马光选取的皇帝的专职老师，就是北宋一代哲学大师、洛学的开创者、理学的启蒙家——程颐。

事实证明，司马光虽然严防死守，但他的这些努力，皆以失败而告终。

司马光死后，宋哲宗撤销了他安排的财政大臣，换上了一些“懂经济”的大臣；而那个专职老师程颐，终其一生，宋哲宗都不待见。

此外，这个程颐也不争气，他不仅没有教好皇帝，反而跟苏轼打了一架，还把后者轰出了朝廷。当然，这些都是后话。

好吧，安排好了这一切，不管结果如何，司马光已经尽力了。即使他死不瞑目，他也没有力气再继续瞪眼了……

元祐元年（1086 年）九月初一，在王安石病逝五个月后，司马光也走了，享年 68 岁。这哥俩在另一个世界继续开战了。

据说，司马光在弥留之际，口中喃喃自语，如同梦呓，但没有一个人能够听懂。大家猜，他大概在讲国家大事……

据说，司马光病逝的床头上，留有八张奏疏草稿，还有一本没有写完的《役书》。可见，司马光在临终前，都在研究新的差役法，取代已经废除的差役法。但是，直到病逝，司马光也没有找到一个合适的办法……

司马光口口声声说：“四害不除，死不瞑目。”但是，在除去了四害后，他真的瞑目吗？

也许，只有他自己才知道答案……

不同意变法的真正原因

元祐元年（1086 年）九月初一，司马光病逝，高太皇太后悲痛欲绝，史称“哭之恸”。宋哲宗也难受不已，流下了伤心的眼泪。

当时，虽然朝廷想第一时间给司马光办丧礼，但他死的真不是“时候”，所以没有第一时间去操办。

原来，司马光病逝时，朝廷正在进行“明堂大礼”，即三年一次的皇帝亲自进行的祭天仪式。在这个情况下，只能把他的丧礼往后拖一下了。

殊不知，朝廷这一拖，竟然拖出了一场“战争”，并让苏轼与程颐彻底交恶，进而让“三党”打了起来。当然，这些都是后话，咱们后面再说。

史料记载，明堂大礼一结束，高太皇太后就颁布圣旨，要为司马光举行一场风风光光的葬礼。那些什么“进府悼念，辍朝放假，赏赐物品”等，更是接踵而至。

当时，朝廷追封司马光太师、封温国功、赐一品官服，赏赐白银三千两、绢四千匹，各种慰问品更是不计其数。司马光的同族十余人，也都得到了赏赐，先后被赐予了不同等级的官职。

在这些追封中，最重要的就是司马光的谥号了。朝廷大笔一挥，授予了司马光一个永载史册的谥号——文正。

前面讲过，“文正”二字，乃至高的谥号。司马光得此谥号，实至名归。

至此，司马光终于以一种“胜利者”的姿态，去九泉之下见王安石了。

因为，司马光曾经引用唐代李丹的名言道：“天堂无路则已，有则君子登；地狱无门则已，有则小人入。”在他的眼中，王安石这个“小人”，是要进地狱的，他这个“君子”，是要上天堂的。

当然，这哥俩死后，到底能不能见面，也只有他们自己说得明白。不管怎样，随着他们的病逝，一个属于他们的时代，终于落下了大幕，而一个崭新的时代，也终于开始。

在这个新的时代里，再也不会有像王安石、司马光这样信仰坚定、道德纯粹、学术渊博的大师，这里只有为了自己利益不择手段的小人。

在这些小人的攻击下，北宋最后一位伟人苏轼被轰出了朝廷，郁郁而终；这个历经百年的庞大帝国，被推到万劫不复的深渊……

元祐元年（1086 年），一个永载史册的年代。虽然这一年，距离北宋亡国还有 41 年，但就是从这一年起，北宋的亡国之音开始响起。

在进入这个最后的时代前，咱们先讨论一个至关重要的问题，一个困扰了无数宋粉的问题——

司马光这个博学多才的大师，为什么一直反对王安石变法呢？到底是什么原因，让司马光与王安石分道扬镳呢？这到底是因为利义之争，还是另有隐情呢？

现在，我阐述一段自己的看法，来回答这个问题，也为这个伟大的时代，作最后致敬。

其实，司马光与王安石之所以不和，原因还是在治国理念上。毕竟，他们在这个方面存在无法兼容的思想体系。

王安石崇尚的是，变法求新；而司马光坚持的是：祖宗之法不可变！

那么，这两套系统，到底谁对谁错呢？

没有一个人知道答案……

咱们都知道，中国古代的变法，其实就是“维修电脑，重装系统”。毕竟，随着时代的变迁，很多事物都发生了翻天覆地的变化，古老的国家制度已经不适合现在的时代了。

几十年前的电脑系统，如何运行现在的游戏软件呢？

因此，在王安石这种新党眼中，要想紧随时代，就要变法求强。反之，在司马光这种保守派眼中，祖宗之法不可破，要坚定地拥护太祖太宗建立的制度！

在今天看来，我们认为王安石的理念是对的，要改革深化，重塑国家。相应地，我们认为司马光的理念是错误的，他是一个迂腐、保守、不知进取、迫害新政、阻碍变法的人。

然而，这种说法真的正确吗？

其实，只要稍加思索一下，就能知道司马光这种观点的深刻、合理的一面了。

一个王朝到达中期后，确实会出现经济窘迫、社会危机浮现、官场臃肿过负、国力日渐衰弱的状况，也确实到了应该变法的时刻。但是这时，这些保守派们就会想到另外一个重要的问题：

此时此刻，即使国家再衰弱，也比初期一穷二白的日子好。为什么那个时候，祖宗之法能把国家治理得井井有条呢？同样的一部法，为什么祖宗使用时，能让国家持续发展；到了现在人的手中，却举步维艰了呢？

换句话说——到底是法坏了，还是人坏了？

如果是法坏了，那为什么以前使用时，法是好的呢？如果是人坏了，那就去惩治人好了，不去治人，反而去变法，这不是舍本逐末吗？

何况，在保守派眼中，还有一个绝对正确的案例，成为他们的依据。

这就是汉朝非常著名的典故——“萧规曹随”。

这个故事大概是：西汉惠帝登基后，宰相曹参不好好工作，不是饮酒作乐就是作乐饮酒。对此，愤怒的惠帝质问道：“你身为宰相，不好好工作，天天饮酒作乐，成何体统！”

曹参先是道歉，随后道：“启奏陛下，您觉得自己跟先帝高祖比，谁更英明？”

惠帝道：“我怎么敢跟先帝比，自是高祖（刘邦）更英明。”

曹参道：“臣跟萧何比，谁更贤明？”

惠帝道：“先生不如萧何。”

曹参道：“陛下说得对！您比不过高祖，我比不过萧何，那还折腾什么？您无为而治，我尽忠职守，我们守住高祖和萧何定下来的治国方略，不乱搞、不乱来，不就可以了吗？”

惠帝一听，茅塞顿开，就不怪罪曹参了。后来的故事，大家都知道了，在“萧规曹随”的方针下，汉朝最终成就了“文景之治”。

这个故事，给了司马光一个祖宗之法，根本没有错的启示！

在司马光的眼中，祖宗之法没有错，错的是使用的人！只要官员不惹事、不乱来，各个尽忠职守、清正廉洁，就是不变法也能治理得了国家。届时，只要老百姓踏踏实实过日子，以宋朝百姓的创造力，自然能生产出无数的财富。反之，若变法，先不说这个变法是否合理，单以宋朝官员“虎狼”的威力，他们肯定会借变法之机，中饱私囊、践踏百姓。到时候百姓苦不堪言，只能被逼上梁山了。

所以，在司马光的思想体系里——“治天下譬如居室，敝则修之，非大坏则不更造也；大坏而更改，非得良匠美材不成。”

在他的眼中，变法是万不得已的事情，只要这个房间还能用，就不要贸然修理。即使要修，也需要一流的“工匠”才行！

事实证明，司马光的这种担忧，不无道理。

第十四章 后党争时代

司马光的接班人

司马光病逝后，朝廷的重担就落在了苏轼的肩上。

作为一个胸襟坦荡的贤人君子，司马光虽然讨厌苏轼，却没有因为政见不合而怪罪于他。

但是，其他的官员却没有他那样的胸襟和器量。这些肚子里压根就没有"船"的人，早就对苏轼恨之入骨了。

至此，一场"非我族类，必将驱除"的党争，又在这个帝国上演了。

虽然在当时，朝中的旧党以司马光为首，但其实，旧党内部早就分成了三个党派，互相攻击、互相陷害。

这三个党派，分别是：

以苏轼、苏辙、吕陶为首的官员。因为苏氏兄弟的祖籍在四川，所以这派称为"蜀党"。

以理学大师程颢、程颐为首的官员。因为二程的祖籍在洛阳，所以这派称为“洛党”。

以刘挚、梁焘、王岩叟、刘安世为首的官员。因为刘挚是河北东光人，属古代河朔地区，所以这派称为“朔党”。

司马光活着的时候，这三派还不敢“犯上”。然而，等司马光病逝后，这些“猴子们”就准备跳出来称王称霸了。

在这种背景下，如果司马光的继任者苏轼是一个心胸宽广的人，能够调节各方的势力、容纳不同人的性格和政见、将这三党团结起来共同做事。那么这个天下，就会相安无事，也不会出现特别大的乱子。

然而，这个天生喜欢胡说八道、碰到不喜欢的人和事就“如蝇在台，吐之乃已”的苏轼，他要能虚心包容每一个人，那才叫见了鬼！

这不，没过多久，因为一句话，苏轼就跟程颐结下梁子了。洛蜀两党，也正式开战了！

那么，这句话，是一句什么话呢？历史上的理学大师程颐，又是一个什么样的人呢？

程颐，字正叔，洛阳伊川人，世称伊川先生。程颐是宋朝著名的思想大师，他与其兄程颢共创“洛学”，为朱熹理学奠定了基础，世人称他们为“二程”。

程颐的理学思想，包括我们耳濡目染、朗朗上口的“一物之理即万物之理”“存天理、去人欲”“饿死事极小，失节事极大”等学说。

可见，能够想出这些“词语”来，程颐肯定是一个特别古板的老师，开口闭口就是孔孟之道，简直就是一个不近人情的“迂夫子”。

其实，程颐这种“迂夫子”的形象，要比咱们想象的还要迂腐得多。

史料记载，程颐博学多才，满腹经纶，所以司马光举荐其为“帝师”。司马光想借助程颐的儒学思想，去影响年少的宋哲宗，让他成为一个儒学门徒，用孔孟思想去治理天下。

然而，很快，司马光就惊讶地发现——自己的这个决定，是多么的愚蠢。

原来，有一天经筵时，君臣上完了一堂课，就在一旁的小殿喝茶赏春。微风轻拂，垂柳依依，小皇帝就顺手折下了一根柳枝，玩耍了起来。

对于一个十来岁的小孩来说，玩耍一下，本是一件非常自然的小事。结果，程颐看见后，他立刻站起身，拉长脸教训道：“启奏陛下，现在是春天，是万物生长的时节，皇帝不可无缘无故摧折生命，损害天地和气。况且，为君者以仁为本，爱惜万物，也要从点点滴滴的小事做起……”

在程颐的心目中，柳枝跟人一样，是具有生命与灵性的，当以诚意相待、以仁爱相拥，岂可轻易摧残。可用一句话形容程颐的思想：“圣人所以爱天下之生，亦如天地爱万物之生。”

程颐的这个思想有道理，但问题是，皇帝是一个十几岁的小孩，又怎么可能认同这么高深的道理！皇帝只知道，我就掐断了一根柳条，能有什么事情？结果，竟然被“书呆子”痛骂了一顿，真是岂有此理！

可想而知，宋哲宗都快气炸了，他一赌气，就把枝条扔在了地上，忿忿地离开了。

这件事情传到司马光耳朵里后，司马光大吃一惊，随后感慨道：“这就是君主不愿意接近儒生的原因呀。”

程颐，就是这么一个迂腐的书呆子。这种人碰上了苏轼，那就热闹了。

苏轼为人通脱豁达，不拘形式，率性自然；程颐则认死理，不容变通，为人拘谨刻板；这俩在一起时，肯定是“火星撞地球”，不打起来都叫见了鬼。

这不，仅仅因为一件小事，这哥俩就打了起来，直接引起两党火拼了。

破嘴呀，破嘴

史料记载，程颐与苏轼性格完全不同，所幸的是，这哥俩有一个能管得住他们的领导。只要司马光还活着，这哥俩还不敢造次，但是，司马光死后呢？

那就开战呗！

当时，这哥俩开战，是因为一句话，一句嘲讽程颐的话。

史料记载，宋哲宗元祐元年（1086年）九月初一，司马光病逝。他去世时，哲宗皇帝正率领文武百官在郊外举行祭祀仪式。等仪式结束，已经是九月初六了，群臣这才急急忙忙地来到宰相府，吊唁司马光。

当时，程颐是司马光的丧事主持人，他却不允许大家在今天吊唁，明天再说。

群臣不明原因，问其缘由。

程颐解释道：“孔子有云：‘子于是日哭，则不歌’。孔子告诉我们，如果你参加了葬礼了，就不要参加吉礼，否则是对礼仪的亵渎。我们刚参加完朝廷的祭祀活动，在太庙唱过歌、听过乐，现在又来参加葬礼，来这里哭哭啼啼的，这怎么行呢？一天之内既参加吉礼，又参加葬礼，这是对礼仪的亵渎。所以请大家明天再来祭拜司马大人。”

一听这话，大家怒了，心想你程颐的脑袋里到底装了一堆什么东西，怎么会有如此奇葩的思想？

为了参加司马大人的葬礼，大家群起而攻之，开始反驳程颐。

有人反驳道：“孔子是说过‘哭则不歌’，但他没有说‘歌则不哭’呀，我们在吉礼后，为什么不能哭呢？”

还有人反驳道：“孔子提倡的礼仪，是建立在真实情感上的。孔子告诉我们，哭则不歌，是因为一个悲伤的人，由悲转喜，很难，这不符合人之常情。但是，一个喜悦的人，由喜转悲，却很容易。我们刚参加完吉礼，再来参加丧礼，这个完全可以。”

面对群臣的质疑，程颐有些尴尬，但他还是据理力争，死活不让群臣进去。

就在此时，有人大叫道：“怎么过了这么久，也不见孝子出来？难道这就是程大人所谓的礼仪吗？”

原来，按当时风俗，客人上门祭祀，孝子应出来招待客人。可现在呢？大家在门口嚷嚷了这么久，却一直不见司马光的儿子出来，因此有人提出了质疑。

面对这个质疑，程颐义正词严道：“是我不让他们出来的。孝子出来接待客人，古代礼法上没有这个规矩。何况，如果孝子真的孝顺，就应当悲伤得无法见人，为什么还能出来见客！”

就在此时，一旁的苏轼再也忍不住了。

史料记载，苏轼指着程颐，说了一句绝对不能说的话：“此乃鏖糟陂里叔孙通所制礼也。”

这句话什么意思呢？

叔孙通，是一个人名。此人是汉初的一位儒生，刘邦称帝后，他采择古礼、结合秦制，为汉王朝建立了一套完善的礼仪制度。此人虽是汉王朝礼仪的奠基人，但一生追逐名利、阿谀奉承，所以儒学学者对他的评价并不高，认为他是一个假学者。

鏖糟陂，是一个地名。此地是一片沼泽地，夏秋积水，沮如泥淖，位于北宋都城西南十五里处。

因此，这句话的意思是说——这简直就是一个从京郊烂泥坑里爬出来的叔孙通制定的规矩，讽刺程颐是一个拘泥小节、不识大体的假学者！

可想而知，苏轼的这句形象的话，让群臣禁不住哄堂大笑了。

也让程颐恼羞成怒，在不经意间，在心中播下了一颗仇恨的种子，一颗永远不可能被化解的种子……

大家若知道程颐的为人处世原则，就知道这个仇恨有多深了。

史料记载，程颐是一个好面子的文人，按照今天的话说，就是一个“九线青年”。当时，在给皇帝讲课时，文彦博和苏轼都是站着讲，程颐却坐着讲。他讲的话，也绝不客气，还老以帝王师自居。

鉴于此，别人就劝他，让他低调点，学学人家文彦博，三朝元老、当朝一品宰相，还不是客客气气的。结果，程颐是这样回答的——“文彦博是三朝元老，再低调，也没有人看不起他。我是一介布衣，若再低调，就真的被人看不起了。”

单凭此事，程颐极度自卑的心理就可见一斑了。因此，当苏轼嘲笑他时，他愤怒的心情也可想而知。

就这样，从此以后，苏门和程门，就此结下了“血海深仇”。蜀党和洛党，也开始相互攻击，殊死一战了。

首先发动攻击的，就是被侮辱的程门弟子。

要知道，在程门弟子眼中，程颐就是他们心中的“圣人”。老师被侮辱，这些弟子岂能甘休。于是，怒不可遏的他们立刻发动了一场攻击，要让苏轼“血债血偿”。

元祐元年（1086 年）十一月，因为一道辩论题目，洛党点燃战火，与蜀党全面开战。

当时，苏轼在主持进士候选馆职的考试时，出了这么一个题目：

今朝廷欲师仁祖（宋仁宗）之忠厚，而患百官有司不举其职，或至于媮；欲法神考（宋神宗）之励精，而恐监司守令不识其意，流入于刻。

苏轼出这道题目的政治意图非常明确——他想兼行“仁宗忠厚”和“神宗

励精”之政，认真总结仁宗、神宗两朝利弊得失，找到一条两头兼顾、最合理的路线来治理国家。

很显然，这是一个具有深刻意义的命题。苏轼的潜台词是——总结一条新旧两党都认可的路，结束这场持续了十几年的党争，让国家重新归于一统，让所有的官员抛开成见，重新团结起来。

然而，苏轼没有想到的是，他的这道命题，不仅没有结束党争，反而开启了一个新的党争！

当时，看完苏轼的这道题目后，洛党成员立刻断章取义，说苏轼的这道命题有“诽谤先朝”之意。证据是：苏轼说仁宗皇帝治理国家时松懈怠慢；神宗皇帝治理国家时紧张严苛！

山水欲来风满楼，洛党成员全军出动，一起弹劾苏轼。与此同时，朔党成员也配合洛党成员行动，一起攻击苏轼。

苏轼侮辱了蜀党的“掌门”，蜀党成员攻击他，情有可原；那么，朔党成员又为什么攻击他呢？

原因很简单，就两个字——权力。

在朔党人眼中，自苏轼回朝后，仅仅用了一年时间，就由一个罪臣被提拔为了翰林大学士（“曾未周岁，而阅三官”），这个提拔速度太快了，已经让人“侧目”了。

何况，在司马光病逝、继任宰相吕公著频频告老还乡的局面下，国家下一任的宰相很可能就是这个苏轼了！毕竟，按照宋朝的官制，宰相的候补人选就是翰林大学士呀！

以朔党跟苏轼的关系，万一让他当上了宰相……对于这个问题，朔党成员们都不敢去想！

因为，昔日司马光与苏轼争论的场面，朔党眼中历历在目。当时，作为司马光的坚强后盾，朔党成员可没少帮助司马光，也没少得罪苏轼。这要是让苏轼当了宰相，他们只能卷铺盖回家了。

因此，不管用什么办法，都不能让苏轼当宰相。唯有把这个人轰出朝廷，才能一劳永逸，永绝后患。

在这种心理下，朔党立刻联系上了洛党，双方一拍即合，兵合一处，将打一家，攻击蜀党。

就这样，党争再次开始。

当时，洛朔两党全线进攻，蜀党则全力反击。双方拼得你死我活，只要是个人，还能用，就被拉上了这个没有硝烟的“战场”。

同时，沉寂多时的新党也玩命挑唆，让他们鹬蚌相争，好渔翁得利。

一时间，无数的官员，深陷党争之中。

就在这个关键时刻，洛朔两党竟轻易获胜了。因为，蜀党的最高统帅苏轼，缴枪投降了！

没错，苏轼是真的投降了。

也许，是“乌台诗案”让苏轼心有余悸，不敢重蹈覆辙；也许，是朝廷无休止的争吵，让苏轼身心俱疲，不想应战；也许，是苏轼彻底看破了名利，准备归隐山林，当一个新的“六一居士”。

有诗为证：

为向东坡传语，人在玉堂深处。别后有谁来？雪压小桥无路。
归去，归去，江上一犁春雨。
手种堂前桃李，无限绿阴青子。帘外百舌儿，惊起五更春睡。
居士，居士，莫忘小桥流水。

——《如梦令》二首

可见，此时此刻的苏轼，打算归隐山林，回到黄州那个世外桃源，去当一个“居士”，离开这个是非之地了。

史料记载，元祐二年（1087 年），身心俱疲的苏轼上疏朝廷，请求外放。然而，人在江湖，不能身子由己。苏轼想跑，也得问问这些攻击者才行。

在洛朔两党的眼中，放走苏轼，那就是放虎归山！

于是，在“宜将剩勇追穷寇”的思想下，洛朔两党又开始了一轮新的进攻，准备弄死苏轼。

然而，在这场进攻中，洛朔两党的进攻，竟然让一个女子给搅黄了。在这个女子的威慑下，他们不敢继续进攻了。

这个女子，就是本朝垂帘听政的太后——高太皇太后。

洛蜀党争

史料记载，为了除掉苏轼，洛朔两党对苏轼步步紧逼，不达目的，誓不罢休！

有一次，洛朔两党成员傅尧俞、王岩叟拿着苏轼的策问之题，要求太皇太后严惩苏轼“诽谤先朝”之罪。

然而，却让高太皇太后给骂了回来。

高太皇太后虽然是久居深宫的女流之辈，但经历了英宗、神宗两朝，斗争经验极其丰富，再加上一个耳濡目染的榜样曹太皇太后，焉能是一个平庸的女子？

看见这哥俩后，高太皇太后立刻知道了他们的意思。为了结束这个混乱的党争，也为了还苏轼一个清白，高太皇太后首先发言道：“我不必看这些奏章。因为这上面的内容，全都不值一提。”

见太皇太后如此行事，傅尧俞等人大吃一惊，但依旧不死心，他们朗读了一遍苏轼的文章，再次请求严惩苏轼。

高太皇太后听完后，不以为然道：“苏轼的这篇文章，没有问题，我能治他什么罪？”

见太皇太后如此偏袒苏轼，傅尧俞等人道：“太皇太后判罚不公，在我等的眼中，太皇太后是坚决偏袒苏轼了！”

一听这话，高太皇太后气得站起身来，她声色俱厉道：“我凭什么偏袒苏轼，他又不是我的亲戚！”高太皇太后把他们骂了一顿，并告诉他们，再敢诬陷苏轼，就将他们撵出朝廷，永不录用。

事实证明，经过了王安石变法的洗礼后，现在朝廷里早就不是范仲淹时期的那拨人了。现在的官员，别看各个铁骨铮铮，好像真有担当的觉悟，其实都是一群“软男”，给点压力，就全都趴下了。

在这些犬儒眼中，既然骂人要付成本（顶上花翎），而且可能还会赔本（罢黜充军），那就消停吧。

就这样，在高太皇太后的威慑下，洛朔两党偃旗息鼓，暂时不找苏轼的晦气了。

洛朔两党消停后，高太皇太后找来苏轼，准备好好劝一下他，让他收回辞职信，重新干活。

史料记载，有一天，高太皇太后特别召见苏轼，问道："近日，为何学士频频上疏，请求外放？"

苏轼回答道："臣疾病连年，体力不支，只能请求乞郡。"

高太皇太后道："是不是因为御史的直言（诬告）？若如此，今后请安心，勿恤人言。"

苏轼一听感动不已，就磕头谢恩，准备离开。孰料，苏轼刚要走，就被高太皇太后叫了回来。

高太皇太后问道："老身有一件事情，想问一下学士。"

苏轼毕恭毕敬回答道："请太皇太后明言。"

高太皇太后道："请问学士，前年时，担任何职？"

一听这话，苏轼懵了，他如实回答道："前年，苏某是戴罪之身，官职是汝州团练副使。"

"哦，那如今，学士官居何职？"高太皇太后继续问道。

"如今是翰林学士。"苏轼一边回答着问题，一边发懵。

高太皇太后叹了一口气，问道："学士可知，为何会有今天的地位？"

苏轼回答道："是太皇太后（古文是陛下，指的也是太皇太后）的提拔。"

高太皇太后道："跟老身没有关系。"

苏轼道："是官家（皇帝）的赏识？"

高太皇太后摇头道："跟官家没有关系。"

苏轼继续道："是群臣的推荐？"

高太皇太后继续摇头道："跟群臣也没有关系。"

见自己说了忌讳的话题，苏轼马上解释道："臣无德无能，从来没有为了做官而攀附权贵，以求苟进……"

高太皇太后摆摆手，示意苏轼不要再说了。她等了一会儿，慢慢道："早该让学士知道了。学士之所以有今天的地位，是神宗皇帝遗愿的结果。昔日，神宗皇帝吃饭时，只要一停下碗筷阅读奏章，大家都会明白，这是神宗皇帝在看学士的文章。每次读到学士的文章，神宗皇帝都会赞不绝口，称赞道：'奇才，奇才！'如今，神宗皇帝还没来得及起用学士，就仙逝了……"

说到这里，太皇太后潸然泪下，说不下去了。一旁的苏轼也忍不住失声痛哭起来。旁边宋哲宗以及侍奉的宫人，也都泣不成声。

过了一会儿，高太皇太后停止了哭泣，语重心长道："学士呀，你一定要尽心尽力侍奉官家，才能报先帝的知遇之恩呀！"

听完高太皇太后的嘱托，苏轼心中充满了无限的感激。出宫前，高太皇太后还特别宣旨，要以"金莲花烛"之礼相送。

所谓"金莲花烛"之礼，是对臣子的一种特别的礼数和恩赐。晚唐时，翰林学士令狐绹与唐宣宗商量事情，临别时，令狐绹随身携带的蜡烛烧尽了，唐宣宗就下令用御前的金莲花烛相送，以示恩宠。后来，历代皇帝就用这个来赏赐自己恩宠的大臣。

当然，用"金莲花烛"之礼赏赐大臣，还有更深的一层含义在里面。

要知道，当年唐宣宗用"金莲花烛"之礼赏赐令狐绹后没多久，就拜令狐绹为宰相了。如今，太后用"金莲花烛"之礼赏赐苏轼，这是不是也意味着，苏轼将步令狐绹之路呢？

高太皇太后相信，她打了那么多感情牌，还释放了一个明显的"政治信号"，苏轼必将感恩戴德，以死报恩，再也不辞职了。

然而呢？根本不是那么回事。

原来，看破红尘的苏轼早就不留恋官位了，为了躲开这些是是非非、为了自己向往的田园生活，苏轼还是上疏辞职，要求外放。

在这次谈话后没多久，苏轼就以"不想处在'怨仇交政'之中、不想重蹈'乌台诗案'覆辙、不想'不死即废'"为由，连上四道奏章，请求外放。

见苏轼如此"不通情理"，高太皇太后在无奈之下，只得同意了苏轼的请求。

高太皇太后颁布一道圣旨，让苏轼以龙图阁学士的身份兼职杭州知州，让他去杭州当市长了。

杭州……又是杭州……

有的时候，人生就是这样的神奇。十八年前，为了躲避朝廷的是是非非，苏轼上疏朝廷，请求外放，当时他的第一站就是杭州。十八年后，苏轼为了躲避朝廷的是是非非，再次请求外放，他的第一站竟然也是杭州！

虽然从官场的角度讲，苏轼完成了一次无奈的"折返跑"，但这才是他渴望的生活。

于是，在未来的三年内，苏轼开开心心地在杭州生活。他在杭州重修了西湖，留下了三潭印月、苏堤春晓这两大美景，还为杭州带来了东坡肉、东坡羹等美食。

空闲之余，苏轼还与老朋友佛印斗嘴。虽然都是以苏轼“惨败”而告终，但不管怎样，他们这些有趣的对话，不仅充实着苏轼的生活，也成为一段段千古美谈。

总之一句话，苏轼的生活就是一个字——爽！

然而，按照苏轼自己的话，“人有悲欢离合，月有阴晴圆缺，此事古难全”。这不，等苏轼离开杭州后，他就开始走背字了，并且被一贬再贬了。

那么，这是怎么回事呢？

命运转折点

时光荏苒，岁月如歌。转眼三年已过，高太皇太后见苏轼在杭州的任期已满，就把苏轼重新召回朝廷了。

按照高太皇太后的意思，苏轼在地方“玩”了三年，也该玩够了，是时候回来报效朝廷、报先帝的知遇之恩了。

结果呢？高太皇太后惊讶地发现，根本不是那么回事！

原来，经历了三年的地方洗礼，苏轼还是那个童心未泯、一根筋的苏轼。

史料记载，苏轼回到朝廷后，自始至终就干了一件事情——继续请求外放，去地方任职！

得此结果，真是把高太皇太后“气”得够呛。

最终，跟上一次一样，高太皇太后还是拗不过他，只能又命苏轼以龙图阁学士的身份兼职颍州知州（今安徽阜阳），让他去地方上班了。

就这样，元祐六年（1091 年）八月，苏轼一路南下，来到了同样风景秀丽的颍州。

苏轼从来没有到过颍州，但这是昔日老师欧阳修告老归田的地方。

既然是老师亲自选择的地方，颍州的风景肯定没得说。

事实证明，苏轼的预测完全正确。他流连忘返于颍州，泛舟在颍水之上，听恩师欧阳修的《木兰花令》的歌声，看风景优美的山水景色，苏轼的心情得到了前所未有的解脱，也终于明白了恩师“六一居士”的境界。

史料记载，在颍州任职时，苏轼给自己定下了一个目标——颍州任期结束后，他就正式归隐山林，不问政事。

苏轼还打算忽悠那个已经位列宰辅的弟弟苏辙，让他跟自己一起急流勇退，解甲归田。

然而，苏轼的这个目标却没有实现。因为一个人的突然逝世，彻底打乱了苏轼的计划，并让他归隐山林的美梦成为泡影。

这就是垂帘听政的——高太皇太后。

包括苏轼在内，所有的人都明白，伴随着这位太皇太后的病逝，又一个天下大乱的时代到来了。

因为，这位高太皇太后与宋哲宗不和，这对祖孙之间的矛盾，也已经到了势同水火，天下皆知的境界。

第十五章 宋哲宗的那些事

叛逆少年养成记

咱们都知道，自古以来，“垂帘听政”这四个字，就是“母子不和”的代言词。

只要沾上了这四个字，上溯西汉的吕后和惠帝，中到本朝的刘娥和赵祯，下至未来的慈禧和同治，这些母子皆矛盾重重，无法调解，也不可能被调解。

宋哲宗和他的祖母高太皇太后，也步入其行列。

史料记载，宋哲宗继位时，年仅 10 岁，但他颇有见识，绝不是一个总角少年。

新皇登基后，按照惯例，外藩属国会派使者朝拜新君。在这些人中，宋朝最害怕的就是辽国使臣（毕竟辽宋是仇敌）。每次接待辽国使臣时，宋朝都小心翼翼，唯恐留下什么把柄。

这一次，年幼的新君登基，大臣更是小心谨慎。毕竟，皇帝从来没有见过这些外邦使者，万一被辽国人吓着了，说了什么不该说的话，做了什么不该做的事，引起两国纠纷，就不好了。

因此，在会议前，宰相蔡确再三告诫宋哲宗，说不要害怕、不要失礼，辽国人长相奇特、说话粗野，他们就是那个德行，皇帝不用理会他们，也不必害怕，等等。

蔡确一而再、再而三地告诫这些事情，最终，他的这种滔滔不绝把皇帝说怒了。

宋哲宗大怒道："那辽国使者，可也是人？"

蔡确一愣，回答道："自然是人，与常人无异。但生活习惯不同，毕竟他们是蛮夷。"

宋哲宗道："既然是人，怕他们干甚？"

蔡确一听，大吃一惊，不再言语了。文武百官知道了这件事后，也都对宋哲宗赞叹不已，称赞这位皇帝小小年纪就拥有如此见识，绝对是一个明君。

既然是一个明君，宋哲宗肯定不愿意成为一个傀儡皇帝，他对抢夺自己权力的人，也绝对不会给好脸。于是，在未来的岁月里，随着宋哲宗的逐渐长大，他与高太皇太后之间的隔隙越来越大，最后不可收拾了。

宋哲宗不满高太皇太后的所作所为，哪怕高太皇太后做的是正确的事情，宋哲宗依旧会怨恨她，甚至认为这是她鄙视自己、藐视皇权的不可饶恕的罪过。

随便举一件小事，就能证明。

史料记载，有一次宰相奏事，宦官梁惟简负责传递奏章。在传递过程中，梁惟简太着急了，一不小心把皇帝的帽子打掉了。

古代的孩子在成年（十四五岁）前，要把头发分成两半，在左右扎两个发髻，由于形如两个羊角，故这两个发髻也称为"总角"。

当时，宋哲宗年仅10岁，头上就有这么两个"总角"。因为平时被帽子遮着，群臣看不见。帽子被打掉后，群臣就看见这两个发髻了。大家觉得有趣，就会心一笑，还发出声音。

在群臣的笑声中，梁惟简吓傻了，他立刻下跪，请求皇帝恕罪。

毕竟，打掉皇帝的帽子，已是冒犯皇帝的重罪，还让皇帝被群臣耻笑，这已经不是用自己的一条命就能够解决的事了。

梁惟简吓得浑身颤抖，宋哲宗却没把这当回事。他弯下腰，捡起帽子，重新戴在头上，仿佛刚才的事情没有发生过。

群臣见此情景，全都称赞不已，认为我主如此宅心仁厚，未来一定是一个明君。

散朝后，监察御史找到皇帝，要弹劾梁惟简冒犯皇威之罪。对于这件事，宋哲宗摆摆手道：“算了吧，梁惟简也是无心之过，不用处罚。”

皇帝都这么说了，监察御史只能罢了。然而，高太皇太后却没打算放过梁惟简，她下令——梁惟简冒犯皇帝，死罪可免，活罪难逃。

最终，梁惟简挨了一顿板子，以示惩戒。

严惩了冒犯皇威的人，维护了皇帝的颜面，在这件事情上，高太皇太后没有错，她对宋哲宗的照顾，也堪称无微不至。

然而，随着这对祖孙的交恶，宋哲宗一想到这件事情，根本不念高太皇太后的好，也只剩下愤怒之情。

宋哲宗的愤怒，原因有二：

第一，宋哲宗坚信，虽然打掉自己帽子的人是梁惟简，但他的背后指使者，定是高太皇太后。毕竟，若没有高太皇太后的认可，就是借梁惟简一百个胆，他也不敢干这种羞辱自己的事情（神逻辑）。

第二，宋哲宗痛恨高太皇太后独断专行，完全不给自己颜面。毕竟，皇帝已经颁布了旨意，赦免了梁惟简。结果，高太皇太后竟然“违抗”圣旨，还是严惩了他。这让皇帝的颜面何存？

于是，就在这些不经意的小事中，皇帝与祖母的感情越来越坏。最终，在一个人无意中的“帮助”下，彻底决裂。

这个人，就是宋哲宗的生母、高太皇太后的儿媳妇——朱氏、朱太妃。

为母申冤

史料记载，宋哲宗的生母朱氏，出身卑微，无权无势，就是一个庶民。

一介平民也就算了，朱氏还创造了一个惊人的历史记录——她有三个爹！

原来，朱氏的生父姓崔，是一个平头老百姓，朱氏出生后不久，他就病逝了。

父亲病逝后，朱母就改嫁姓朱的商人，为其找了一个新爹。

孰料，大婚前，朱家提出了一个要求，不许朱母的女儿进门，否则绝不迎娶。朱母无奈，只能把女儿托付给了一个姓任的亲戚抚养，并让朱氏认其为爹。

后来，为了生计，跟宋仁宗的生母李氏一样，朱氏也自卖其身，入宫当了一名宫女。结果，竟然让宋神宗看中了，成为宋神宗的妃子，还为其生了两儿一女。

目睹朱氏飞上枝头后，当年抛弃她的朱家就坐不住了，他们立刻让朱母出面，认了这个女儿，让她成为朱家的子嗣。

就这样，生父"崔父"，养父"任父"，再加上这个不安好心的"朱父"，朱氏就有了三位父亲。

因为出身卑微，命运又坎坷，所以朱氏非常珍惜眼前的生活。

即使进入了皇宫，儿子也成了皇帝，朱氏也不争不夺，从不计较名分与富贵，一直安安心心过日子。

元丰八年（1085 年），宋神宗病逝，宋哲宗即位。根据规则，新皇的生母要加封为皇太后，以示尊贵。结果，在高太皇太后和宋神宗皇后何氏的私心下，朱氏只得到了一个"皇太妃"的头衔。

对于这种不公平的待遇，朱氏忍了。

然而，树欲静而风不止。朱氏想踏踏实实过日子，但架不住别人"折腾"自己。

史料记载，元丰八年（1085 年）十月，朱太妃护送神宗的灵柩前往皇陵安葬，途经永安。

当时河南地界的最高长官，是前朝宰相韩绛（被司马光轰走的"三奸"之一）。得知皇太妃途径自己的地界，韩绛哪敢怠慢，他立刻从洛阳赶到了永安，对朱太妃行君臣之礼，接待礼数也非常周到。

您想呀，朱太妃在宫中饱受欺负，突然有一个人对她这么好，肯定大喜过望。回宫后，朱氏将此事告诉了高太皇太后，希望太后以韩绛效忠先帝、礼遇后宫为由，对其进行褒奖。

然而，朱氏没有想到，她不仅没有为韩绛争来任何奖励，反为自己讨来了一顿臭骂。

原来，高太皇太后听完这件事后，立刻就怒了，她痛骂朱氏不守礼仪、不懂规矩。在她的眼中，韩绛乃前朝重臣，朱氏不过是一个小小的太妃，她竟然敢接受前朝重臣的跪拜大礼，真是岂有此理！

痛骂时，高太皇太后声色俱厉，越说越来气，直接把朱太妃骂哭了。朱太妃跪在地上，磕头求饶，不停向婆母谢罪，说以后再也不敢了。

这时，一些善于拍马的大臣也顾不得朱太妃的身份了，他们竟罗织了几条朱太妃“大不敬”的罪名，要求严惩朱氏，以讨好高太皇太后。

过了一段时间，高太皇太后气消了，才放过了朱太妃。

朱氏回到寝宫后，交代所有的随从，不得将此事告诉皇帝。然而，这个天底下，又怎么可能有不透风的墙？

没过几天，宋哲宗就知道了此事，也知道了母后含冤受屈的全过程。

可想而知，宋哲宗立即就怒了。

毕竟，在皇帝的眼中，朱氏是自己的生母，大臣们跪拜自己的生母有什么不对？

眼看一场恶斗不可避免，还是老宦官冯士宁替皇帝降了温。

冯士宁告诉皇帝：“国有国法，家有家规，朱氏虽然是陛下的生母，但她的品级不过是一个太妃。这种等级，是不能接受大臣跪拜的。因此，就算吵起来，也是高太皇太后有理。皇帝这么一闹，只能让韩绛得一个失礼之罪，但也彻底撕裂两宫的关系了。”

在冯士宁的劝说下，宋哲宗想了半天后，咬牙切齿地强忍了此事，不再计较了。

皇帝不计较此事，可不代表他忘记了此事。只要一有机会，他一定会替母亲争回该有的权力。

这个世界上，没有无缘无故的恨，也没有无缘无故的爱。未来，为什么宋哲宗那么痛恨高太皇太后，通过此事，就能知道端倪了。

一波未平一波又起。宫内又爆发了一件事，让皇帝更加痛恨高太皇太后，跟她彻底决裂了。

这件事，就是皇帝的大婚。

让后宫分裂的婚事

元祐七年（1092 年），宋哲宗已经 15 岁了。这个年纪的男子，已经可以娶妻生子，宣布成年了。

前朝，宋仁宗 15 岁时，就完婚了；宋英宗 16 岁的时候，都有长子宋神宗了！这么一算的话，宋哲宗已经晚婚晚育了。

那么，为什么皇帝一直不结婚呢？

原因很简单，高太皇太后有私心，她不想让皇帝成婚。因为，皇帝一旦成婚，就代表着成年。皇帝一旦成年，就可以亲政了，就不需要太后继续垂帘听政了。

为了自己能够继续独掌大权，对于皇帝的婚事，高太皇太后选择了拖延，能多拖一天，就多拖一天。然而，随着时间的推移，为了不被朝内的那些“滕子京、范仲淹”们骂死，高太皇太后选择了放权，她准备选一个才貌双全的女子，为皇帝寻一位好皇后。

那么，选哪个女子当皇后呢？

最开始的时候，高太皇太后选择的人是狄青的孙女。

前面讲过，狄青出身卑微，但他当过枢密使，是国家一品大员，因此称得上是“望族”。狄青死后，他的几个儿子都不成器，好好的一个望族就此败落了。但这样也好，毕竟北宋选择妃嫔的标准，就是从“勋旧之门”选择。狄青的儿子要是成器，皇室也不会选择他们家的小姐。

除了家世合格外，狄小姐还长得非常好，她完全继承了家族的血统，堪称沉鱼落雁、闭月羞花。

要知道，狄青就堪称“北宋第一大帅哥”。当年，狄青参军时，已经被皇家仪仗队看中了，若不是西北打仗缺人，狄青就成为一名皇家警卫员（内廷侍卫）了。

狄青的儿子狄咏，也是一个超级大帅哥。史料记载，宋英宗时期，皇帝为公主选驸马，公主选了好多人，都没看上。

见公主谁也看不上，宋英宗就问：“你要找一个什么样的才满意呀？”

公主道：“无它，长得帅即可。”

宋英宗道：“什么样的男人，才叫长得帅？”

公主道："长成狄咏那个样子就行了。"

宋英宗一听，马上传狄咏觐见。一见此人，果然帅气无比。宋英宗看完后，指着狄咏道："果然是个人样子！"话语里，皇帝羡慕、妒忌的心情，不言自明。

后来，开封百姓就把"人样子"这三个字，当成帅哥的专用名词了。

书归正传，因为有祖先的良好基因，狄小姐长得貌美如花，她也非常的知书达理，举止合度。因此，狄小姐绝对是一个正宫皇后的合格人选。

然而，狄小姐的出身，最终让她与凤位失之交臂了。

狄小姐什么出身？两个字——庶出。

啥也别说了，再来俩字——认命。

就这样，因为庶出的身份，高太皇太后放弃了狄氏，最终选择了 16 岁的孟氏，让她成为宋哲宗的皇后。

这个孟氏，是宋朝眉州防御使、马军都虞侯孟元的孙女。孟元虽然品级不高（从五品），但也算是一个仕官之家，符合"勋旧之门"这一原则。此外，孟氏虽然没有狄氏那样的美貌，但她举止大方、谦恭守礼，深得长辈们喜欢。因此，高太皇太后告诉宰执们："孟氏子能执妇礼，宜正位中宫。"皇帝的中宫人选，就是她了！

定下皇后的人选后，皇帝的大婚也如期而至了。

但是，对于这个皇后的人选，宋哲宗坚决不同意。这也注定了，这对新人未来不会有任何幸福，只能以悲剧告终。

如今，各种野史记载，说皇帝不喜欢孟氏，是因为皇帝喜欢狄氏。祖母棒打鸳鸯，让宋哲宗非常不满，因此他才折磨孟氏，且在自己亲政后，立刻废掉了这个女子。

这个故事的"主要流程"，可以参考"慈禧为光绪选秀"那一段，且比那个故事还要精彩。

当然，野史传说，终究是八卦。宋哲宗真正讨厌孟氏的原因，不是因为梦中情人狄氏，而是因为自己的生母——朱氏。

因为母亲朱氏受了委屈，宋哲宗才"恨屋及乌"，将战火引到了孟氏身上，开始讨厌这个女子了。

那么，这是怎么回事呢？

原来，在选秀过程中，朱氏竟然没有“参与权”！堂堂皇帝的亲生母亲，竟然没有选择儿媳妇的权力。这自然让皇帝愤怒无比。

此外，两宫在婚礼日期的分歧，更让皇帝愤怒了。

当时，确定了皇后人选后，高太皇太后命礼部选择吉日，作为大婚之期。礼部在精心推算后，认为五月十六不错。

但是，按民间传说，农历五月十六是天地之气交合之日。那一天，男女应分屋居住，不可行房。凡是同屋行房者，不出三年必死！

当然，对于这种民间传说，很多人是不相信的。但是，他们也不敢以身试法呀！所以很多人对此深信不疑。

得知这个事情后，朱太妃大吃一惊，她请求更改大婚时间，以避祸事。高太皇太后也是大吃一惊，但她立刻驳回了朱太妃的请求，维持“原判”。

毕竟，在高太皇太后眼中，皇帝大婚的事情已经写入诏书，诏告天下了，岂能说改就改？

然而，朱太妃却死活要更改日期。

毕竟，在朱太妃的眼中，儿子的安全比什么都重要。其他的事情，她都可以忍让，可唯独这件事情誓死不让。

朱太妃道：“虽然日子已经定下来了，诏书也已经颁布了。但这个日期，也是可以更改的。再颁布一道圣旨，不就结了。何况，朝廷这种更改的事情多了去了。”

一听这话，高太皇太后就有点不高兴了，心想这个女人，怎么胡说八道，这么不懂事呀。

见此，一旁的礼部官员赶紧圆场道：“朱太妃少安毋躁。《周礼》记载，五月十六是天地之气交合之日。皇帝是天，皇后是地，他们当日成婚，这不是大吉大利吗？普天之下，还有比这个更好的日子吗？”

虽然礼部官员说得天花乱坠，但朱太妃不为所动，还是要求更改日期。

见朱太妃一直胡搅蛮缠，高太皇太后彻底怒了，她大吼道：“天子一言九鼎，颁布的诏书，岂能轻易更改！如今，为了这么一个可笑的借口，就要修改婚期，重新颁布诏书，你难道要让天下耻笑我们吗？此事不用再议，不要在这里丢人现眼！”

高太皇太后骂完后，其他嫔妃也乘势落井下石了，她们接连耻笑道：“某些人呀，就是命好。入宫都二十多年了，还相信什么民间忌讳，就是一个市井小民，难登大雅之堂。也不知道当年先帝是怎么看上她的……”

这些话，让朱太妃非常委屈，她含着眼泪，沉默地离开了。

朱太妃“沉默”地走了；当然，肯定会有人“大叫”地回来。

史料记载，得知母亲再次受辱后，宋哲宗疯了，谁劝也不好使。他当即要求：必须更改大婚的日期，否则就不结婚了，爱咋咋地！

听完皇帝的言辞后，高太皇太后也气疯了。她立刻叫来朱太妃，又痛骂了她一顿，让她回去好好管教儿子，不能让这个皇帝胡来。

可想而知，得知母亲又挨骂了，宋哲宗彻底不管不顾了。他当即表示，除非那个“老妖妇”给母亲道歉，还要册封母亲为太后，否则绝不结婚！

这一下子，事情彻底僵上了。

最后，还是向太后打了一个圆场，化解了这个公关危机。

对高太皇太后，向太后是这样劝慰的：“不要再跟皇帝杠了，这对于您，有什么好处呢？您不为自己想，也要为家族的人着想。皇帝不是要给朱氏一个太后名分吗？虽然这个不能给，但是咱们可以提高朱氏的待遇，让她一切以‘太后待遇’行事，这样的话，皇帝就不会再闹了。”

对朱太妃，向太后是这样劝慰的：“五月十六这个日子，是不太好。但是，你让他们别同房，不就得了？只要皇帝和皇后恩爱，有的是时间造小孩。但是，你继续闹下去，伤了他们夫妻的感情，可就得不偿失了。”

对宋哲宗，向太后是这样劝慰的：“大家闹得这么僵，何必呢？得罪了高太皇太后，对朱太妃又有什么好处呢？不如这样，大家各退一步。后宫和睦，天下才能长治久安。若继续这样闹下去，让前朝的那些御史们知道了，恐怕这个天下就再也无法消停了。”

此外，为了缓解大家的矛盾，向太后还特别建议，皇帝大婚之日，要让教坊乐师们演奏歌唱，大家好好热闹一番。

对于这个建议，礼部官员以没有先例为由，拒绝执行。

向太后道：“正因为没有先例，所以现在才要干，以示区别。要知道，民间百姓娶一个媳妇，都要请几个乐师热闹一下。如今皇帝大婚，怎么能没有声音呢？”

最终，在向太后的和稀泥下，宋哲宗才不情愿地跟孟氏成亲，册封了这个女人为正室。当然，皇帝跟皇后这种强行绑在一起的婚姻，也只能以悲剧结尾。

这不，高太皇太后病逝、宋哲宗亲政后，他干的第一件事，就是废掉这位皇后，让她出家去了。

就这样，这位孟氏，成了宋朝第二个被休的皇后，也成为宋朝第二个出家的皇后。

看来，她这一生，也只能步那位郭皇后的后尘了。

然而，没有一个人能够想象。在未来的岁月里，孟氏将成为宋朝最著名的一位皇后。

因为，这个女人将亲历北宋、金国、伪楚、南宋四个政权，经历两次莫名其妙的垂帘听政，拥立一个开国之君；还以一种特殊的方式，为赵匡胤创建的这个大宋王朝再延续153年的寿命！

这个女人，就是这样的了不起！

又是怎么回事呢？

宋朝命运最坎坷的皇后

元祐七年（1092年），在高太皇太后、向太后的选择下，年仅15岁的孟氏嫁入了皇宫，成为皇帝的正室，开始母仪天下。

据说，参加完孟氏与赵煦的婚礼后，高太皇太后非常高兴，她说了两句莫名其妙的话。

第一句话，是送给皇帝的："得贤内助，非细事也！"

第二句话，是评论这个新皇后的："斯人贤淑，惜福薄耳！异日国有事变，必此人当之！"

事实证明，高太皇太后说的第一句话，完全是"自嘲"；第二句话，则堪称一语成谶。

在未来的岁月里，这位贤淑而福薄的皇后，她将一而再再而三地卷入各种祸事中，接受这一波三折的命运，并在这种跌宕起伏的生活中，蹉跎自己的容貌、青春、情感和生命。

综观孟皇后的一生，很难说她这种倒霉的命运，是何时开始的。

也许，从她嫁给皇帝的那一刻起，她的一生，就开始犯错……

史料记载，宋哲宗与孟皇后的这场婚姻，完全是一场政治婚姻，皇帝根本不喜欢这位皇后，哪怕这位皇后如史书记载的那样端庄贤惠、聪明多才、礼仪周到。

在皇帝的眼中，这个女人，不过是自己一个名义上的皇后罢了。

皇帝不喜欢皇后，自然喜欢其他女子；而那些女子为了获得更高的权力，自然要除掉这位皇后……

一场已经上演过无数次的后宫战争，再次上演。

在这场战争中，想把孟皇后除掉的人，就是皇帝的最爱——刘婕妤（真名刘清菁）。

史料记载，宋朝的后宫制度与唐朝差不多，后宫女子的官职名称，是这样规定的：

夫人：贵妃、淑妃、德妃、贤妃。各一人，正一品。

九嫔：昭仪、昭容、昭媛、修仪、修容、修媛、充仪、充容、充媛。各一人，正二品。

二十七世妇：婕妤，九人，正三品；美人，九人，正四品；才人，九人，正五品。

八十一御妻：宝人，二十七人，正六品；女御，二十七人，正七品；绥女，二十七人，正八品。

可见，刘婕妤是一个三品，也算是位高权重了，但是，她离皇后的等级还很远，她应该对皇后俯首帖耳才是。然而，仗着皇帝对自己的宠爱，刘婕妤竟然恃宠自傲，根本不把皇后放在眼里。

史料记载，绍圣三年（1096年）八月，孟皇后率领嫔妃去景灵宫朝拜。朝拜时，除了皇后有座位外，其余嫔妃要侍立左右，站着拜佛。

拜了一段时间，刘婕妤见皇后有座位，自己却站着，她心中不服，索性不拜了。刘婕妤走到一个舒服的帘子下面，独自清净去了。

见此情景，众嫔妃皆忿忿不平，孟皇后也气得咬牙切齿。然而，为了大局，她最终还是忍了。

树欲静而风不止，孟皇后不想惹事，但架不住事情找她呀。

这不，同年冬至，又出事了。

史料记载，绍圣三年（1096年）冬至，孟皇后率领嫔妃去朝拜向太后。当时，天色尚早，太后还没有起床，众人只好在外等待。

等待期间，只有孟皇后有椅子坐，其余嫔妃依旧站着等待。结果，这一次刘婕妤学聪明了，她竟找来一把椅子，目中无人地坐了上去，根本不把皇后放在眼里。

见此情景，众嫔妃又气又恨，有人就准备使一次坏，教训一下这个不知天高地厚的女人。

当时，不知谁大喊一声："太后驾到！"孟皇后跟刘婕妤赶紧站起身，众人站好队形，迎接太后。结果，众人等待了一会儿，发现太后并未驾到。

无故被耍，孟皇后很是气愤，但现在迎接太后事大，她没空抓这个肇事者。孟皇后摆摆手，示意大家解散，继续等待太后。

众人解散时，就听得某人大叫了一声，随后就四脚朝天躺在地上了。大家定睛一看，这个躺在地上的人，正是嚣张无比的刘婕妤。

原来，刘婕妤坐下前，有人偷偷把椅子挪了一下，刘婕妤始料不及，直接坐在了地上，跌了一个四脚朝天。

众人见刘婕妤如此失态，立刻哄堂大笑，拍手叫好。刘婕妤跌得又羞又臊，赶紧站起身来，第一时间跑了。

回宫后，刘婕妤委屈得号啕大哭。哭了一阵后，刘婕妤恨死了孟皇后。在她的眼中，肯定是孟皇后故意让人这么干的，好让她当众出丑。

其实，这件事情到底是不是孟皇后干的，真不好说。但刘婕妤认定了"凶手"，就一定要报仇雪恨。

为了报一跌之仇，刘婕妤找到了皇帝，对他痛哭流涕，状告皇后欺负自己，让皇帝替自己报仇，等等。

同时，刘婕妤还告了孟皇后一状，说她再行"厌胜之术"，诅咒皇帝，诅咒后宫！

这个罪名，太大了……

所谓的"厌胜之术"，是古代的一种巫术，就是制作一个木头人，在上面写上恨之入骨人的名字，随后在上面钉钉子、扎针，诅咒他不得好死。

在现代社会，要是出现了这种事情，大家只会付之一笑，认为这个人有病。但是，在迷信的旧社会，古人真的相信这个。

宁可信其有，不可信其无，这是古人对“厌胜之术”的态度。因此，一旦发现这种事情，必严惩不贷。在宋朝的刑法中，“厌胜”是十恶之一，属于“不道”，轻则发配边疆，重则满门抄斩。

当然，“厌胜之术”还有另外一个作用，就是把希望祝福的人、喜欢的人的名字写上去，对他施法祝福，让其心想事成、万事如意。

可见，到底是善意的祝福还是恶意的诅咒，根本就没有一个标准，全凭被害者自己定夺。

按照刘婕妤的说法，此次“厌胜之术”的被害者，就是宋哲宗本人。

那么，皇帝会怎么定夺呢？

这还需要问吗？

宋哲宗不喜欢这个皇后，已经不是一天两天的事了。昔日，高太皇太后活着的时候，宋哲宗不敢动手。如今，高太皇太后已经病逝了，你竟然还不老实，真是反了你！

在一番挑拨离间下，盛怒之下的皇帝认定孟皇后有罪。虽然这个罪名是什么，连他自己都不知道（史书无记载）。但是，皇帝说你有罪，你就甭想清白了。

最终，皇帝颁布了一道圣旨，将皇后贬到瑶华宫，当一个女道士去了。

世事无常

绍圣三年（1096 年），在刘婕妤的恶意中伤下，孟皇后被迫皈依道教，成为一名女道士。

这一年，孟皇后年仅 23 岁。

对于孟皇后而言，这样的结果，也许是一种解脱。她终于可以远离尔虞我诈的后宫，获得一份安宁的生活了。

然而，人在江湖，岂能由己？命运就是这样荒诞不经，你越想逃，它越把你拽回来，把你折腾得一个七荤八素，方才罢休。

史料记载，孟皇后的道士生涯仅仅持续了 4 年就结束了。因为她的那位夫君病逝了。新皇登基，自然要大赦天下，就把她请回了皇宫。

然而，重新回到皇宫后，孟皇后没有想到，仅仅只过了1年，她又被踢出宫去，再次当女道士了。

这一次害她的人，还是那位老冤家——刘婕妤。不，应该叫她刘皇后了。

原来，逼走了孟皇后后，刘婕妤得偿所愿，被册封为皇后。然而，仅仅当了一年皇后，屁股还没坐热，宋哲宗就病逝了。

从一无所有再到一无所有，刘婕妤再也见不得别人的好，更不允许自己的死对头重新进宫，跟自己平起平坐。

于是，刘婕妤散尽家财，结交了奸臣蔡京，请他出面，弹劾孟皇后，让她继续当女道士。

您想，宋徽宗最听蔡京的话，蔡京说什么，皇帝就照办（后面再说）。于是，宋徽宗颁布了一道圣旨，将孟皇后贬为庶人，再度轰回瑶华宫去了。

史料记载，孟皇后这一次被贬，就是二十余年，直到孟皇后51岁时，这个世界才重新想起她，想起了这位前朝老皇后。

其实，世界想不起来她，反而更好……

因为，这一年，是公元1127年；这一年，也是北宋的亡国之年。

1127年正月，金兵攻下了北宋首都，宋徽宗、宋钦宗及皇室成员尽数被掳走，北宋亡，史称“靖康之耻”。

因为孟皇后被遗忘多年，根本不在皇室名册，又因为瑶华宫发生过火灾，孟皇后早就移住别处，搬到大相国寺周围的民宅去了。所以在抓捕宋朝皇室的行动中，金人把她忘了。孟皇后因此躲过一劫，躲过了被俘北上的劫难。

金人把他忘了，然而，宋朝的那些大臣们却还想着她。

1127年三月，金人撤退后，为了管理这里，就扶持张邦昌成立了一个傀儡政府，国号“大楚”，史称“伪楚”。

张邦昌清楚地知道，民心还向往着宋朝，自己一点号召力也没有。为了缓解内外的压力，张邦昌就把孟皇后请了出来，“册封”其为“宋太后”，让其垂帘听政，以继承大统（或欺骗百姓）。

孟太后竭力寻找宋室遗孤，以期光复。当知道宋徽宗九子赵构因执勤在外未被掳北时，立即秘密去信劝说其称帝。

最终，就是因为孟皇后的亲笔诏书，21岁的赵构才在南京应天府（今河南商丘）名正言顺地登基称帝，成为南宋的开国皇帝，史称宋高宗。

可见，若没有孟皇后的这道诏书，宋高宗也不会这么名正言顺地登基称帝；宋朝，也不会再延续153年的寿命！

单凭此举，孟皇后足以永载史册，被后人敬仰。

1128年冬，张邦昌面见宋高宗，孟皇后也来到了新皇宋高宗的身边。宋高宗感谢她的拥立之功，立刻下旨，册封这位皇后为“元祐太后”，并以太后之礼待之。

孤苦一生，终于获得了一个显赫的身份，孟皇后应该算是苦尽甘来了。

然而，孟皇后的噩梦，还在上演……

1129年，苗傅、刘正彦发动兵变，史称“苗刘兵变”。他们逼迫宋高宗禅位，拥立三岁的皇太子赵旉为帝，并请孟皇后垂帘听政。

孟皇后没有想到，自己又卷入了一场政治旋涡。

在这次叛乱时，孟皇后以大局为重，拖着赵构三岁的儿子再次垂帘听政。同时对叛将劝慰，联系韩世忠平叛。兵变平定后，孟皇后撤帘，还政高宗。1131年4月，孟皇后去世，葬于宋陵。

至此，孟皇后的一生终于落幕，她终于可以安息了。

那么，退回到之前的历史，孟皇后病逝前，她的那位老公宋哲宗，又干了什么事情呢？这些事情，对宋朝又有什么影响呢？

第十六章 开始『清算』

宋哲宗变法

根据《铁围山丛谈》记载，随着时间的推移，宋哲宗对高太皇太后越来越不满了，他终于用自己的方式，硬怼这位祖母了。

有一次，朝会结束后，高太皇太后问皇帝："刚才大臣们奏事时，你为何一句话都不说？"

一听这话，宋哲宗竟义愤填膺道："娘娘已经处理好了，还让孩儿说什么！"

"知孙莫若祖"，高太皇太后太了解这个孙子的性格与想法了。

高太皇太后清楚地知道，宋哲宗一旦亲政，肯定会改弦更张，改变现在的朝政格局，重新任命一批大臣。他也会把自己重用的大臣都轰走，以报仇雪恨。

为了能让自己的大臣"安享晚年"，太后在病重时，对这些大臣道："我的病情日益加重，不久就要离开人世了。希望各位能够急流勇退，好让皇帝起用新人……"

高太皇太后这番话，说得大臣们人人自危，大家都不知道该怎么办了。

对此，看破一切者，如苏轼，就选择“逃跑”了；贪恋权位者，则选择了继续观望。

虽然大家的态度不同，但没过多久，这些人就彻底明白——高太皇太后的言语，绝非危言耸听。

史料记载，随着太皇太后的病情日益加重，宋哲宗迫不及待地打算亲政，干一番大事了。

当时，高太皇太后交代后事时，对群臣道：“我久病不起，恐怕不行了。我死后，朝廷的事情怎么办呢？”

一旁从来都恭默不言的宋哲宗大声回答道：“自有故事！”

这个意思是说：“这有什么难办的？自然有管事的人！”

皇帝说完后，群臣鸦雀无声，大家面面相觑，无言以对。

散朝后，大臣们聚在一起，无不担心道：“完了，完了，我们将来会不会被治罪呢（我辈其获罪乎）？”

说实话，群臣的预测，完全正确。

这不，宋哲宗登基后，他立刻对群臣道：“朕只见臀背！”这个意思是说，高太皇太后垂帘听政时，老子只能看见她的后背！

可见，皇帝这么说，意思那是相当明确了——当年，朕是多么的憋屈无比！如今，我亲政了，就一定要一雪前耻。

就这样，在群臣的惊恐中，那个改朝换代的时刻终于来到。

元祐八年（1093年）九月初三，高太皇太后驾崩，宋哲宗正式亲政。在这位皇帝的“怒吼”声中，一场惊天动地的变革，开始席卷华夏九州。

史料记载，宋哲宗亲政后，立刻下令，恢复新法，重用新党成员！

同时，他改国号为“绍圣”，向天下传达了要继承父亲遗志、全面恢复新法的信念！

在古代的词语中，“绍”为连续、继承的意思，“圣”指圣贤或圣贤的品德。“绍圣”二字，就是要“全面继承父亲遗愿，发扬优良圣品”的意思。

伴随着这个年号的出炉，新党终于重见天日了，而旧党也被打入了地狱。

这种场面，真可谓应了那句话——十年河东，十年河西，几家欢喜几家愁。

在这种背景下，昔日的新党成员们，开始重回朝廷。当时，经过了 9 年的打压排挤，昔日的新党魁首蔡确，已经病逝在去岭南的路上。如今新党的领袖，是苏轼的好友——章惇。

现在，让我们重新认识一下新党领袖、苏轼昔日的好友、现在的死敌——章惇。

章惇，字子厚，号大涤翁，浦城（今福建南平市浦城县）人。北宋中期政治家、改革家，银青光禄大夫章俞之子。

章惇的出生故事荒诞不经，他若说自己是第二，估计没人敢争第一。

因为，章惇是他父亲的私生子，而他的母亲，竟然是自己的外婆，也就是父亲章俞的岳母——杨夫人。

原来，章俞迎娶了夫人后，见自己的岳母独守空房且风韵犹存，就跟她勾搭起来。

这里交代一下，宋朝女人结婚早、生育也早，12 岁嫁人、15 岁生娃者比比皆是。因此，虽然杨夫人是“姥姥”级别的人物，但她的年龄也就 30 岁出头。这个年龄的女人，和章俞在一起，也不是一件什么大吃一惊的事情。

来往数年后，章俞一不小心把岳母的肚子搞大了。

这一下子，章俞慌了。毕竟，跟岳母乱搞，可是违背伦理的大罪。而且，章家是有头有脸的名门贵族，要是出现了这样的绯闻，颜面何存？章俞肯定会被族长弄死。

万般无奈下，章俞恳请岳母把这个孩子打掉，一了百了。然而，岳母杨氏却不同意。

最终，杨氏还是把这个孩子生下来了，是一名男婴。

这个男婴，就是章惇。

章惇出生后，章俞带着他回到了章家，对外宣称，这是自己的私生子。这个孩子命苦，他娘生育时难产死了，只能把他带回来，让其认祖归宗。

章家族长们不知其中的猫腻，他们只是知道，这么多年来，章俞膝下一直无子，这突然冒出来一个儿子，让章家后继有人了。于是，大家开开心心地把章惇接了回来，让章俞的夫人代为抚养。

对于这个孩子，章俞的夫人死活就是不抚养。章俞无奈，只能请了一个乳母，代为抚养。

后来，由于天生缺少母爱（养母不养，亲母不认），章惇从小就受到了家人的冷落和嘲笑，就此养成了一种孤傲、残酷的个性。

对于这种少年，现在的心理学家会告诉我们：因为天生缺失母爱，小时候的章惇，一定内心封闭、情感冷漠，这导致了他自卑懦弱、行为孤僻，缺乏爱心和交流的主动性，也会表现出冲动易怒的个性……

可见，童年教育，真是定终身。

章惇回归

对于章惇而言，如果他仅仅是一个心理不健康的少年，没有多大的本事，也不会坏到哪去，但问题是，章惇是一个读书的奇才，这种孩子长大后，一旦位列高位，其对社会的危害程度就可想而知了。

史料记载，章惇是一个读书的奇才，那些什么“过目不忘、见识非凡”的词语，都能往他身上搁！

章惇 20 岁时，来到了京城，拜见了族长章得象。看见这个前途无量的后辈，章得象大喜过望，就把章惇留在了京城，将其作为本族重要的后辈，重点培养。

殊不知，在培养期间，竟爆发了一个引狼入室的故事，章得象自己也戴上绿帽子了。

史料记载，居住在章得象府衙期间，章惇一来二去，就把章得象的一个小妾拐跑了！

有一天，章得象出府后，章惇立刻来到小妾的房间，结果，他们玩得正高兴时，章得象竟然回府了。

眼瞅着就要被捉奸在床，章惇吓得直接翻墙逃跑了。结果，由于翻得太急，章惇从墙上跳下时，一不小心把一个老太太压伤了。

天子脚下，你把人压伤了，还想跑！老太太立刻把章惇告到了开封府。

当时的开封府尹，是名满天下的包拯。结果，面对这个天下第一神探，章惇毫不惧怕，他在朝廷上胡说八道，竟谎称自己在抓捕逃犯，结果不小心撞倒了这个老太太。章惇愿意接受法律的惩罚，并对这位老太太赔款道歉。

咱们前面讲过，包拯一生断了很多公正严明的案子，但也办了不少糊涂案子。当时，包拯见章惇认罪态度良好，也颇有担当，且谈吐不凡，就没有深入调查这个案件，仅以一般的公共治安罪，罚钱了事了。

就这样，凭借自己胆大心细的本领，章惇平安上岸，逃出生天。而这个案件，也可能是包拯一生最大的败笔了。

毕竟，包拯被这个小人欺骗，放走了一个未来祸国殃民的巨奸。不知在九泉之下，包拯知道真相后，会作何感想。

因为包拯的错误判罚，章惇平安上岸了，他与章得象小妾苟合的事情也没有曝光。

后来，在章得象的大力培育下，嘉祐二年（1057 年），章惇参加科举考试，一举中第。然而，因为当年的科举考试状元，是同族的族侄章衡，章惇耻于在他之下，所以他拒不受敕。

两年后，即嘉祐四年（1059 年），章惇再次参加科举考试，结果再次中举，名列第一甲第五名。

章惇的这个故事告诉我们，他真是一个天才。考中进士，就跟吃饭喝水一样毫无难度，也真招人恨！

由于成绩优秀，朝廷对章惇委以重任。嘉祐五年（1060 年），章惇任商洛（陕西省商洛市）县令、雄武军（甘肃省天水市秦州区）节度推官。

章惇这一干，就是整整三年。

如果您有印象的话，当时在陕西为官的，还有另外一个人，且这个人所在的位置，就离商洛市不远。

这个人，就是苏轼。

当时，因为年龄相仿（相差两岁，章惇大，苏轼小），这哥俩很是投缘。再加上公务的关系，双方经常往来。

久而久之，苏轼和章惇成为好朋友，他们经常一起结伴游玩，也建立了很深厚的友谊。

“乌台诗案”后，在苏轼的眼中，章惇成为他最好的朋友了。

毕竟，在这个案件中，无数的人抛弃了苏轼，唯有这个章惇不抛弃、不放弃，还敢冒天下之大不韪，替苏轼说好话，最终保了苏轼一命（见前）。

“疾风知劲草，板荡识诚臣”，得此知己，夫复何求！

史料记载，对于章惇这种救命之恩，苏轼很是感动，他更把章惇当作自己的知己了。

后来，苏轼与章惇变成那种无话不说、推心置腹的“八拜之交”。

当时，苏轼在黄州“改造”时，有一次，苏轼家的牛生病了。当时苏轼穷得叮当响，家里唯一值钱的东西，就是这头牛。牛要是死了，没了耕地的助力，苏轼就会饿死了。

为了给牛治病，苏轼急得团团转，四处翻阅医书，也询问了无数的人。后来，王夫人找到了一个偏方，说牛的这种症状，像是得了“豆斑”。若想治疗这种疾病，可用青蒿混小米的粥治疗。

一听这话，苏轼立刻上山去采摘青蒿，掺入小米熬成粥，给牛服用。牛吃完药后，苏轼就在牛的身边彻夜守护，一直没敢合眼。第二天天亮后，见牛的病情好转了，苏轼才安心睡觉。

几天后，牛痊愈了，苏轼立刻书写了一封信，把这件事情告诉了章惇，让他跟自己分享。

苏轼重回朝廷后，有一次双方聊天时，苏轼又讲起了这个故事。结果，苏轼尚未说完，章惇就起身走了。

苏轼问其缘故，章惇诙谐道：“我为什么要走？万一待会你管我要牛医，我去哪里找？我还是赶紧走吧。”

一听这话，苏轼哈哈大笑，章惇也相视而笑。

可见，章惇和苏轼之间，就是这样的亲密无间。

然而，苏轼没有想到，未来害死自己的人，就是这位他最亲密的朋友——章惇。

那么，到底是什么原因，让章惇彻底变了一个人呢？这个好人章惇，又怎么变成苏轼最痛恨的那一类人了呢？

重新“做人”

史料记载，神宗变法期间，章惇的好友李承之把他推荐给了王安石，希望王安石对其委以重任，为变法派增加一员虎将。

虽然李承之把他介绍得天花乱坠，但王安石不喜欢章惇。

因为，在王安石的眼中，章惇人品恶劣（偷人），身份卑微（私生子）。他堂堂一个宰相，和这么一个有严重问题的人商谈国家大事，这不是自掉身价吗？

没有办法，历朝历代，人品和出身都是衡量一个人的基本准则。即使王安石这种离经叛道的人，对于这种思想，也很推崇。

后来，虽然王安石不待见章惇，但还是把他收为己用了。从此以后，章惇成为新党，与苏轼分道扬镳了。当然，虽然章惇与苏轼分属不同的阵营，但双方依旧亲密无间，也没有爆发什么不愉快的事情。

再后来，王安石第一次罢相后，章惇的机会来了，他拜了吕惠卿的码头，成为他的一名“小弟”。

在吕惠卿的帮助下，章惇被破格提为三司使，成为北宋最高的财政大臣。

虽然章惇一步登天，但好景不长，王安石回朝了，王安石驱除了吕惠卿，也把章惇罢免了。章惇屁股还没坐热，就灰溜溜地下岗了。

虽然章惇又被打回了原形，但坏景也不长，没过多久，王安石竟然又下岗了，从此再也没有回到朝廷。而伴随王安石的离任，章惇终于熬出头了，他重新回到了朝廷，并拜了皇帝的码头。

从此之后，有皇帝这棵“大树”罩着他，章惇彻底吃喝不愁、无所畏惧。

章惇一共干了三件漂亮的事情，得到了皇帝的青睐。

第一件事，替苏轼求情。

前面已经讲过了，宋神宗不想杀苏轼，但也不想被别人猜出自己的心思。在这种思想下，所以为苏轼求情的官员，都会受到皇帝的青睐，得到一个拯救贤良的印象。

第二件事情，主动救火。

史料记载，有一年，皇宫发生了大火，火势之大，从早上一直烧到黄昏。为了扑灭这场大火，宋神宗亲自站在城头指挥，组织人马灭火。

当时，因为火势太大了，救火的人贪生怕死，见此情景，宋神宗勃然大怒，当即下令，要严惩这些怕死的官员，以儆效尤。

皇帝正在愤怒时，突然看见一队人马冲了过来，他们不顾生死地灭火，最终把这个火势控制住了。

看见这等敬业的官员，宋神宗大喜过望，就问左右道：“那支部队的指挥官是何人？”

左右看了一会儿道：“那个领头者，好像是军器监的章惇。”

一听这话，宋神宗感慨颇深。在他的眼中，章惇是一个看守武器的官员，灭火并非他的本职工作，他也没有接到皇帝的诏令，完全可以置身事外，不干这种危险的事情，但他竟然如此敬业，真是一个忠臣。

于是，宋神宗二话不说，立刻颁布了一道圣旨，提拔了章惇，任命其为翰林学士，成为“天子近臣”了。

关键时刻，会表现，会出彩。不管章惇是故意的还是无意的，他的这种表现，都值得我们深思……

当然，关键时刻，会上前干活还远远不够。能跟司马光一样，为了维持原则，敢跟顶头上司对着干，才是一个贤臣所为。

那么，章惇是怎么跟皇帝对着干的呢？

第三件事情，硬怼皇帝。

史料记载，元丰年间，宋朝对西夏惨败后，宋神宗恼羞成怒，他下令斩杀几个大臣，以泄心头之恨。

第二天，宋神宗问章惇：“昨日，朕让你起草斩杀官员的诏书，写得怎么样了？”

章惇回答道：“臣没有写诏书！”

宋神宗大怒道：“你为何不写，想抗命不成？”

章惇大义凛然道：“自太祖、太宗以来，我朝还没有斩杀士大夫的先例，所以微臣不能写诏书。”

宋神宗沉吟了一会儿，同意了章惇的建议，改口道：“那好，不斩杀他们了，改刺字充军吧。”

章惇继续大义凛然道：“这样的诏书，臣也绝不写！”

宋神宗大怒道：“这是为何？！”

章惇道：“自古以来，士可杀不可辱，陛下给他们刺字，还不如把他们杀了！”

宋神宗再也忍不了了，他大怒道：“这也不行！那也不行！难道朕就不能干一件快意的事情吗？”

章惇大声反驳道：“如此快意的事情，不做更好！”

“反了，反了！”宋神宗拍案而起，下令把这个胆大妄为的家伙轰出宝殿，严加惩处。

然而，宋神宗却没有治章惇的罪。因为，在这位皇帝的眼中，章惇虽然口无遮拦，但却是一个直言进谏的大臣，颇有寇准、范仲淹的风采。对于这样的大臣，皇帝还是很喜欢的。

最终，宋神宗没有治章惇的罪，反而提拔了他，让他成为自己的亲信。

后来，蔡确出任宰相后，章惇拜了他的码头，成为蔡确手下第一大将，自己也成为国家的副宰相了。

至此，沉浮数年，一直无人问津的章惇终于修成正果，成为天下第三号人物，位极人臣。

然而，伴随着那个人的病逝，章惇所有的荣耀和辉煌，又全部戛然而止了。

这就是他的顶头上司——宋神宗。

前面讲过，宋神宗病逝后，旧党掌权，开始清算。在这种背景下，蔡确被贬到了安州，郁郁而终。章惇也一贬再贬，差点出家当道士去了。

各位，此时此刻，考验人品的时刻到了。

还记得吗？我们讲过，一到这个时候，人就会出现两种选择了：一是坚持自己的原则，决不妥协，当一个永载史册的“君子儒”；二是放弃所有的道德，背信弃义，当一个遗臭万年的“犬儒”。

很显然，章惇没有一丝一毫的犹豫，就选择了第二条路，还为此不惜奋斗一生。

就这样，一个大彻大悟的章惇出现了，他不择手段、抛弃所有的道德，只为能够重新飞黄腾达。

在这种背景下，这个小人接下来的所作所为，可想而知。

祸害贤良

元祐八年（1093 年），高太皇太后病逝，宋哲宗终于亲政了。这位皇帝下令改年号“绍圣”，全面恢复新法。

宋哲宗召回新党，以取代那些不招待见的旧党。在这种背景下，章惇“王者归来”，重新执政！

史料记载，经过了多年的打击、排挤后，章惇已经彻底变了。

现在，让我们看看这个人，到底干了哪些让天下大乱的事情：

史料记载，章惇上台后，立刻干了三件事情，以取悦皇帝，报仇雪恨。

第一件事，抄家。

史料记载，仅仅一年的时间，章惇就下“狠手”，一共抄了800多个旧党官员的家！

这得有多大仇、多大恨，才能下得去这等狠手呀。章惇此举，真是创宋朝之未有。

第二件事，刨坟。

史料记载，章惇连死人都不放过。当时，章惇要刨了司马光的墓。

后来，因为宋哲宗认为干这种事情太过分了，章惇这才没有挖司马光的墓。然而，他还是砸了司马光的墓碑。

第三件事，废除封号。

史料记载，章惇请求废除所有旧党的封号，谥号也全部追回。后来，章惇竟然建议皇帝，废黜高太皇太后的封号，不让这个女人继续享受太后的待遇了。结果，对于这个建议，皇帝竟然也同意了。

此事一出，天下震惊！自古以来，只有太后废黜皇帝，哪有皇帝废黜太后的道理？章惇这么干，不是教唆皇帝以下犯上，让其不忠不孝吗？如此皇帝，焉能成为天下的表率？

后来，在群臣的强烈反对、在朱太妃的以死相逼下，宋哲宗才遗憾地收回成命，章惇才忿忿地就此作罢。

虽然上述事情有的无疾而终了，但这三件事情足以说明——章惇这个人，已经变成了一个为了取悦皇帝不择手段的奸臣了！在这种奸臣掌权下，那些贤臣的命运，就可想而知了。

举一个刘安世的例子，用来说明。

前面讲过，刘安世是司马光的学生。在老师的教导下，刘安世是一个疾恶如仇、直言进谏的大臣。他曾经一口气弹劾了七名高官，全是朝中元老和皇亲国戚，而且都是指名点姓弹劾。

刘安世此举，得到了天下人的尊敬。大家皆敬佩他的勇气，送给他一个雅号，名曰“铁汉”！

刘安世不满章惇所为，毅然决然上疏朝廷，痛骂章惇陷害异己、坑害忠良，并书写了一篇《四凶论》，把章惇和其三个党羽，比作四大奸臣。

要知道，在后人的评价中，为什么章惇的名声那么臭，永远把他列为奸臣，这个《四凶论》起了很大的作用。

史料记载，当时有一副对联，用来评价宋朝最险恶的八个州县。这副对联叫作——“春、循、梅、新，与死为邻；高、窦、雷、化，说着也怕。”

虽然在现在，这些地方都是经济非常好的地方，但在宋朝，那里却是“八州恶地”。史称“风之寒者，侵入肌窍；气之浊者，吸入口鼻；水之毒者，灌于胸腹肺腑，其不死者几稀矣”。

结果，短短数年之内，刘安世竟然在其中七个州都待过，足见章惇让其必死的决心。

然而，虽然章惇一心想整死刘安世，但他始终没有得逞，刘安世就是不死。后来，宋徽宗登基，大赦天下，刘安世最终幸存了下来。

这个故事告诉我们，一个仅仅骂了章惇的人，都得到他这样的打击报复。那么，威胁他权力的人，会得到一个什么样的打击和报复，就可想而知了。

在这种情况下，苏轼的未来，已经不言自明……

疯狂报复

早在高太皇太后去世前，苏轼就迫不及待地上疏朝廷，希望外放，以远离朝堂。结果，朝廷任命的诏书还未下达，高太皇太后却先一步走了。

随着高太皇太后的仙逝，苏轼的好日子也没了。

为什么？因为朝廷已经变天了，如今是宋哲宗当家做主了。

虽然当时宋哲宗第一时间答应了苏轼的请求，任命他为定州（今河北定县）军州事，同时，任命他为端明殿学士、翰林侍读学士，兼职礼部尚书，并赐金带、银鞍辔马等物，给了他极高的荣耀和赏赐。但是，所有人都明白，苏轼的好日子到头了。

上述那些礼物和官职，不过是皇帝送给苏轼的最后一份礼物罢了。

因为按照当时的朝廷规定，重要大臣赴任前，都要跟皇帝当面辞行。结果，宋哲宗竟然以“本任官阙，迎接人众”为借口（事多，没时间），根本不召见苏轼。即使苏轼是他五年日侍帷幄的伴读老师，也懒得搭理了。

宋哲宗这样做，就等于释放了一个重要的信号了——这个老师，我不喜欢。你们要陷害他，我也不管！

就这样，在定州任职期间，苏轼是在提心吊胆中度过的，他无奈地看着支持变法的“元丰党人”陆续回朝，将那些反对变法的“元祐党人”轰出朝廷，并挨个抄他们的家、毁他们的名、挖他们的坟……

经过了半年的驱逐后，章惇为首的新党终于调转枪口，准备收拾苏轼了。

绍圣元年（1094 年）四月，章惇开始攻击苏轼，他故伎重施，以苏轼自负，以才高狎侮公卿，诽谤先帝、诽谤同僚，反对变法为由，要求对其严惩不贷。

史料记载，章惇当时攻击苏轼的方法，与当年的“乌台诗案”如出一辙，连罪名都一模一样。

这轮回，这命运，无话可说。

当时，在章惇等人的攻击下，苏轼百口莫辩，只能乖乖“认罪”。于是，朝廷颁布四道圣旨，开始对苏轼进行惨无人寰的打击了。

第一道圣旨，取消苏轼端明殿学士、翰林侍读学士称号，撤销其定州知州的官职。

第二道圣旨，改判苏轼为英州（今广东英德）知州，命其去那里赴任。

第三道圣旨，依旧任命苏轼为英州知州，但不许升迁。要知道，根据朝廷规定，地方官员若无重大过失，任期一满，是可以升职的。宋哲宗的这道诏书，彻底断绝苏轼的升迁之路，他再也无法回到朝廷了。

至此，在章惇等人的攻击下，已经六旬的苏轼只能强打精神，开始南下，他要从河北的定县出发，颠沛流离数千里，前往广东的英德。

从河北到广东，即使用今日之交通工具，也是一次艰苦的漫长之旅，何况是千年前的宋朝。

在这种背景下，苏轼以六十之年的身躯，在三伏之毒暑的天气中，完成这条四千余里的漫长旅行，其一路上的艰辛可想而知。

然而，即使把苏轼害成这样了，章惇还是意犹未尽。

没错，才刚刚开始……

史料记载，绍圣元年（1094年）六月，苏轼刚刚进入安徽，就接到了朝廷的第四道圣旨，一道彻底要他命的圣旨。

这道圣旨是——撤销苏轼左承议郎的身份，由英州知州降为宁远军节度使，发配到惠州（今广东惠阳）安置，不得签书公事。

在宋朝，所谓的节度副使，就是一个没有品级的虚职。而不得签书公事则说明，此时此刻的苏轼，跟在黄州时一样，又成为一个戴罪反省的大臣了。

在苏轼的眼中，人生真是一个笑话，一场循环不止的大梦。

曾几何时，自己从黄州出发，从戴罪之身，一年之内连升六个官阶，变成了国家三品大员，距离宰相仅仅一步之遥。结果，在一年之内，又飞降六个官阶，又一次变成戴罪之身了。

“四十七年真一梦，天涯流落泪横斜。”这首苏轼书写的诗句，就是其当时内心最真实的写照……

人生，真是这样荒诞不经。

第十七章 东坡居士最后的岁月

苏轼的预言

史料记载，对于这个陷害自己的好友章惇，苏轼不仅不怪他，甚至可能预测自己的结局。

因为，章惇身上有两个巨大的优点，让苏轼知道他的为人。

章惇身上第一个优点——胆大！

史料记载，苏轼和章惇一起游玩时，有一天他们玩过头了，已经日上三竿。他们回不去了，只能在一处寺庙内投宿。

当时，寺庙的僧人热情接待了他们，饮食住宿，一应俱全。只不过，在安排房间时，僧人告诉他们："我们这里是佛教圣地，有很多亡灵会来这里寻求超度。因此晚上，这里可能会闹鬼，学士们不必害怕，不理会便是。"

一听这话，苏轼吓坏了，他强烈要求跟僧人同屋，让僧人保护自己。然而，听完这个话后，章惇却毫无惧色，他推开房门，一个人走了进去，呼呼大睡。

第二天天亮后，苏轼来找章惇，发现他依旧呼呼大睡。

见此景后，苏轼挑大拇指道："这个章惇，真是一个胆量惊人的主。"

章惇身上第二个优点——不怕死！

史料记载，还是苏轼和章惇旅行中发生的故事。有一次，这两人出去游玩，来到一个溪边，溪在万丈悬崖之上，对面是一座陡峭的石壁。

一见此景，章惇笑着对苏轼道："老苏，咱俩到对面去，去那个峭壁上写诗，如何？"

苏轼既恐高又怕死，就摆摆手不去。章惇一看，你不去，我去。于是，章惇来到悬崖边，拽着一根老藤就荡了过去。

踩着险石，章惇毫无惧色地掏出笔墨，在峭壁上写下了"苏轼、章惇到此一游。"随后，他抓着那根老藤，又荡了回来。

章惇回来后，一身冷汗的苏轼看着他，由衷地感叹道："他日你若掌权，一定杀人不眨眼。"

章惇问其缘故，苏轼回答道："一个连自己性命都不当回事的人，还能把别人的性命当回事吗？"

章惇听完后哈哈大笑，没反驳苏轼，也没把苏轼的话当回事。然而，事实证明，苏轼的话完全正确。

只不过，苏轼没有想到，这位能够杀人的朋友，最想杀的人，竟然就是自己！

人生，真是如梦如幻。

就这样，在好友章惇的"帮助"下，苏轼来到了被贬之地——岭南的惠州。

如今，咱们一说广东，认为风景优美、气候宜人，是一个旅游的好地方。但是，宋朝时候的岭南地区，根本不是这么回事。

史料记载，惠州所属的岭南等地，当时号称"瘴疠之地"，荒芜之极、毒虫沼气无数，是苦寒之所。

在宋朝，只有罪大恶极的犯人，才被发配到那里，且发配到岭南后，基本无法生还，所以人们一提岭南，都是谈虎色变的恐惧之情。

苏轼发配到那种地方后，其结果可想而知了。当时，因为长途跋涉和水土不服，苏轼在惠州遭了无数的罪。他最心爱的小妾朝云，也在惠州与世长辞，死时年仅 34 岁。

然而，对于苏轼而言，那又怎样！

要知道，作为中国“无可救药的乐天派”（林语堂称赞苏轼的词语），苏轼拥有无可睥睨的适应心理。即使被赶到了苦寒之地，苏轼依旧能够激扬出生命的风采，在这片土地上生存下去。

在苏轼眼中，随遇而安，不怨天不尤人，才是人生最大的智慧。拥有此等智慧的人，即使身处地狱，也能苦中作乐；而没有这种智慧的人，即使身处天堂，也只能愁眉不展、郁郁而终。

当时，苏轼与当地的百姓们愉快地交流，撰写《秧马歌》，为当地改善插秧工具，提高了百姓的工作效率。他还建立了一个水利工程，把城外的泉水引到城内，改善了居民的饮水环境，让居民彻底告别了“咸苦水”。

当然，苏轼对岭南最大的帮助，还是他创办了学堂，教当地学子们读书。苏轼用自己一生的本领，讲学明道，为国家培养后备力量。

当时，苏轼开堂授课的消息传出后，天下的才子们都“沸腾”了。为了得到高师的教化、明晓人生的道理、懂得圣贤之道，学子们源源不断地前往惠州，拜苏轼为师。

即使是冒着站错队的政治风险、冒着无法参加科举考试的威胁，这些学子们依旧蜂拥而至，来惠州见他们心目中的圣贤。

就这样，伴随着这些才子们的蜂拥而至，惠州，这个曾经寂寞无名的地方，竟然成了宋朝著名的城市之一。它的影响之巨大、声名之远扬，也只有清代诗人江逢辰的那首诗句，能够形容了。

那就是：“一自坡公谪南海，天下不敢小惠州。”

这就是苏轼的人格魅力。也是身处逆境中的他，用自己的所作所为，留给我们的最大启示。

难怪，人人都喜欢苏轼。

虽然人人都爱苏轼，但始终有一个人，要绞尽脑汁，害死苏轼。

继续被贬

史料记载，苏轼被贬到惠州后，在那里居住了三年。这期间，苏轼习惯了那里的风土人情，他购买了一些土地，准备长居此地。

然而，朝廷的一纸诏书，却彻底打乱了苏轼的生活，并把他发配到“天涯海角”了。

宋哲宗绍圣四年（1097年）闰二月，朝廷再次颁布了一道圣旨——“责授琼州别驾，移昌化军安置。”

章惇再接再厉，把苏轼贬到海南儋州（昌化军）去了。

海南岛，是宋朝边境最遥远、最险恶、最边陲的地方，朝廷再贬的话，苏轼就出国了！

那么，是什么原因，让章惇下此狠手，把苏轼贬到那里呢？

两个原因，两种说法。

第一个说法，是苏轼那张嘴惹祸，导致章惇报复他。

咱们都知道，苏轼那张嘴，天天叽叽喳喳，有什么说什么。当时，岭南等地不是盛产荔枝嘛！由于运输不便，身处中原的苏轼，很难吃到新鲜的荔枝。到了岭南后，苏轼算是“开斋”了，他大快朵颐，开心吃荔枝，还留下了一首脍炙人口的诗：“罗浮山下四时春，卢橘杨梅次第新。日啖荔枝三百颗，不辞长作岭南人。”

当然，对于苏轼的这首诗句，章惇完全没有必要愤怒。毕竟，荔枝吃多了上火，苏轼若真的“日啖荔枝三百颗”，他早就挂了，也不用章惇费心了。

当然，这首诗没有让章惇愤怒，但苏轼下一首诗，就让章惇愤怒不已了。

苏轼的这首诗，是这么写的：“白头萧散满霜风，小阁藤床寄病容。报道先生春睡美，道人轻打五更钟。”

这首诗句的大概意思是：我在寺院的藤床上睡觉，睡得那叫一个美。负责报时的看我睡得很香，怕吵醒我，只能轻轻打更了。意为自己虽然老病，但把一切置之度外，毫不以放逐为怀。

可想，章惇看见这首诗句后，为什么咬牙切齿说出那句话了——苏子瞻尚尔快活！

于是，在这种心态下，章惇把苏轼贬到海南去了。

第二种说法，章惇通过一种文字游戏，决定旧党被贬的地点。

《老学庵笔记》记载，章惇根据名字来决定被贬地点。

苏轼字子瞻，所以就被贬儋州。苏辙字子由，“由”是雷字的下半部，所以被贬雷州。其余人被贬的地点，以此类推。

上述两种说法，孰是孰非，已经不得而知。我们唯一知道的是，在章惇的“帮助”下，苏轼最终被贬到海南岛了。

要知道，朝廷把苏轼贬到海南岛，就是让他“去死”了。

事实正是如此。

因为，有四个因素决定了，苏轼不可能活着离开儋州了。

第一个因素，儋州是宋朝最险恶的地方，没有之一。

虽然在现在，儋州是“中国优秀旅游城市”“网民最喜爱的中国十大旅游城市”等。但在宋朝，那里可不是人待的地方。

宋朝的儋州，荒无人烟，沼气无数。当地有一片巨大的“瘴雾”区（无法消散的热气形成的毒雾），人如果吸入了这种毒雾，轻则致病、重则死亡。此外，那里还有无数的毒物频繁出没，伤人无数。

在宋朝，只有十恶不赦的重罪之人，才会被发配到那里，让其自生自灭。而被贬到那里的人，基本上是九死一生。

第二个因素，苏轼的年龄太大了，已经无法适应儋州的生活了。

史料记载，发配儋州时，苏轼已经是一位 62 岁的老者了，范仲淹在这个年龄已经病逝了。他当时的身体状况是眼不能视，手不能提，发脱齿落，身体已经极度虚弱了。

在这种情况下，苏轼居住惠州的日子，都所剩无几了，更别说去一个环境更加凶狠、生活环境更加艰难的儋州了。

第三个因素，朝廷要置他于死地，苏轼已经没有存活的机会了。

要知道，宋哲宗不是爱惜苏轼才华的宋神宗，章惇也不是整人但不害人的王安石，他们现在是严惩苏轼，不是在给苏轼一点教训！

在这种背景下，苏轼已经不可能被大赦了。

第四个因素，苏轼孤苦无依，已经无人照顾他了。

前几次被贬，不管多么痛苦，苏轼还有家人陪伴在身边，可以帮他分担一些痛苦，并给予他快乐的生活。

在黄州时，他有贤内助王闰之侍奉左右；在惠州时，他有红颜知己朝云陪伴在前。但现在呢？王闰之早就入土了，朝云也在惠州病逝了，苏轼的身边，连一个亲人都没有了。

失去了精神的支持，又没有物资的帮助，苏轼一个人去儋州的结果……不说自明。

综上所述，在这四个因素下，苏轼去儋州，可以说是有去无回了。

那么，苏轼真的会客死在那里吗？还是说，他会创造一个奇迹呢？

天涯海角

史料记载，章惇把苏轼贬到儋州，目的很明确，就是让他去死！然而，这个永远不合时宜的苏轼，还是让他失望了。

虽然在儋州，苏轼过得异常痛苦，他称这里“食无肉，病无药，居无室，出无友，冬无炭，夏无寒泉”，生活恶劣无比，他甚至写好了遗书，准备病死在海南了，但是，苏轼却不肯让章惇等人得偿所愿，他就一直开心地活着。

“食无肉”怎么了？他就烤蝙蝠，吃地鼠，一样吃得不亦乐乎。

“病无药”怎么了？苏轼自创了一套养生之道，还撰写了数本养生之书，以此让自己尽量不生病、少吃药。

“居无室”又如何？苏轼找了一块景色宜人之地，自己搭建了一个小茅屋，也别有一番风味在心头。

至于那个“出无友”，更不叫事了。要知道，苏轼可是一个上可以陪玉皇大帝，下可以陪悲田院乞儿的主，他要想找聊天的朋友，根本不算事。

这就是苏轼，那个永远“乐天派”的苏轼，那个不管在任何环境下都能好好享受每一天的苏轼。

当然，除了享受每一天外，自从到了海南，苏轼还给自己制定了一个宏伟的目标，他想像当年的箕子一样，开化这片蛮荒之地。

箕子，是周武王时期的一位贤臣。据说，武王把箕子封到了朝鲜，箕子就把文化传播到了那里，开启了当地的民智。当然，有没有这回事，咱们两说，但苏轼对这个故事深信不疑，他把自己比作箕子，准备开化这片蛮荒之地。

苏轼是这么说的，也是这么做的。

史料记载，作为一个被贬此地的官员，苏轼是没有权力干涉当地教育的。但是，从来都“好管闲事”的苏轼哪管这个。他找来几个好友，大家搭建了几个草房，取名“载酒堂（出自汉书‘载酒问字’典故）”，就在这里开堂授课了。

在开化教书的过程中，苏轼是快乐的，他的成绩也是显赫的。

史料记载，在苏轼的努力下，中原文化开始在这片大地生根发芽，并茁壮成长。在苏轼被贬此地前，海南仅仅出过一位进士，而在苏轼离开后，这里文风鼎盛、人才辈出。对于这种盛况，后人无不感叹道：“东坡不幸海南幸……琼州人文之盛，实自公启之……”

如果苏轼在天有灵，定会欣慰不已。

除了教书外，苏轼还慧眼识才。当时，有一位琼州本地人，叫姜唐佐，此人跟苏轼学习了半年，就要进京赶考了。

临别之际，苏轼在他扇子上写了半首诗：“沧海何尝断地脉，朱崖从此破天荒。”苏轼告诉他：“等你高中进士后，我再为你补完这首诗。”

后来，姜唐佐果然不负苏轼的期望，考中了进士。然而，此时，苏轼已经病逝了，续诗的任务就交给苏辙来完成。

“锦衣不日人争看，始信东坡眼力长。”苏辙补充的这首诗，也算是告慰了哥哥的在天之灵。

书归正传，通过教书育人这件事情，我们能够看出，苏轼在海南找到人生目标，他也准备在这里终老，完成自己“兼济天下”的梦想。

然而，历史就是这样荒诞不经，苏轼想在海南养老，老天爷却不打算让他这么干。

这不，在苏轼被贬海南的第三个年头，远在千里之外的宫廷发生了一场惊天动地的巨变，导致朝野震动，政权重组，也彻底改变了苏轼的命运。

那么，这是一场什么巨变呢？

原来，那位年轻有为、正值壮年的宋哲宗皇帝，突然驾崩了，享年 23 岁。他的死，既标志着一个旧的时代结束，又标志着一个新的时代开始，而在这个新的时代里，苏轼也终于获得重生，回到中原了。

那么，苏轼的余生又将何去何从呢？

尘归尘，土归土

史料记载，宋朝的第七位皇帝宋哲宗赵煦，在位 15 年。由于年幼登基，在最初的8年，一直由祖母高太皇太后垂帘听政。

亲政的7年，除了把苏轼坑得够呛外（惠州三年、儋州三年），没干出什么惊天动地的事情。

然而，宋哲宗死亡的原因，则堪称惊天动地。他成为宋朝历史上，死得最轰轰烈烈的皇帝。

那么，宋哲宗是怎么死的呢？

正史给出的解释是——“故冬以来，数冒大寒，浸以成疾，药石弗效，遂至弥留。”就是说，冬天了，皇帝感冒了，结果感冒变发烧，发烧变绝症，就这样驾崩了。

但是，在宰相曾布的《曾公遗录》中，我们却看到了一个不一样的解释。

根据记载，宋哲宗的病症是“精液不尽，又多滑泄”，换句话说，宋哲宗不是因为感冒而死了，他是死于极度性放纵。

这种说法，并非一家之言，还有很多史料可以证明。史料记载，宰相吕大防的夫人就亲眼看见——“（哲宗）前后宫侍女固多，皆天下奇色。惟四人一样妆梳，衣服之类无少异……其服饰珠翠之盛，信天下所未睹。”

可见，宋哲宗死亡的原因，绝不是感冒发烧，而是沉迷女色，最终身体被掏空而死……

更可气的是，宋哲宗这样“努力”，竟然没有得到一儿半女。因为没有子嗣，宋哲宗死后，由他的弟弟赵佶继承皇位。

这个赵佶，就是北宋的亡国之君——宋徽宗。

新皇登基，自然要有新的政治动向。当时，已经年过花甲的苏轼，终于获得了大赦。他可以重回中原了。

史料记载，元符三年（1100年）二月，朝廷大赦天下，为被贬的元祐大臣平反。在这种背景下，苏轼终于北还。

当时，得到这道可以北还的圣旨后（五月才看见），苏轼激动无比，虽然他早有客死儋州的觉悟，也把儋州当作自己的故乡（我本海南民，寄生西蜀州），但是，等真正可以北还了，苏轼还是决定离开这个荒凉的小岛，重回中原。

元符三年（1100年）六月，经过一个月的准备和告别后，苏轼渡过了琼州海峡，重新踏上了中原大地。

苏轼重回大陆后，朝廷又颁布了一道圣旨，作为对苏轼的补偿。

这封圣旨的内容是：“复苏轼为朝奉郎，提举成都府玉局观，在外州军任便居住。”

这里解释一下，“提举成都府玉局观”，是一个闲职，无权力，无职事，但可以享受一份七品官的俸禄。

对于这个闲职，苏轼没什么兴趣，他唯一的愿望，就是在剩下的余生中扁舟散发、归隐山林。但是，对于“外州军任便居住”，苏轼却很感兴趣了。

这句话什么意思？就是说，苏轼可以自由选择一个州县，作为自己的养老之地。

这句话对于一个一直颠沛流离、居无定所的人来说，是何等的重要呀！苏轼终于可以选择一个喜欢的住处安度晚年了。

那么，选择哪里作为自己的晚年之地呢？

当时，在苏轼眼中，有三个地方可供选择。第一个地方，老家成都，苏轼可以落叶归根；第二个地方，苏辙的终老之地颍昌（今河南许昌），苏轼可以与弟弟会和，一起养老；第三个地方，常州（今宜兴，旧属常州），苏轼在那里购买了一些田地，虽然不多，但足以养老。

最终，苏轼选择了常州。

原来，苏轼知道，自己的身体已经不行，走不了难于上青天的蜀道了，他已经回不了家乡了。而对于弟弟的终老之地颍昌，苏轼很想去，也很想跟弟弟一起共度晚年，但颍昌离京城太近了，苏轼不想再被卷入政治旋涡了，他已经被卷怕了。

鉴于此，常州就成为苏轼的终老之地了。于是，苏轼开始乘船北上，去那里安度晚年。

然而，虽然苏轼选择了终老之地，但他的身体实在是不行了。刚刚抵达常州，苏轼就黯然病逝了。

宋徽宗建中靖国元年（1101 年）七月二十八日，苏轼卒于常州，享年 64 岁。

至此，一代伟人苏轼，在人世间经历了两万多个或喜悦或痛苦的日子后，终于参透了人世间所有的故事。他平静安详、光明磊落、无怨无悔地结束了自己的一生。

据说，苏轼临死前，好友维琳方丈在其耳边大声说：“端明宜勿忘西方（学士不是信佛吗？不要忘记西方的极乐世界呀，死后一定要去呀）。”

苏轼喃喃回应说：“西方不无，但个里着力不得（西方世界可以有，但不必使力）。”

好友钱济明凑近他的耳朵，大声道：“固先生平时履践至此，更须着力（先生一生都在践行于此，此时更应该使力，好去西方世界）！”

苏轼道：“着力即差（使力就错了）！”

这段话，成为苏轼一生最后的感悟。

要知道，在苏轼眼中，西方极乐世界和我们的现实世界，不是分离的，而是一统的。只要我们用心度过每一天，那我们生活的世界，就是西方极乐世界！

心中有佛，则处处是佛，又何必另寻他处。

逝者已逝，让我们用一篇祭文，来哀悼这位伟人。

关于苏轼的祭文悼词，可谓多如牛毛，数不胜数。但是，唯独“苏门六君子”之一李廌的悼词，堪称神来之笔。他的祭文，是对苏轼一生最好的总结，也是对这位文坛巨星最好的致敬：“道大不容，才高为累。皇天后土，鉴平生忠义之心；名山大川，还千古英灵之气。”

让我们用这段祭文，为这位伟大的文坛巨星，进行最后的致敬；为这个最后的圣贤时代，进行最后的致敬。

毕竟，随着苏轼的病逝，一个属于圣人的时代，就此戛然而止。

从此，北宋这个庞大的帝国，将进入最后的时代，一个社会伦理完全沦丧、政治风气迅速恶化、是非善恶观念完全崩溃的时代！

在这个最后的时代里，昏庸的皇帝和卑鄙的臣子们，挨个登上历史的舞台，他们将联起手来，榨取国家的财富、吸吮百姓的骨血，直到将北宋王朝推进万劫不复的深渊。

这个最后时代，就从宋徽宗登基开始。

第十八章 最后的时代

宋徽宗上位记

只要大家看过《水浒传》，就知道那里面有个把国家弄得奸佞满朝、把好汉们逼得上了梁山的皇帝。

这个水浒好汉口中的“鸟儿皇帝”，就是宋徽宗。

老规矩，我们以这位亡国之君呱呱坠地开始说起。

史料记载，这位宋徽宗出生时，有这么一段离奇的传说：“李后主亡国，最为可怜，宋徽宗其后身也。宋神宗一日幸秘书省，见江南国主像，人物俨雅，再三叹讶。适后宫有娠者，梦李后主来谒，而生端王。”

这段话的意思是说：

有一次，宋神宗去秘书省查看资料，偶然看见了南唐后主李煜的画像。宋神宗见李煜儒雅英俊，风采无双，就再三感叹。结果，没过多久，后宫有怀孕的妃子就梦见李煜来拜见自己了，不久就生下一个皇子。这个皇子，就是宋徽宗。

因为这个故事，大家都相信了——宋徽宗是南唐后主李煜的转世投胎。他投胎到宋家，就是报当年的灭国之仇。

当然，咱们都知道，这个世界上哪里有因果轮回之说，宋徽宗又怎么可能是李煜的转世投胎。

然而，对比两个人的履历，还是能找出很多的相似之处：

第一，这两人都是超一流的艺术大师。

在诗词书画上，李煜和宋徽宗都拥有无人能及的才华与造诣。当然，如果非要比较的话，在诗词曲赋上，赵佶略输文采；在书法绘画上，李煜则稍逊风骚。

第二，这两人都是不会治国的昏君。

这两人在位时，全都是只顾自己享乐，不顾别人死活，他们全都成功搞垮了自己统治的国家。

第三，这两人都是亡国之君。

李煜的南唐亡于宋太祖之手，宋徽宗的宋朝则亡于金人之手，他们都成了亡国之君。

第四，这两人都没有什么好的结果。

史料记载，李煜投降宋朝后，他的妻子成了赵家天子的“陪酒女郎”，他也被活活毒死。而宋徽宗投降金国后，他的妻妾被女真人瓜分，成为他们的战利品。宋徽宗自己也备受女真人侮辱，最终被折磨致死。

这么一对比的话，这位宋徽宗与李煜之间，还真有不少共同点。

那么，作为一个很有艺术天分却根本不会治理国家的亡国之君，宋徽宗是怎么当上皇帝呢？

其实，宋徽宗就不应该当皇帝，他也不配当皇帝。他的登基称帝，完全是一场政治博弈的结果。

那么，这场政治博弈，是怎么回事呢？

史料记载，元符三年（1100 年），24 岁的宋哲宗驾崩后，因为没有子嗣，所以下一任皇帝，将从他的兄弟中选出来。

相对于宋真宗、宋仁宗，宋神宗一共有 14 个儿子，其中 8 个夭折，6 个长大成人。这 6 个皇子分别是：六子赵煦、九子赵佖、十一子赵佶、十二子赵俣、十三子赵似、十四子赵偲。其中，长子赵煦（宋哲宗）已经驾崩，下一任皇子，将从剩余的 5 个皇子中选出来。

宰相章惇的建议：第一候选者，是跟宋哲宗同父同母的弟弟——十三子赵似。

同父同母，这哥俩都是朱太妃所生，根据“兄终弟及”这一传位的基本原则，传位给十三子赵似，确实合情合理。

然而，请大家注意，这哥俩都是太妃所生，并不是太后的儿子。一个太妃出了两个皇帝，这让正牌的向太后情何以堪！

当时主持这个会议的，是宋神宗的正室向皇后。此女非常了不起，她是宋真宗时期著名宰相向敏中的曾孙女。与宋神宗结为夫妻后，感情极好。

不仅出身名门，向太后也非常会干事。前面讲过，因为皇帝大婚问题，在两宫势同水火的情况下，是向太后左右劝架，才维持了后宫的稳定局面。

宋哲宗病逝后，向太后就成了后宫的主人，且地位稳固，无人能撼。即使是宋哲宗的生母朱太妃也不行。

虽然地位尊贵，但向太后也知道居安思危的道理。如今，章惇的建议虽然合情合理，但若同意的话，就是摧毁她后宫之主的地位了。

毕竟，若让朱太妃的两个儿子都当上皇帝，朱太妃就成为两个皇帝的母妃了，就不可能只有一个“太妃”的头衔了。恐怕那个时候，后宫的位置名分，就要换一个顺序了。

为了保住自己正位中宫的位置，向太后是无论如何也不会同意的。

史料记载，听完章惇的建议后，向太后勃然大怒，道：“宰相的这个话，是什么意思？什么叫同母弟弟即位？先帝的这 6 个孩子，不都是哀家的子嗣吗？还分什么孰重孰轻！”

一听这话，章惇就傻了，他立刻明白向太后的意思了。于是，十三子赵似就被踢出局了。

十三子赵似出局后，章惇再次建议：“按照长幼顺序，应立九子赵佖为帝。”

章惇的这个建议，符合中国皇位传承的有嫡立嫡，无嫡立长的规矩。然而，此言一出，群臣都笑了。因为九子赵佖有目疾，他一只眼睛是瞎的，另一只也不太好。

你让一个盲人当皇帝，连奏折都看不了，还怎么治国呀。所以章惇这么一说，大家全都乐了。在这笑声中，九子赵偲也出局了。

九子赵偲出局后，根据长幼顺序，下一个人选，就是十一子端王赵佶了。

此时，为了自己的利益，向太后建议，要立端王为帝。她的理由是——宋神宗曾经告诉过自己，“端王有福寿，又仁孝，不同诸王”，因此可以拥立称帝。

拿先帝的话来搪塞今人，是中国历史上屡见不鲜的小手段，反正先帝已经驾崩了，还能活过来反驳不成？

然而，对于这个人选，章惇却不同意。情急之下，章惇竟然说了一句“昏话”，作为反对的理由：“端王轻佻，不可君天下！”

事实证明，章惇的这番话，完全正确。一个整天只知道蹋球、赏花、吟诗、绘画，跟名妓勾勾搭搭的轻佻之人，确实不能当皇帝。然而，在当时那种场合，章惇的这句话，也让群臣惊讶，并让政敌们抓住机会了。

当时，听完章惇这句匪夷所思的话后，其政敌曾布立刻站了出来，痛骂章惇所发议论，令人惊骇，不知居心何在，痛骂他是一个目无尊长、别有用心、居心莫测的大臣。

对于这些指责，章惇百口莫辩，只能乖乖闭嘴。

至此，群臣再无反对之声，宋徽宗终于在万众期待中，成为帝国新一代君主了。而章惇，也因为这句话，得到一个悽惨的结局。

毕竟，章惇敢这样“痛骂”皇帝，其结果可想而知。

章惇败亡

元符三年（1100年），在章惇一句“端王轻佻，不可君天下”的反对声中，宋徽宗继承大统，登基称帝，开始了自己25年的统治生涯。

同时，大宋王朝也在这位皇帝的带领下，迎来最后的27年，并迎来那最终的、可耻的灭亡之日。

不管怎样，在一片叹息声中，一个新的时代降临了。

还是那句老话——不是每一个“老人”，都能在新时代里生存。

这不，刚刚进入新的时代，三朝老臣章惇就毙命了。

章惇的死，完全是咎由自取。毕竟，敢说新皇帝轻佻，只能迎来这么一个结局。

那么，这个章惇，是怎么死的呢？

说来比较搞笑，章惇是因为一件极其莫名其妙的事情，被皇帝抓住了把柄，最终下岗回家了。

这件事情，是这样的：

当时，宋徽宗登基后，因为痛恨章惇骂自己轻佻，就想办他。于是，皇帝任命章惇为山陵使，让他带着先帝的灵柩出宫，去修皇陵。

这里解释一下，宋朝的皇陵跟其他王朝的皇陵不一样。其他王朝皇帝一登基，就下令修筑皇陵，怕自己死后无家可归。

防患于未然，皇帝提前修陵，这个很正常，也能理解，但问题是，皇帝只要还活着，这个皇陵就要永远修下去。

因为，修陵一停止，就意味着皇帝要入住了，这不是咒皇帝死吗？因此，生命不息，修陵不止。

皇帝在位 10 年，这个陵就要修 10 年；皇帝在位 20 年，这个陵就要修 20 年；皇帝在位 30 年，这个陵就要修 30 年，以此类推。到了最后，从皇陵的个头上，就能看出皇帝在位时间的长短。当然，这样无休止地修建皇陵，肯定会劳民伤财，耗费无数的财力、物力和人力。

为了不铺张浪费、劳民伤财，宋太祖就颁布了一道圣旨——宋朝的皇帝在生前，绝对不许修筑皇陵，驾崩后才能修筑皇陵。修陵的时间为七个月，过时严惩不贷。

这个山陵使，就是负责修筑皇陵，安放先帝灵柩等一系列工作的总指挥。

按照惯例，山陵使应该由首席宰相担任，毕竟这是安排先帝入住的大事。然而，首席宰相的工作很多，没有时间干这个事情。所以宰相只是挂一个名，具体工作还是交给其他大臣去办。

比如，宋真宗时期的丁谓，就是山陵使，但修筑皇陵的工作，还是交给了雷允恭。

虽然首席宰相不用亲自去修皇陵，但宋徽宗在任命章惇时，却再三强调，说“此事事关重大，别人干，朕不放心，只有爱卿亲自前往，才能干成此事”等。最终，皇帝安排章惇出宫，亲自办理此事。

当然，皇帝这么做，完全是醉翁之意不在酒，他就是要把章惇调离京城，随后再找一个借口办他。

因为章惇的前任，那个新党的首领蔡确，就是被这招整死了。

当年，高太皇太后掌权后，立刻安排蔡确为山陵使。在搬运宋神宗灵柩时，抬棺材的士兵不小心把宋神宗的棺椁摔地下了。

士兵也是人，这路途遥远，一个不小心发生这种事情也能理解。然而，高太皇太后死抓住这件事情不放，最终以“大不敬”的罪名，把蔡确罢黜到地方了。

史料记载，对于皇帝的这点心思，章惇还是明白的。因此，在干这件差事时，章惇谨小慎微、事必躬亲，生怕被抓住把柄。

然而，章惇还是犯了一个过错，让皇帝抓住机会把他罢免了。

章惇怎么会犯错呢？犯的什么错呢？其实，章惇根本没有犯错。但是，别人说他错了，他就是错了；即使这件事情没错，他也错了。

原来，章惇护送灵柩去陵园时，有一天天降大雨，道路泥泞不堪，装皇帝棺椁的车陷入一个大泥潭里出不来了。

士兵们费尽心力，整整搬了一天，也没把车弄出来。当时已过黄昏，没有停雨的意思，道路依旧泥泞。士兵们又累又饿，就请示章惇，说大家搬了一天了，实在是没有力气了，现在天又黑了，能不能休息一下，等明天天亮后再抬灵车。

章惇一看，行吧，事已至此，搬也没用，大家休息吧。于是，章惇下令，全军安营扎寨，明天再搬灵车。

第二天天亮后，雨停了，道路也干了。士兵们三下五除二，就把灵车抬出来，继续上路了。

殊不知，就是这件事情，让章惇下岗了。

在这件事情上，章惇做错了吗？肯定没错呀！换成谁当山陵使，碰到这种情况，也得这么干。但是，别人说章惇错了，他就错了。

史料记载，这件事情传到皇宫后，立刻有官员弹劾章惇，说他侮辱先帝。理由是——章惇把先帝的灵柩扔在荒郊野岭，让先帝在冰冷的雨水中过夜，他自己却在暖暖的帐篷里过夜。这让先帝的灵魂作何感想？真是是可忍孰不可忍！

这真是欲加之罪，何患无辞……

对于这个罪证，章惇百口莫辩，只能认栽。于是，义愤填膺的宋徽宗下令，罢黜章惇宰相之职，把他发配到岳州。

后来，皇帝继续惩罚章惇，最终把他发配到雷州去了。

雷州，又是那个雷州。章惇被贬到这里后，终于踏实了。

这里说一个小花絮，之前在雷州时，章惇干了一件搬起石头砸了自己脚的事情。

原来，当年他把苏辙贬到雷州后，曾经立了一条规矩：不许苏辙居住公家宿舍。结果，苏辙无处可去，只能租民房居住。

把苏辙害成这样，章惇还是不依不饶，愣说苏辙抢夺民居，占用百姓住宅，要求把他抓起来。结果，苏辙气得拿出租赁合同对簿公堂，才没让章惇逼得无家可归。

如今，当这位不可一世的章宰相被贬到雷州后，他立刻自食其果了。

史料记载，章惇来到雷州后，按照当年他自己立下的规矩，他也不能在公家宿舍居住，只能去租民房。结果，在求租期间，章惇彻底无语了。

原来，当地百姓告诉他："当年，苏相公来租房子时，朝中有一个奸臣不让我们租房子给他，还严惩了所有租房者，差点要了我们的命。如今，我们再也不敢把房子借给外人了。您要怨，就去怨那个奸臣吧，是他立的规矩，跟我们无关……"

听完这番话，章惇到底是一个什么感受，史无记载，不得而知。但是我相信，他的心里，肯定跟打翻了五味瓶一样不好受。

关于章惇后面的故事，史书只有寥寥数笔，这也充分说明，此人已不值一提。

就这样，又到了一个分手的时刻。北宋崇宁四年（1105 年），章惇病逝，享年 70 岁。

伴随着他的死，一个君主昏庸、奸臣当道的时代，正式开始。大宋王朝也将在这个时代里，不可避免地滑向谷底，迎来那最终之日了。

没有天生的昏君

虽然在历史的评价中，宋徽宗是一位超级昏君，也是让北宋亡国的昏君。然而，宋徽宗刚刚登基的时候，可是一位有道明君。

第一，这位皇帝很节俭。

史料记载，宋徽宗刚刚登基后，觉得宫里的建筑过于豪华，容易让人沉沦丧志，他对宰相张商英道："仁宗皇帝制造了一个宝座，觉得太华贵了，于是就放在了大相国寺中，自己不用。如今，朕的宫殿太豪华了，是不是过分了？"

张商英一听，说真乃千古仁君也，你就是宋仁宗的"转世投胎"呀。

史料还记载，宋徽宗刚刚即位时，是一个虚心纳谏的好皇帝，也能够接受张商英那套君主要节俭、不能腐败奢靡的理念。

当时，因为年久失修，宫里要重修一下殿宇。这本来是一个正常的整修，群臣也不会说什么，然而，为了怕宰相骂自己，宋徽宗特意告诉工匠们："如果宰相从这里过，你们一定要躲起来，千万别让宰相看见你们，以免宰相骂我铺张浪费。"

虽然在未来，这个皇帝背道而驰，成为一个铺张浪费、挥霍无度的昏君，但在登基初，宋徽宗还是一个节俭的好皇帝。在他的带动下，官场也兴起了一阵勤俭之风。

第二，这位皇帝明是非。

史料记载，宋徽宗刚刚登基后，就诏告天下，要为当年那些被新党迫害的官员平反。一时间，无数个官员沉冤昭雪，恢复了名誉和官职，这其中就包括大名鼎鼎的苏轼。

除了为当年的官员平反外，宋徽宗还特意昭告天下，说自己对元丰、元祐的官员们，没有一丝一毫的成见，希望大家携起手来，共同建设这个国家。口说无凭，以国号为证。

宋徽宗的国号是什么？就叫建中靖国！

何为建中靖国？就是要大家驱除成见，大公至正，消释朋党，共同为国！

《续资治通鉴长编拾补》记载，宋徽宗颁布了这个国号后，还昭告天下——要大家消除成见，无论是元丰的新党，还是元祐的旧党，都不许干损害国家利益的事情。一旦干了，天怒人怨，国人将共同唾弃！

可想而知，宋徽宗颁布了这个国号后，群臣为之一振。大家相信，这位年轻的君主，不是一个轻佻的纨绔子弟，而是一个奋发有为的明君。更何况，这个皇帝还有一种虚怀若谷、虚心纳谏的作风。

第三，这位皇帝能谏言。

史料记载，宋徽宗刚刚登基时，是一个虚怀若谷的好皇帝，能够接受各种直言进谏。他不会为臣子的出格表现而生气，也不会怪罪他们。

比如，撕碎他的龙袍……

《挥麈录》记载，有一次，皇帝跟一个大臣议事。这个大臣很能说，侃侃而谈、滔滔不绝，说了好几个小时也没有停止的意思。

宋徽宗一看，这哪行呀，你没完没了，我受不了呀！这上朝半天了，还没吃饭呢。

皇帝站起身来，道："爱卿呀，你看都日上三竿了，朕还没吃饭呢。要不朕先去吃饭，有什么事情，咱们明天再说。"说完，皇帝转身就要走。

一般来说，皇帝都这么说了，大臣就应该叩头出殿了。结果，这位大臣不知道是寇准转世还是特别崇拜魏征，只见他站起身来，冲到皇帝的面前，抓住皇帝的龙袍，大吼道："臣还没有说完，陛下不许走！"

突然看见了这么一个愣头青，宋徽宗懵了，他委婉道："爱卿呀，你先撒手。要不这样，我先去吃饭，吃完了饭，咱们再继续谈，可否？"

大臣依旧不依不饶道："吃饭是小，商事是大。请陛下听完臣的话，听完了再离开。"

就这样，一方嚷嚷着要吃饭，另一方嚷嚷着要说完，君臣就这样争持了起来。结果争来争去，嘶啦一声……皇帝的龙袍，被这个大臣撕开了。

撕碎了龙袍，这可是十恶不赦的大罪。单凭此举，这个大臣就死定了。

看见自己的衣服被撕碎后，宋徽宗咬牙切齿，群臣吓得集体跪倒，颤抖不安。然而，这个撕碎龙袍的大臣却不为所动，他大义凛然道："陛下若不爱惜一件衣物，臣就不会爱惜自己的身体。臣必将粉身碎骨，以报陛下！"

一听此言，宋徽宗转怒为喜道："爱卿真乃唐朝魏征也。朕有你这样的大臣，还有什么好忧虑的呢？"说完，宋徽宗不走了，他继续听这位大臣奏事。

退朝后，宋徽宗来到后宫，由内侍们为他换了一件衣服。

换完后，宋徽宗特意告诉这些宦官——这件衣服不许扔，要好好保留起来，将来用它表彰那些正直的大臣。

可想而知，群臣会如何的欢欣鼓舞，又会如何的誓死效忠。

综上所述，群臣相信，在这位英明神武的皇帝带领下，大宋王朝将除旧布新，开创一段辉煌的历史，重现昔日的辉煌！

然后，随着时间的推移，群臣们却惊讶地发现，宋徽宗从骨子里，仍是一个腐败奢靡的败家子，一个轻佻子弟。

这不，仅仅过了一年（其实也就九个月），这位皇帝就原形毕露了。他抛弃了上述三大优点，还创造了“三宗罪”。

最终，就是这三个大罪，将这个国家推到万劫不复的地狱。

这三宗罪，分别是：

第一，生活奢靡，荒淫无度；

第二，唯亲是举，胡乱封赏；

第三，痴迷道教，自封教主。

第十九章 昏君炼成记

一宗罪：荒淫无度

宋徽宗一宗罪：生活奢靡，荒淫无度。

民间有这么一句话，非常著名——“读史书读多了，就会发现一个奇怪的现象，每个王朝的创业之君，都会拥有很多儿子；而每个王朝的末世之君，往往会没有子嗣。”

我很怀疑，这个结论，到底是怎么得出来的？

至少在北宋末期，完全不是那么回事！

宋朝的亡国之君宋徽宗，就是一个“高产”皇帝，甚至高产到了匪夷所思的地步。

列一张表，足以说明。

北宋皇帝	皇子总数	活到成年的皇子
宋太祖 赵匡胤	4	2

续表

北宋皇帝	皇子总数	活到成年的皇子
宋太宗 赵光义	9	8
宋真宗 赵恒	6	1
宋仁宗 赵祯	3	0
宋英宗 赵曙	4	3
宋神宗 赵顼	14	6
宋哲宗 赵煦	1	0
宋徽宗 赵佶	32	25

宋徽宗一个人的皇子数目，就超过了前八位皇帝的总和（活到成年的）！

除皇子的数量外，在中国所有的皇帝中，宋徽宗还保持着三个纪录，至今无人能破。

第一，宋徽宗临幸的次数最多。

根据《靖康稗史笺证》记载：宋徽宗荒淫无度，“每五七日必御一处女，得御一次，即畀位号，续幸一次，进一阶”。

意思是说：每隔五天到七天，宋徽宗就要找一个处女临幸。完事后，他不赖账，给予对方一个封号。如果宋徽宗还能对其续幸一次，能再让她升一级。

可见，对比他的祖先宋仁宗，宋徽宗时期的女子想要升级，应该是一件非常容易的事。然而，事实却不是那么回事，很多女子终其一生也只升过一级。因为皇帝临幸的女子太多了。

宋徽宗后宫的女子，多到什么地步呢？

史料记载，宋徽宗退位后，新皇宋钦宗见后宫女子太多了，就遣散了一批。那么，他遣散了多少人呢？整整六千人！

即使后宫有这么多的女子，宋徽宗依旧不满足。为寻求更大的刺激，他时不时微服出宫“打野味”。对于自己这种行为，宋徽宗没有任何的惭愧之情，他反而赋诗一首，以表心情：

选饭朝来不喜餐，御厨空费八珍盘；
人间有味都尝遍，只许江梅一点酸。

看过《水浒传》的人都知道，宋徽宗口中的“江梅”，到底是谁。

在“六贼”之一王黼的引领下，只要一有机会，宋徽宗就偷偷出宫，跟开封的头牌李师师鬼混。

第二，宋徽宗保持这种习惯的时间最长。

史料记载，宋徽宗这种习惯竟然保持了一生！即使他禅位、被俘虏了，也没有改变这个习惯。只要一有机会，宋徽宗是能御就御，该幸还是幸！

后来，就在冰天雪地的“五国城”，这个皇帝竟然还生育了6男8女。

自登基开始，一直到病逝为止，宋徽宗不改初衷，始终如一。

所以，宋徽宗能生出这么多的孩子，也就不足为奇了。但是，宋徽宗竟成了中国历史上子女数量最多的皇帝，那就太了不起了。

第三，宋徽宗的子女数量最多。

史料记载，宋徽宗一共孕育了32个皇子、34个公主，一共有66个子嗣。

虽然在中国历史上，也有很多能生的皇帝，比如唐玄宗，一共有59个子嗣。“千古一帝”康熙，一共有55个子嗣。但是，他们跟宋徽宗一比，只能小巫见大巫了。

当然，对宋徽宗而言，这个“历史之最”却成为他心中永远的痛。

毕竟，当他国破家亡时，除了一个孩子逃跑（宋高宗赵构），其余的孩子都跟他一样，被俘虏到了北地。

在金人的统治下，宋徽宗所有的皇子，都成为女真人的奴隶，这些孩子穷困潦倒，在饥寒与耻辱中度过了一生。

好吧，不管宋徽宗多么的荒淫无度，这都是他自己的生活问题，只要这位皇帝能够治国，他的这些“小毛病”都可以忽略不计。然而，在治国方面，宋徽宗却表现得更差，这也直接导致了他的第二宗罪——唯亲是举，胡乱封赏。

二宗罪：赏罚不公

宋徽宗是一个文人，一个艺术天才。他在艺术领域上的修为，无人能敌；同样，他在治国方面的低能，也无人能敌。

纵观史料，让文人治理国家，简直就是一团糟。在处理政务时，宋徽宗完全按照自己的“想法”去治理。至于这个想法是否正确、是否合理，宋徽宗完全不管，只图自己一时痛快。

按照李亚平教授的《帝国政界往事》：

像宋徽宗这样才华横溢、具有高度灵气和素养的艺术天才，很有可能也是一个充满诗人气质和浪漫情怀的人。

通常情况下，这种人不认为蔑视传统价值观念和世俗行为规范有什么不对；他们只服从自己内心感受的召唤，按照自己的喜怒好恶行事；他们不知冷静、理智、理性为何物，为人处事冲动而情绪化，具有极为浓厚的感性色彩。

假如，再加上皇权帝制所赋予他的无上权力，我们就应该比较容易明白发生在宋徽宗身上的许多故事了。

我个人认为，这段话，是对宋徽宗最好的注解。通过这段话，宋徽宗很多的行为模式，也能得到解释。

比如，这件事情——宠信米芾。

学过书法的人都知道，宋朝历史上有四大书法家——苏、黄、米、蔡。分别指的是苏轼、黄庭坚、米芾、蔡襄。

其实，这里的蔡，应该指的是蔡京，但蔡京是一个奸臣，名声太臭了，百姓就用蔡襄把他替换了。

身为四大书法家之一，米芾文采了得，同样，他文人的性情也了得。

史料记载，米芾有严重的洁癖（处女座），好干净，靴子粘了一点土就要刷，甚至把靴子刷破为止。

这么一个人，挑老婆自然更加艰苦。

史料记载，在经过了一番大规模的选择后，米芾终于挑中了一个女子，希望皇帝赐婚，娶回去当老婆。

然而，一听这个女孩的姓氏，米芾二话不说，直接退货。

原来，这个女孩姓段，米芾的芾字谐音为“福”，这要是在一起，就叫“断福”，米芾焉能受得了。

最终，这么一段姻缘，就因为一个姓氏而告吹。

这不是一个神经病吗？！

史料记载，米芾除洁癖外，还一直疯疯癫癫的。他特别喜欢石头，看见一块好的石头，就要拿回家去。他还跟石头结拜，认石头为大哥。

因见米芾如此疯癫，百姓就称其为“米癫”，或者干脆叫他“米疯子”。

史料记载，自结交了米芾后，宋朝的神圣宫殿，就成为这哥俩的娱乐场所了。每天，他们上演无数搞笑的段子，让人哭笑不得。

比如，有一次，米芾陪宋徽宗写字，看中了宋徽宗的砚台。文人都喜欢砚台，皇家精美绝伦的砚台，更是让米芾爱不释手。于是，米芾就想把这个砚台占为己有。

写完字后，米芾告诉宋徽宗：“臣刚才写字时，不小心把这个砚台弄脏了。这个砚台已经被臣污染了，陛下就不要再用了。”

宋徽宗一听，哈哈一乐道：“别来这个，你小子是看上这个砚台了吧。朕就把它赏给你，反正朕的砚台多，也不在乎这一个。”

皇帝话音未落，就听米芾“嗷”的一声，把这个砚台抢到了怀里。同时，他唯恐皇帝后悔，第一时间抱着砚台就跑了。哪怕砚台里面还有墨汁，墨汁溅了他一身，米芾也不管不顾。

大家想象一下吧——巍峨耸立、神圣尊严的皇宫内，一个“疯子”怀中抱着一个砚台，身上被墨汁洒了一身，却毫不在意，一直嗷嗷叫着往外跑……这是一幅何等喜人的画面。

这样的故事，还有很多。

史料记载，几乎每隔几天，米芾就要上演这样的戏码，他不是怀抱珍贵的笔墨纸砚，就是拿着皇帝赏赐他的金银珠宝，在这个皇宫里乱跑，嗷嗷大叫，旁若无人。

后来，这种事情越来越多了，米芾就有点恃宠而骄了。不管在什么场合，米芾都大喊大叫，完全不顾君臣之礼。有一次，米芾竟然大摇大摆地坐在皇帝面前，对着内侍大喊：“给我拿一个痰桶（唾壶）来！”其目中无人的表情，可想而知。

见此情景，御史们都怒了，大家联名上书，准备弄死米芾。然而，对于米芾的所作所为，宋徽宗并不生气，他反而劝慰道："米芾是一个'俊逸之士'，对这样的人，不要用礼法来约束他。"

除了替米芾开罪，皇帝一有机会，就会重重赏赐米芾。米芾的官职也是越做越大，成为国家的一个重臣。

在中国历史上，喜欢文人的皇帝比比皆是。但是，像宋徽宗这样宠爱文人，让文人们恃宠而骄的皇帝，却仅此一家。

这就是所谓的惺惺相惜吧。

然而，宋徽宗这样做，却产生了恶劣的影响。

要知道，爵禄不能滥施。一个小小的米芾，因为会写几个字，就得到了这么多的赏赐，得到这么好的待遇，你让其他大臣情何以堪？

皇帝的赏罚不公，只能让君臣离心离德，让有本事的大臣郁郁不得志，让善于投机取巧的大臣上位了。长此下去，国家也就危险了。

其实，当时的情况，还要严重得多。

毕竟，米芾就算再没本事，也是一个文人，肚子里还是有货的。若让一个"踢足球"的人得到了高位，只能让大臣们欲哭无泪了。

这个踢足球的，大家都知道是谁。

这就是宋朝的高太尉——高俅。

一个靠踢球上位的大臣

一本家喻户晓的《水浒传》，让高俅家喻户晓。

然而，历史上真正的高俅，咱们又知道多少呢？

众所周知，北宋有六个最坏的奸臣，号称"六贼"。然而，高俅竟然不在六贼之中，而且，高俅的一生，虽然恶贯满盈，但他却是寿终正寝的！

所以说，小说是小说，历史是历史，绝不能混为一谈。

现在，开始讲述这个恶贼的一生：

南宋王明清的《挥麈后录》记载——"高俅者，本东坡先生小史，草札颇工。东坡自翰苑出帅中山，留以予曾文肃，文肃以史令已多辞之，东坡以属王晋卿。”

这段话的意思是说：这个高俅，本来是苏东坡先生的一个书僮，为人乖巧，擅长抄抄写写。后来，苏轼调到中山府（管理今河北定州、唐县、新乐等地）后，就把高俅赠给了曾布。当时，虽然曾布和苏轼的关系很好，但他们毕竟分属两个阵营，所以曾布就婉言谢绝了。于是，苏轼把高俅送给了都太尉王晋卿。

在古代，送书僮是一件很稀松平常的事，对于这件事情，苏东坡毫不在意，然而，苏东坡没想到，他的这一不经意举动，却铸就了一个宋朝巨奸，也为这个王朝的覆灭埋下了一个深深的伏笔。

其实，这也不能怪苏东坡，因为他根本不知道，王晋卿除了他这个好友外，还有另外一个好友。

而这个好友，就是宋神宗第十一子端王赵佶，也就是宋徽宗。

宋徽宗和王晋卿关系非常好，有一次，宋徽宗想刮胡子，却没有找到“篦刀”，也就是那个时候的刮胡刀。寻找篦刀时，宋徽宗突然想到，王晋卿家里有一把，样式做工都不错。宋徽宗派人到王府，希望借篦刀一用。

王晋卿告诉使者，自己有一把新的，还望笑纳。于是，王晋卿派高俅带着篦刀，给宋徽宗送去了。

史料记载，高俅来到王府后，宋徽宗正在欣赏蹴鞠。高俅站在一旁，专心看了起来。

宋徽宗见这个书僮很用心地看，脸部还时不时出现轻蔑的表情，就好奇地问道：“这个玩意儿，你也会玩儿？”

高俅道：“小人不才，会踢两脚。”

宋徽宗道：“既然会踢，那下去试试。”

高俅道：“小人不敢，怕丢人现眼。”

宋徽宗道：“让你干啥就干啥，啰唆什么，快去！”

就这样，高俅来到球场。结果，这厮不仅会踢，而且精于此道。按照今天的定义，高俅是一个超级球星。

宋徽宗大喜过望，派人告诉王晋卿：“你送的篦刀，我很喜欢；送篦刀的人，我也很喜欢；我把他们一起留下了。”

就这样，高俅被留了下来，成了宋徽宗的亲信。后来，宋徽宗登基后，高俅也一飞冲天，“位列仙班”了。

史料记载，宋徽宗登基后，短短几年，高俅便连升数级，最终替皇帝管理“三衙”，官拜太尉，为大宋军队的“掌门人”。

三衙，是殿前都指挥使司、侍卫亲军马军都指挥使司和侍卫亲军步军都指挥使司的总称。是替皇帝招募、管理士兵的机构。

反观林冲，他的官职虽为“八十万禁军教头”，但其实就是一个军校教练，一点实权也没有。

因此，林冲被高俅整得很惨，就不足为奇了。毕竟，他们之间的官阶，可是天上地下，隔着十万八千里。

书归正传，目睹了一个“踢球的”成为国家军队的掌门，宋朝那些正直的官员就怒了，大家集体上疏，要求宋徽宗罢免高俅的官职。

然而，对于群臣的质疑，宋徽宗用了一句话，就给怼了回去——“你们谁的一双脚，能踢得像高俅那样灵巧，谁就能接替他的位置！”

大哥，他就是一个踢球的呀！你让一个踢球的人管理军队，其结果可想而知。

这不，为了答谢皇帝的“知遇之恩”，高俅立刻马力全开，为皇帝好好管理军队。

咱们都知道，在宋朝的军事制度中，军权是三权分立的。皇帝拥有“统兵”之权，枢密院拥有“调兵”之权，而高俅的这个三衙，拥有“管兵”之权。

具体来讲，高俅的主要工作，就是招募军队、管理军队、训练军队。然而，在高俅的管理下，三衙干得风生水起，成了一个为国家创收，为自己挣钱的部门了！

原来，高俅充分发挥了自己的头脑，对宋朝的军队进行了大规模的改革。

高俅改革的措施如下：

第一，改掉奋勇杀敌的升级制度。拥有一技之长，或者是有“工匠之心”的士兵优先升级。

第二，允许士兵不参加训练，但前提是，必须交付一定数量的“免训钱”。

第三，允许士兵做买卖，兼职专职都行，但必须缴纳一定的税金。若生意非常好，军队也要入股。

第四，实在没有经济头脑的士兵，也不能闲着，要他们去卖苦力，还美其名曰“艰苦训练，保家卫国”。

诸如此类……

总而言之，高俅管理军队，就一个核心管理理念——挣钱！

可见，高俅根本就是把大宋王朝的军队当作挣钱的工具，当作他“高氏作坊”的打工仔！

这种管理制度下，士兵的战斗力，也可想而知。

史料记载，宋金签署“海上盟约”后，大宋皇家禁军奉命出征，配合金人去收复燕云之地。

结果，在出征时，京城百姓惊讶地发现，大宋最精锐的皇家禁军竟然是一群废物。很多士兵根本不会上马，好不容易上了马，也死死抱住马鞍子，动都不敢动一下。

自己所有的身家性命、妻儿老小，要由这么一群废物来保护……宋朝的那些百姓，怎么还能笑得出来？

综上所述，重用高俅这样的“良将”，真乃敌国之幸，奸诈小人之幸。好汉们被逼上梁山，也就不是一件大惊小怪的事情了。

如此胡乱封赏、赏罚不公，宋徽宗的表现让人无语了。

三宗罪：崇尚道教

史料记载，宋徽宗还跟自己的祖先宋真宗一样，迷恋道教，并且越陷越深，不能自拔。

皇帝迷恋道教，原因很简单——我真的好想再活 500 年！

道教有着全人类的最终梦想——羽化成仙。一旦飞升上仙，可以摆脱地球的引力，突破空气动力学，想飞到哪就飞到哪；还可以拥有超越机器人的寿命，想活多久就活多久。

这个诱惑，确实不小。

至此，宋朝历史上第二个痴迷道教的皇帝，就此诞生。然而，宋真宗玩过的东西，如泰山封禅、汾阴祭地等事，宋徽宗一个都没有玩过。相反，宋徽宗干的事情，他的祖先宋真宗连想都不敢想。

宋徽宗干的事情，就是正式册封自己为“教主道君皇帝”！

一个好好的皇帝，放着皇位不要，却要去当教主，宋徽宗是疯了不成？当然，也只有宋徽宗这个奇葩皇帝，才能干得出来这种事。

其实，宋徽宗之所以这么干，全是一个道士忽悠的结果。这个道士，就是宋朝历史上大名鼎鼎的林灵素。

林灵素，初名灵噩，字通叟，温州永嘉（今属浙江）人。北宋末期著名道士。

根据《历世真仙体道通鉴·林灵素传》记载，林灵素跟高俅一样，也当过苏东坡的书僮。有一次，东坡问其志向，他笑而答曰：“生封侯，死立庙，未为贵也。封侯虚名，庙食不离下鬼。愿作神仙，予之志也。”

有此等志向，确实令人称道。但这里的问题是，你有这等志向，就别贪恋人间的美酒、美食。

史料记载，从苏东坡那里离开后，林灵素来到了开封城，天天不务正业，没挣到多少钱，却好酒贪杯，把所有钱都用在喝酒上。

有的时候，林灵素没有钱，就跟店家赊账。后来，赊的钱财太多了，店家就派人来讨债，要他赶紧还钱。

面对这些讨债的人，林灵素举起一把刀，当即表示，要钱没有，要命可以给半条！甚至林灵素“举手自折其面”，把自己的一半脸给劈了。

讨债的一看，吓出一身冷汗，再也不敢要钱了。

因为这个“壮举”，林灵素反而因祸得福。毕竟，他那副“一半是常人，一半是鬼神”的尊容，任何人看见了，都会把他当作“活神仙”。宋徽宗看见他后，也对他顶礼膜拜，视其为自己的“国师”。

历史上的这个林灵素，不仅胆量过人，口才也很好，眼光还准——一双毒眼，最擅长察言观色，看人下菜；一张利口，足以颠倒黑白，扭转乾坤。

林灵素入宫后，他玩儿命地向皇帝兜售自己的“下凡理论”，准备“唤醒”皇帝的前世记忆。

林灵素告诉皇帝：“天有九霄，而神霄为最高，其治曰府。神霄玉清王者，上帝之长子，主南方，号‘长生大帝君’，陛下是也……己乃府仙卿褚慧，亦下降佐帝君之治。”

这段话的意思是说：陛下是天上的太子爷，号称“长生大帝君”。我是您天上的一个小跟班，如今陪您一起下凡，来辅佐帝君管理人间。

皇帝一听：“我说怎么跟你那么熟呢，原来咱们上辈子都是神仙呀。”

林灵素继续告诉皇帝：“陛下，您的‘他乡故知’，又何止我一个。这满朝文武，都是天上的神仙。如今，他们都下凡来辅佐您，跟您一起渡劫。”

说罢，林灵素指着蔡京道，这是原某某神仙；指着童贯道，这是原某某神仙；又指着王黼道，这是原某某神仙……就连宋徽宗的宠妃刘氏，也不是凡人，而是天上的九华玉真安妃。

林灵素介绍完后，宋徽宗大喜过望——怪不得大家聚在一起，闹了半天，原来大家上辈子都是一起办公的神仙。

最终，林灵素告诉宋徽宗：“陛下乃九重神霄位列仙班的神仙，若陛下一心向道，再加上贫道的一些点化，很快，陛下就能重回仙界了。”

听完林灵素的话后，宋徽宗感慨万千。宋徽宗下令，正式皈依道教，册封自己为“教主道君皇帝”！

可见，能把一个皇帝忽悠得“出家”，林灵素也算是永载史册了。

在皇帝的“宠爱”下，林灵素身价倍增。当时，林灵素手下的门徒弟子多达2万余人，他的饮食、住宿、车马等待遇，基本上与皇族持平。

林灵素的权势最盛时，人们称其为“道家两府”。意思是说，林灵素的权力，已经可以和宰相、枢密使持平了！

于是，在宋徽宗和林灵素的努力下，宋真宗时期的那场“道教盛宴”，再次上演了。老百姓的疾苦程度，也可想而知。

史料记载，虽然这些道士们贪污腐败，但他们却没有祸害忠良，不仅如此，他们还上疏求情，保护那些忠良。

从林灵素保护苏轼这件事，就可见一斑。

有一次，皇帝在太清楼大摆宴会，命林灵素侍奉。当时，这个楼的下面，有一块蔡京等人打击异己、陷害忠良的“元祐党人碑”（后面再说），林灵素走到这块碑下，对其顶礼膜拜。

看见“国师”对奸臣顶礼膜拜，宋徽宗大怒，问其缘由。

面对皇帝的质疑，林灵素假装不知道，惊讶道：“臣不知道这块碑上写的是奸臣的名字。臣只知道，这块碑上写的都是天上星宿的名字。我若不对他们顶礼膜拜，他日，在天宫重见这些故人时，还怎么相处？”

此外，这个牛鼻子老道还赋诗一首，以为纪念：

苏黄不作文章客，童蔡反为社稷臣。

三十年来无定论，不知奸党是何人？

林灵素的这番话，说得蔡京瞠目结舌，也说得皇帝无言以对。

还有一次，皇帝来到林灵素的道观后，林灵素正在打坐修炼，根本没有起身迎驾，也没有理会皇帝的意思。

看见国师“灵魂出窍”了，皇帝一琢磨，算了，等会儿吧，看看他待会儿怎么解释。于是，皇帝就在一旁坐了下去，等待其回魂。

过了一会儿，林灵素这才睁开眼睛。他马上跪地磕头，大喊罪该万死，等等。

宋徽宗微笑道：“爱卿莫怕，朕不会治你的罪。只不过，爱卿一直不动，在干什么？”

林灵素回答道：“臣刚才灵魂出窍，去了一趟天宫，给天帝汇报工作去了。但是，臣正赶上‘奎宿星君’在汇报工作。臣见他没完没了，就先回来了，待会儿再去汇报工作。”

宋徽宗好奇道：“那星君汇报了什么工作，可否告知？”

林灵素道：“回陛下，因为隔得太远了，臣没有听清。但是，那个奎宿星君，臣倒是认识。”

宋徽宗道：“你认识？此人是谁？”

林灵素道：“回陛下，此人就是之前的端明殿大学士苏东坡！”

一听这话，宋徽宗大为改容。后来，虽然赦免苏东坡的事，跟林灵素无关。但是，若没有他的这些话，皇帝也不会对“元祐奸党案”改观，最终赦免了这些人。

当然，大家可以说，林灵素本来就是苏东坡的书僮，替苏轼说好话，就是他应该做的事情。他这样做也改变不了这些道士们腐败奢靡、祸国殃民的事实。

好吧，请看下面这个案例，看一看这个叫张胡的道士的所作所为，再下定论不迟。

史料记载，这个张胡，原名叫张虚白。可能因为他是胡人，长了一脸与众不同的胡须，所以宋徽宗就称其为“张胡”，而不称其名。

作为宋徽宗宠信的道士，跟林灵素一样，张胡也是很会享受的人。

腐败奢靡也就算了，张胡还不明白什么叫“长幼尊卑”，也根本不把皇帝放在眼里。史料记载，每次喝醉后，张胡就会大呼小叫，发酒疯，还会把皇帝的膝盖当靠枕，呼呼大睡。

见此情景，御史们大怒，就联合起来弹劾他。可每次弹劾时，宋徽宗都会护犊子，告诉御史们：“张胡喝醉了，你们跟一个醉汉较什么真呢？算了，算了。”

可见，得到如此的宠幸，张胡要是干出什么过分的事情，也不足为奇。然而，这个人竟然是一个忧国忧民的人，他能够直言进谏、让皇帝改正错误。御史们都不敢上奏的事、不敢说的话，这个张胡也敢说，而且是直截了当地说。

史料记载，张胡多次批评朝政，让宋徽宗不要重用奸臣、提防金人，等等。然而，宋徽宗根本不听他的话，只是开玩笑地敷衍道：“张胡，你又喝醉了，不要胡说八道。”

宣和年间，金人俘虏了辽国的天祚帝，派遣使者告知宋朝，并解除了与宋朝的误会（后面再说）。百年的仇敌被灭了，宋徽宗很高兴，大臣们接连上疏，歌功颂德。结果，张胡却这样道：“启奏陛下，臣昨日掐指一算，天祚帝已经回归仙境了。他在海上筑了一个宫殿，在那里等待陛下，已经很久了……”

张胡的意思已经非常明确了。他把宋徽宗比喻成了一个天祚帝似的亡国之君，也会“入住”金人的监狱！

单凭这番言论，就能治张胡一个大不敬之罪，将其一家满门抄斩。

群臣屏住呼吸，不敢出声，然而，对于张胡的这番话，宋徽宗却毫不介意，他只是拍着张胡的后背，大笑道：“张胡，你又喝醉了，怎能胡说八道呢？”说完，皇帝就把这件事情忘记了。

真的忘记了吗？

靖康之耻后，宋徽宗被金人俘虏，也准备去那个“海上宫殿”了。出发前，宋徽宗见到了来送行的张胡，他大哭道：“悔不听爱卿之言，才落得今日之败。”

张胡跪在地上，大哭道：“事已至此，还望陛下好好珍重，保护自己的身体。”

据说，说完这番话后，张胡就自尽了。

可见，不管是林灵素，还是张胡，他们虽然都是满嘴跑火车的道士，但是，他们同样也是忧国忧民的人。

至少，比朝廷的某些官员、那些“六贼”们，要好得多。

因为，就是这六个祸国殃民的大臣，把宋朝推到了万劫不复的深渊。

这六个永载史册、遗臭万年的大臣，分别是蔡京、童贯、梁师成、王黼、朱勔、李彦。

这六贼的老大，就是这位即将出场的奸臣——蔡京。

第二十章 摧毁大宋王朝的『一号奸臣』

六贼之首——蔡京

蔡京，字元长，兴化军仙游县（今福建省莆田市仙游县）人，北宋著名的书法家，权相之一。

史料记载，蔡京绝对是一个被上天眷顾的人，因为他跟宋朝公认的神童晏殊一样，也有一颗极其聪明的脑袋，甚至有过之而无不及。

前面讲过，晏殊七岁时能熟读四书五经，然而，蔡京四岁时，就能够达到这种境界。蔡京不仅饱读诗书，还能把范仲淹的《岳阳楼记》倒背如流。

范仲淹若九泉下有知，看见这么一个这么小就能背诵自己“先天下之忧而忧，后天下之乐而乐”的孩子，也足以欣慰。

当然，会不会背，跟会不会用，可是两码事。

根据《宋宰辅编年录》记载，蔡京除脑袋聪明外，还有一个特殊的本领，让人认为其必成大器。

说实话，在现代人眼中，蔡京的这个特殊本领，是一点用处都没有。

蔡京的特殊本领就是——这厮能在正午的时候，用自己的双眼去看太阳。而且能够一眼不眨，看很久很久。

大家可以去试试，反正我不行……

后来，因为这个超乎常人的本领，大家一致认为，拥有这等本领，此人必成大器！

蔡京果然没有辜负众望，他真的在23岁时就一举中第，并在官场上一路亨通，最终官拜宰相。

蔡京入仕后，他审时度势，拜了新党的码头，在王安石的麾下效力。

在王安石的关照下，蔡京先后担任中书舍人、翰林学士，出使过辽国，当过开封府尹……很显然，蔡京走了一条正确的官场路线，若按照这条路线继续前进，不久就能位列宰执、位高权重了。

然而，伴随着宋神宗的死，蔡京的这条升级之路，被彻底堵死了。

前面讲过，宋神宗死后，高太皇太后垂帘听政。这个女人极其讨厌新法，她召回司马光，让他废除新法、回归正统。

司马光执政期间，所有的新党都遭了殃，他们或被贬或被驱，都被轰出京城。身为新党成员的蔡京，也不能幸免。

然而，在这个危急时刻，蔡京再次展示出了自己审时度势的本领，他第一时间拜了旧党的码头，在司马光麾下效力。

如此审时度势、左右摇摆的本领，咱不服都不行。

虽然拜了司马光的码头，躲过了这场浩劫，然而，蔡京此举，也招来了新党的痛恨。

这不，在高太皇太后病逝、宋哲宗亲政后，蔡京的这种好日子就到头了。

前面讲过，宋哲宗亲政后，立刻驱除旧党，重新录用新党，并开始驱逐、贬斥“元祐党人”。

在这种背景下，身为司马光亲信的蔡京，那是没得跑了。于是，蔡京被发配到地方，辗转数州，当一个小小的发运使（财务部主任）去了。

后来，虽然宋哲宗大赦天下，把蔡京重新召回了京城，但是，因为之前左右逢源的“壮举”，不管是新党的领袖章惇，还是旧党的领袖韩忠彦（韩琦长子），都痛恨这个两面三刀、毫无立场的小人。

最终，在新旧两党的联手攻击下，元符三年（1100年）十月，蔡京又被轰出了朝廷，发配到杭州去了。

旧党不疼、新党不爱，蔡京成为“一棵无人理睬的小草了”。他没有“花香”，没有“树高”，下半辈子注定将在碌碌无为中度过了。

然而，蔡京从不寂寞，从不烦恼。因为他有两个绝活，很容易吸引宋徽宗这个“大地母亲”的关注。

蔡京的第一个绝活，字写得好。

史料记载，身为宋朝四大书法家之一，蔡京的字冠绝一时，就连一向狂傲不驯的大书法家米芾，也曾低下自己的头，认为自己的字不如蔡京。

《铁围山丛谈》记载，蔡京跟米芾聊天时，问道：“普天之下，谁的书法最好？”

米芾答道：“自唐朝柳公权后，就属您的字最好。”

蔡京继续问道：“其次呢？”

米芾道：“废话，当然是我！”

高傲的米芾也弯下了腰，蔡京的书法造诣可想而知。当时，所有人都想得到蔡京的字。蔡京的字，也可以让人一夜暴富。

是真真正正的一夜暴富。

史料记载，蔡京当开封府尹时，有两个小吏对他照顾有加，天热扇扇子，天冷添柴火，堪称无微不至。蔡京感谢他们的照顾，就把他们的扇子要了过去，在上面题了两首杜甫的诗。

结果，第二天上朝时，蔡京意外地发现，这哥俩改头换面了，他们穿上了富贵的衣服，明显发大财了。

见此情景，蔡京大惑不解，问其缘故。那两个小吏道：“感谢老爷为我们题字。昨日，我们把这两把扇子卖了，足足卖了两万贯钱！”

两万贯钱，在宋朝，堪称一笔巨款了！

得此结果，蔡京很是高兴，便问道：“谁买走了那两把扇子？”

两个小吏道：“属下不知，只知道是被一个王爷买走了。”

不知道买家是谁，蔡京颇为遗憾，但也没有追查下去。

殊不知，若干年后，当蔡京位极人臣、成为宋徽宗的宠臣后，有一次，宋徽宗神神秘秘地递给蔡京两把扇子，问道：“爱卿，你看这是何物？”

蔡京一看，这不就是当年那两把扇子吗？原来这个东西，被宋徽宗买走了。

蔡京看完后，宋徽宗大为感慨道:“当年，为了得到爱卿的字，朕可谓大费苦心。如今这两把扇子，依旧是朕的心爱之物。”

咱们都知道，宋徽宗是一个爱字如痴的皇帝，一个小小的米芾，都能得到宋徽宗如此的宠爱。那么，这个有能力、有履历，还有手段的蔡京，其飞黄腾达之日还会远吗?

当然，蔡京的字写得再好，也需要人来推销。而善于找到推销自己的人，就成为蔡京第二个绝活。

蔡京第二个绝活，结交内侍，与宦官狼狈为奸。

事实证明，自古以来，太监和大臣联手后，威力必将惊天动地。

宦官可以凭借大臣的权力，扩大自己的势力；大臣也可以通过宦官与皇帝的特殊关系，准确猜出皇帝的心理，投其所好，让自己更加受宠。宦官和大臣一旦联起手来，很可能大权独揽，甚至架空皇权。

在当时，蔡京就是走的这条路线，而他结交的这位宦官，就是中国历史上赫赫有名、唯一被封过王，还拥有很多历史第一头衔的权监——童贯。

有这么一位“大能人”帮忙推销自己，蔡京的官场之路，也就可想而知了。

就这样，在皇帝的赏识和童贯的帮助下，蔡京高歌猛进，重新回到了朝廷。

建中靖国元年（1101年），宋徽宗颁布诏书，任命蔡京为翰林学士，命其速回京城。

结果，蔡京回京后仅仅两个月，宋徽宗又改任其为尚书左丞，让他成为一个宰相助理了。

蔡京在这个位置上又仅仅过了两个月，宋徽宗又颁布一道圣旨，改任其为右仆射兼中书侍郎。

何为右仆射兼中书侍郎？就是这个帝国的副宰相！

短短半年的时间，蔡京就完成了一个“三级跳”的壮举，从一个戴罪之身的大臣，一跃成为这个帝国的宰相。

如此升迁的速度，蔡京也算是前无古人、后面仅仅一个来者了。这个来者，就是他的“继任者”，同为六贼之一的——王黼。

虽然蔡京这种大跃进似的升级速度，跟他本身的才华、皇帝的宠爱、童贯的帮助有关系，但是，史学家们却一致认为：蔡京的这种升级速度，应该是朝廷党争的结果，而他之所以能够回到朝廷，也全是一个人为了自己的一己私欲，报仇雪恨的结果。

这个拿蔡京报仇的人，就是当时的副宰相——韩忠彦。

回归的真正原因

咱们前面讲过，身为旧党的领袖，韩忠彦一点也不喜欢蔡京。既然不喜欢蔡京，那么，韩忠彦为什么把他调回京城，给自己添堵吗？

其实，韩忠彦之所以把蔡京调回来，不过是想借用蔡京的手，除掉当朝宰相曾布罢了。

看着有点晕吧？这一切还得从头说起。

前面讲过，原当朝首辅章惇，不是说了一句中伤宋徽宗的话（端王轻佻），被皇帝给办了吗？章惇下岗后，曾布接替了他的职务，成为帝国新的首辅。

身为一个有追求的大臣，曾布当政后，自然要打击异己。于是，曾布就瞄上副宰相韩忠彦，打算把他轰出朝廷。

为了干掉韩忠彦，曾布从两个方面下手，来了一个双管齐下。

第一个方面，说服宋徽宗变法，继承父亲的衣钵。

在曾布眼中，你韩忠彦不是保守派的领袖吗？那我们就变法，用党争的老办法除掉你。于是，曾布告诉宋徽宗，咱们一定要变法。只有变法，国家才能够变强，恢复祖先之荣耀；只有变法，才能让天下臣服；只有变法，国家才能有钱，您才能开心地去享受，等等。

您想呀，宋徽宗是一个艺术家，他哪里懂得变法会培养出一群如狼似虎的贪官污吏，他们会丧尽天良地搜刮百姓，士大夫阶层也会进入无休止的党争这些事情！

这位伟大的皇帝只知道，曾布的话在理。要是不变法，钱从哪里来？用祖训治国，猴年马月才能挣出那么多钱！

最终，宋徽宗下令，更改那个仅仅使用了一年的“建中靖国”的年号，改国号“崇宁”。

这里的“崇”，是崇拜、推崇的意思，“宁”是“熙宁”的意思，它是宋神宗变法时的年号。因此，“崇宁”的意思，就是要推崇神宗之志，重新变法。

宋徽宗这样做，给这个帝国带来两个严重的后果。

第一个后果，让好不容易烟消云散的党争，再次出现。那个北宋末年打击异己、坑害无数贤臣的“元祐党人碑”事件，就是以此为开端的。

第二个后果，就是宋徽宗开始朝令夕改、轻言寡信了。

天子无戏言，宋徽宗明明说好了，不要搞党争、两派共用。结果，仅仅过了一年，宋徽宗就出尔反尔，这让大家情何以堪。

后来，因为皇帝太容易出尔反尔，大家都不再相信他了。

可见，宋徽宗未来为什么众叛亲离，被迫传位，其实从这里，就已经埋下了一个伏笔。

书归正传，忽悠皇帝变法后，曾布就从第二个方面下手，亲自整治韩忠彦了。

第二个方面，压制韩忠彦，彻底“欺负”死他。

史料记载，为了对付韩忠彦，曾布使用了当年“吕夷简收拾李迪”的办法。每次开会，曾布都会对韩忠彦的决策大呼小叫，寸步不让。韩忠彦不管提什么样的建议，都会被这个“吕夷简”无理地反驳掉。对于这种结果，韩忠彦苦不堪言，却又无计可施。

后来，眼瞅着自己要被曾布办了，韩忠彦忍无可忍，准备反击了。

理论上，韩忠彦选择的报仇方式，应该是学习李迪和王曾，收集这个“吕夷简”的罪证，跟他拼了。然而，韩忠彦却另辟蹊径，选择了另一种不常见的方式。

这个报仇的方式就是——找一个更强的人来取代曾布！

对于韩忠彦的这个办法，我无言以对。如果韩忠彦读过史书，知道唐高宗时期，王皇后为了对付萧淑妃，把武则天重新召回宫的故事，他就能明白这个报仇手段的后果了。

然而，对于这种引狼入室的行为，韩忠彦却毫不知情。对自己的这个计谋，他竟然还非常满意，甚至扬扬自得道：“布之自为计者，绍述耳。吾当用能绍述者胜之！”

这个意思是说：你曾布办事，不是处处以继承先帝遗志为借口吗？我就找一个更能贯彻先帝遗志的人，来取而代之！

可见，韩忠彦已经不能算是报仇，这根本就是为了出一口恶气了！

在这种背景下，蔡京完成了三级跳的壮举，重回京城，成为副宰相。对这样的结果，蔡京真要好好感谢一下韩忠彦才是。

那么，蔡京是怎么报恩的呢？

就跟当年武则天的所作所为一样，蔡京一回朝，就拉开了战斗的序幕！他要站在失败一方的尸体上，举起盛满鲜血的酒杯，高唱自己胜利的凯歌。

成王败寇，殊死一战，现在开始！

在蔡京的攻击下，第一个命丧狮口的人，就是他的大恩人——韩忠彦。

大权独揽

史料记载，蔡京重返朝廷后，立刻给曾布上了一课——一个区区的韩忠彦，有何惧哉？只要略施小计，就能让他下岗。而且，杀这种“鸡”，根本不用“牛刀”！

当时，一个叫邓洵武的起居郎出手，用了一个极其简单的挑拨离间的办法，让韩忠彦黯然出京了。

邓洵武：“启奏陛下，您不要再变法了，因为变法根本不能成功。”

宋徽宗：“爱卿为何这样说？”

邓洵武：“因为朝中有阻碍变法的人。”

宋徽宗：“谁是阻碍变法的人？”

邓洵武：“韩忠彦！”

宋徽宗：“为何是他？”

邓洵武：“他是韩琦的儿子！”

宋徽宗：“从何说起？”

邓洵武：“陛下是先帝的儿子，韩忠彦是韩琦的儿子。当年，先帝变法时，韩琦百般阻挠，此事天下皆知。作为韩琦的儿子，韩忠彦肯定会继承父亲的衣钵，百般阻挠变法，以继承其父的遗志。因此，只要韩忠彦还在朝廷，变法就一定会被他阻碍，绝对不会成功！”

邓洵武的这番话，说的宋徽宗无言以对。

如此高超的智商，如此挑拨离间的手段……

挑拨离间后，邓洵武继续侃侃而谈道：“启奏陛下，如果您要变法的话，恐怕没有一个人能够帮助您！”

宋徽宗大怒道：“爱卿有何根据？”

“有图为证。”说罢，邓洵武给皇帝展开了一张图，以做说明。

这张图，史称《爱莫助之图》。

原来，为了给皇帝下套，蔡京特意仿效《史记》年表方式，将宰相、执政、侍从、台谏、郎官、馆阁、学校七大类官员分成两栏。

在这张图中，左栏，就是变法派人员；右栏，就是保守派人员。结果，左栏上面，只有六七个人名；反之，右栏上面堪称人满为患，上面密密麻麻写了数百人。

对一个想变法图强的皇帝而言，这种结果，让他情何以堪。当时，宋徽宗看着这张图百感交集，后来，宋徽宗在那些同意变法的大臣名字中看见了“蔡京”二字，这让皇帝高兴不已。

邓洵武立刻趁热打铁道：“皇帝想继承父志，就要驱逐韩忠彦，重用蔡京！”

至此，在邓洵武的挑拨离间和这张图的帮助下，宋徽宗终于中计了。

崇宁元年（1102 年）五月，宋徽宗颁布圣旨，免除韩忠彦宰相职务，由蔡京接替。就这样，不费吹灰之力，在曾布惊讶的双眼中，蔡京轻易地击杀了韩忠彦，取而代之。

如此之手段，如此之本领，对于蔡京这个人，不服不行……

成为帝国的宰相后，为了更上一层楼，蔡京准备再接再厉，弄死帝国的首辅曾布。

结果，蔡京还没动手，曾布就“自杀”了。

原来，就在前不久，曾布干了一件愚蠢的事情。他见户部侍郎这个位置空缺，就向皇帝推荐，让陈佑甫继任。

曾布此举，只能用一个词来形容了——主动找死。

因为，这个陈佑甫不是别人，正是曾布的儿女亲家！陈佑甫的儿子陈迪，就是曾布的女婿。

得知此事后，蔡京立刻上疏，痛骂曾布以权谋私，私自授予亲属官职。这是要结党营私，联合起来造反！

对于这种指控，曾布不服，就在大殿上跟蔡京吵了起来。结果，在争吵期间，曾布的话越来越多，越说越难听，说得皇帝都不想听了，宋徽宗最终拂袖而去。

几天后，皇帝颁布一道圣旨，痛斥曾布。

至此，这位昔日位高权重、一人之下万人之上的宰相，终于阴沟翻船，变成了一只落水狗。紧接着，对曾布的下一步迫害，也接踵而至。

为乘胜追击，蔡京收集了很多曾布的罪证，弹劾他贪污腐败，收取贿赂，并把他儿子抓到开封府逼供。

为救儿子的命，曾布只能乖乖认罪，于是他被贬到了太平州（今安徽省当涂县），去那里当一个无权无势的闲官。

即使远离了朝廷，曾布的噩梦也没有停止，因为那个"元祐党人碑"事件，曾布被一贬再贬，发配的地方也是越来越远。最终，曾布实在过不了这种担惊受怕的日子，大观元年（1107年），在润州郁郁而终。

至此，这个曾经统治天下的宰相，退出了历史的舞台。

随着曾布的死，一个新的宰相终于站在了历史的舞台上，并开创了一个属于自己的时代。

史料记载："京起于逐臣，一旦得志，天下拭目所为。"就是说，当蔡京执政朝政后，天下人拭目以待，希望这个宰相能有所作为。

但是，一个群魔乱舞、天下大乱的时代，却在这个男人的手中，和在另外一个"男人"的帮助下，慢慢浮出水面……

这就是蔡京最好的盟友，同为六贼之一的大宦官——童贯。

清除异己的手段

有一个叫侯蒙的大臣，对蔡京有过这样的评价："使京能正其心术，虽古贤相何以加？"这个意思是说，假如蔡京是一个心术正的大臣，他一定会成为一个贤相。

这句话确实有几分道理。一个拥有这等本事的人，若心术正，确实能够造福于民、造福于江山社稷。

可惜的是，这个蔡京，却是一个心术不正的人，而大宋王朝，就是在这个坏人的带领下，迎来自己最终的结局。

这个结局的开端，就从蔡京执政开始讲起：

史料记载，跟曾布一样，为了大权独揽，蔡京也干起了那些驱逐异己的勾当。而且，在这个方面，蔡京比曾布更甚。他一共干了两件事，让朝廷再无反对之声，也没有任何人敢忤逆他。

第一件事，上疏言事案。

前面讲过，宋徽宗刚刚亲政时，是一个能够虚心纳谏的好皇帝，当时，为了给国家谏言，一共有 580 名官员上疏，为国家的发展出谋划策。结果，蔡京执政后，为了打击异己，他就拿这 580 名官员开了刀。

当时，蔡京把这 580 名官员分成正邪两类，只要是顺从自己的，就是“正”的，对他们加官晋爵；凡是不顺着自己的，就是“邪”的，蔡京状告他们写文章“辱骂朝廷”，将他们全部罢免了。

按照蔡京的这个标准，这 580 名官员中，有 534 名官员是邪的，只有 41 名官员是正的。

一时之间，朝野震惊，大家再也不敢轻易上疏，以免招来杀身之祸。

蔡京打击异己、清除政敌的手段，可见一斑。

在蔡京的打击之下，帝国的言路彻底被堵。从此以后，皇帝再也听不到反对的声音了，所有反馈回来的信息，都是他最喜欢听和最想听的部分。

显而易见，皇帝完全被奸臣玩弄于股掌之中，这个国家也只能破产了。

在蔡京的眼中，要想完成“天下一统”的重任，他还要再干一件大事，彻底清除异己，消灭所有政敌！

蔡京干的第二件事，就是宋朝历史上大名鼎鼎的“元祐党人碑”事件。

崇宁元年（1102 年），为消灭所有政敌，蔡京以阻碍变法为由，罗列了一份 309 人的“元祐奸党”名单，请求皇帝对他们圣裁。

为加深皇帝对他们的印象，蔡京还建议，将这些人的名字刻在石碑上，昭告全国，以让他们遗臭万年。被刻上名字的官员，重者关押、轻者贬放远地，非经特许，不得内徙。

这就是宋朝历史上大名鼎鼎的“元祐党人碑”事件。

对于这个事件，所有人都明白，蔡京把这些人定为“元祐党人”，其实就是在排除异己，打击所有不服从自己的人。

因为，在这块石碑上，有反对变法的司马光、苏轼、苏辙、程颐、郑侠等人，也有很多支持变法的大臣。这块石碑上，甚至有章惇和曾布的名字！

咱们都知道，曾布是变法的三主将之一，章惇更是变法的坚定拥护者。章惇执政时，还差点把司马光的坟给抛了。结果，这哥俩因为得罪了蔡京，就摇身一变，变成“元祐党人”，跟司马光等成一类人了。

此外，蔡京整人，更加恶劣和无耻，比章惇有过之而无不及！

史料记载，为了收拾这些政敌，蔡京多次让宋徽宗下旨：凡党人子弟，无论官职大小，均不许留在京城，也不许擅自入京，更不许在京城任职。党人子弟，不许与正派人士联姻，之前有过婚姻的，也要全部解除婚姻（李清照就差点离婚）。党人五服之内的亲戚，也不许在朝中任职。一经发现，必严惩不贷。

可见，蔡京整人，真是往死里整呀！

除收拾党人的身体外，对于他们的精神世界，蔡京也要往死里整。

这些党人的精神世界，就是他们的书籍。

两本无法摧毁的书籍

为了消灭这些党人的思想，不让他们继续“毒害”百姓，蔡京下令——销毁三苏、司马光、黄庭坚、秦观、范祖禹、刘攽、文莹和尚等人的所有书籍，以及他们书写的碑、碣、榜、额等物。民间不许保留上述人的书籍和文件。

在这些销毁的书籍中，毋庸置疑，最重要的两部大作，就是司马光的《资治通鉴》和苏轼的《东坡集》。

这两部大作，在民间影响最大，因此成为蔡京重点打击的目标。然而，蔡京却意外地发现，他竟然没法销毁这两本书。

因为，其中的一本，蔡京不敢销毁；另一本，蔡京没法销毁。

这本不敢销毁的书，就是司马光的《资治通鉴》。

原来，得知要销毁司马光的《资治通鉴》后，大学士陈莹中忧心忡忡，誓死要保护这部书。

当年，司马光为了写这部书，十九年如一日，拼命苦读。他读得眼睛花了，头发白了，牙齿也松动了，才从3500多万字的史料中，精心挑选了300多万字，写成了这部294卷史学巨著。

为救这部书，陈莹中想尽了一切办法，最终，从这本书的序言找到了突破口，成功救下这部书。

原来，给《资治通鉴》写序言的人，不是别人，正是宋神宗。当年，司马光写这部书的时候，宋神宗就告诉他，拿几页过来我看看。

看完后，宋神宗觉得这部书不错，于是，宋神宗大笔一挥，就把这部书定名为《资治通鉴》了，还给这本书写了一个序言。

得知这件事后，陈莹中就踏实了。

毕竟，先帝肯定的书，你们敢给销毁了，这不是大逆不道吗？以蔡京为首的官员，不是天天嚷嚷“崇宁”吗？销毁先帝认可的书籍，这不是口是心非、表里不一吗？

为了保护这部书，陈莹中就把这渊源公布了。他还把这渊源出在了太学考试的题目中，让全天下的人都知道，宋神宗皇帝给《资治通鉴》写过序。

当时，负责销毁这部书籍的人，是蔡京的党羽林自。这位仁兄一看，宋神宗皇帝给这部书写过序，他就找来陈莹中，询问此事。

林自问道：“神宗皇帝怎么可能给这部书写序？我看这个序言是假的。”

陈莹中大声回答道：“先帝笔迹在此，谁敢说这是假的！”

一听这话，林自彻底怂了，他小声道：“即使是真的，也是神宗皇帝年幼时写的东西，就是一篇‘作文’而已。”

陈莹中大怒道：“天子一言九鼎，他写的文章，还有少年、成年之分吗？”

林自理亏词穷，只能请示蔡京等人，问这件事情怎么处理。

蔡京一看，神宗皇帝给这部书写过序，那这部书就不能销毁了。但是，要将这部书锁在高阁内，不许任何人再看。

就这样，在陈莹中的保护下，这部史学巨著才保留了下来。“元祐党人碑”事件结束后，《资治通鉴》也重见天日，并流传至今。

对比另外一本书，《资治通鉴》的命运算是坎坷了。要知道，那本书压根就没被销毁，它在禁令中反而身价百倍，还让很多人发家致富了。

这就是苏轼的《东坡集》。

咱们都知道，历朝历代，文人骚客们都对苏轼的诗文爱不释手，要这些“追星族”们交出苏东坡的诗文，那就是白日做梦。此外，因为喜欢苏轼的文章，文人们皆模仿苏轼的思想和语言，甚至把他的“文风”当成科举考试的标准。

当时，宋朝有一句谚语——“苏文熟，吃羊肉；苏文生，吃菜羹”。由此可见，苏轼的文章风靡天下，深深影响着宋朝文人的思想。

在这种情况下，蔡京想销毁苏轼的文章，这不是扯吗？

这里引申一个问题：为什么熟悉苏轼的文章，就能吃羊肉呢？

原来，跟现在不同，北宋没有合适的畜牧场，羊肉只能进口，因此羊肉极贵，绝对是奢侈品。

书归正传，当时，为了销毁苏轼的书籍，朝廷悬赏重金，购买苏轼的文集。最高时，悬赏奖金高达80万钱，按照今天的购买力，大概为10多万元人民币。然而，读书人对苏轼的诗文爱不释手，绝不肯出售。很多人甘愿冒着危险保护苏轼的文集，并视其为“传家之宝”。

当然，面对这笔奖金，也有很多人就动心了，他们也借此发了一笔小财。只不过，这类人发财，却跟禁书没有关系。他们是凭借另一种办法发家致富的。

这类人的代表人物，就是徐州太守苗仲先。

遥想当年，苏轼在徐州当官时，修了一座楼，叫作“黄楼”。他在黄楼下写了一块碑文，以作纪念。苏轼的弟弟苏辙、他的“妹夫”秦观（苏轼没有妹妹，苏小妹是虚构的）也在这里作赋纪念。

“元祐党人碑”后，徐州百姓为了保护苏轼的碑文，就把这块碑藏起来了。当地政府对百姓的举动，也是睁一只眼闭一只眼。因为官员不想犯众怒，而且他们也喜欢苏轼的东西。

后来，当这场禁书风波完全变了味、达官显贵们以收集苏轼的文集为荣时，很有经济头脑的徐州太守苗仲先就意识到，发财的机会来了。

说干就干，苗仲先命人把苏轼的碑文抬出来，让工人日夜拓印，得拓片数千份。印好后，苗仲先告诉众人：“苏氏之久，乃为禁书，这块石碑不能存。”于是，在众人的哭喊中，苗仲先下令把这块石碑毁了。

毁了石碑后，苗仲先偷偷告诉众人，说大家不要哭了，我留有拓片，等禁书事件平息后，再刻上便是。安抚了百姓后，苗仲先就启程进京，汇报成绩去了。

来到京城后，苗仲先先汇报了一下自己的成绩，得到了赏钱。随后，他命人贩卖碑文的拓片。

由于大家都知道，这块碑已经被毁了，所以碑文的拓片市价倍增，供不应求。

拓片销售一空后，苗仲先得钱数万缗，成为一方巨富。

可见，蔡京虽然能够禁书，却无法摧毁人心。毕竟，天下的公理和正义，不在庙堂之中，而在百姓的心里，岂容尔等说销就销、说禁就禁！

当然，对蔡京而言，虽然没办法销毁这些书籍颇为遗憾，但这并不妨碍他清除异己、陷害忠良。

在“上疏言事案”和“元祐党人碑事件”后，蔡京终于消灭了所有反对的声音。虽然在正直官员和道士的努力下，元祐党人碑仅仅立了五年就被推倒了。但不管怎样，蔡京还是把这个帝国的思想“统一”了起来！

从此以后，蔡京和他的党羽们在这个帝国里为所欲为，想干什么就干什么！

蹂躏百官、掠夺百姓、欺压弱小，只要这些人想干，他们不用考虑、不用顾忌、想干就干，不会有人阻止他们，也没人敢去阻止他们！

自宋朝开国以来，一个最黑暗的时刻终于到来。

第二十一章 帝国之悲

腐败奢靡的饮食

经过“上疏言事案”和“元祐党人碑事件”后，蔡京几乎消灭了所有的潜在敌人，也一举奠定了此后 20 多年朝廷的基本格局。

从此以后，在皇帝不管事的情况下，所有的国家大事，都由蔡京负责处理；所有官员的升迁罢黜，也由他负责批准。蔡京俨然成为这个帝国的最高“掌门人”。

在这种背景下，凡是顺从蔡京的官员，全都得到了升迁；凡是忤逆蔡京的官员，全都被罢黜。蔡京真正达到了翻手为云覆手为雨的境界，他甚至不藏着掖着，公开结党营私。

当时有一个官员回忆道：“我去蔡京家拜访，当时宰相正与三个人吃饭。结果，蔡京连最基本的回避都省略了，就在我的面前提拔了这三个人……”

蔡京大权独揽，不可一世的神情，可想而知。

在蔡京公开弄权的情况下，各种阿谀奉承、蝇营狗苟之辈，成了朝廷的重臣；那些真正有本事、有能力的大臣，却得不到升迁（如救国宰相李纲）。

最终，就在这群人才的“帮助”下，一个好好的朝廷，搞得纲纪废弛、乌烟瘴气。

除了排斥忠良、结党营私外，跟历史上很多的贪官一样，蔡京的生活也腐败奢靡得很！

史料记载，蔡京的生活非常腐败奢靡，仅从他平常的饮食上，就可见一斑。

蔡京喜欢吃两种食物，一种叫盐豉；另一种则是蟹黄包。

先说盐豉。

按照今天的说法，这个盐豉，就是豆豉，一种用豆子煮熟腌制而成的羹。但是在蔡京家，这个“豉”，却不是用豆子做的，而是用黄雀的胃（黄雀之胗）做成的。

为了满足蔡京的胃，蔡京家的厨子就用黄雀的胃，做成一个一个小小的豆豉，再用这些“豆豉”熬羹。当时，蔡京的一顿饭，就要吃掉300多只黄雀，其奢靡腐败的程度可见一斑。

再说蟹黄包。

史料记载，蔡京每吃掉一顿蟹黄包，就要花费1300贯钱，相当于宋朝50户中产阶级一年的生活费。

一顿饭怎么吃掉这么多钱呢？要知道，如果用这些钱购买螃蟹，螃蟹的重量就能把蔡京活活压死。就是撑死蔡京，他也吃不了这么多螃蟹呀。

其实，蔡京家的蟹黄包之所以贵，不是因为螃蟹贵，而是人工成本太贵了。

据南宋罗大经的《鹤林玉露》记载，当时东京汴梁城有一个读书人，花钱买了一个小妾。一打听，这个小妾是蔡府的厨娘，主要工作就是做包子。

得知此事后，书生心血来潮，让小妾给自己做包子，要享受一下蔡太师的待遇。结果，对于这个要求，小妾无奈地回答道：“妾身不会做包子。”

书生困惑道：“你的主要工作不就是做包子吗？怎么不会做呢？”

小妾道：“妾身主要的工作，确实是做包子。但做包子这个环节，不归妾身管。所以妾身不会做包子。”

书生更加困惑道：“那你会做什么？”

小妾道："妾身只会切葱丝，其他的事情全都不会。"

一听这话，书生懵了。小妾解释了半天，他才明白过来。

原来，在蔡府做包子，是一个"流水作业"，有人专门和面，有人专门擀皮，有人专门制馅，有人专门包，有人专门生火，等等。大家各尽其责，分工明确。

这个小妾是配料组的一员，她就负责切葱丝。其他的工作，比如切姜丝、捣蒜末、挖蟹肉等活儿，都有专人负责。这个小妾不会，也不用管。

听完解释后，书生大吃一惊，道："好吧，那你给我切一下葱丝吧。吃不了包子，也让我吃一口蔡府的葱丝。"结果，这个小妾切葱丝的技术，到了出神入化的境界，一棵葱让她切得长短一致，粗细相同。

看着这些葱丝，书生大发感慨道："蔡太师真有钱。一个切葱丝的活儿，都要雇用一个貌美如花、技艺精湛的美女负责。雇用其他厨子的钱，就可想而知了。"

对于这种铺张浪费的行为，蔡京并没有觉得不妥，他反而认为，自己位高权重，就应该过这样富庶的生活！

蔡京最看不上的，就是历朝历代那些提倡节俭的贤君名相。每次谈到他们，蔡京都会嗤之以鼻地送给他们一个字——陋。

蔡京一个人腐败奢靡也就罢了，这里的问题是，他竟忽悠皇帝跟他一起腐败奢靡。且宋徽宗就是一个喜好这些东西的文人，他要是不跟蔡京一起胡搞都新鲜。

于是，在蔡京的引领下，宋徽宗也腐败奢靡了起来。而随着皇帝的腐败奢靡，大宋王朝也不可避免地迎来了最终之日。

大家一起来

史料记载，有一次，宋徽宗跟蔡京聊天时，拿出一些玉制的碗杯，问道："我打算在国宴上使用这些东西，但又怕群臣骂我腐败奢靡，你对此怎么看？"

各位，考验人品的时候到了！

倘若蔡京是一个贤臣，他就应该清楚地知道自己该怎么回答。毕竟，《韩非子·喻老》里那个“象箸之忧”的故事流传久远。

这个故事讲的是，商纣王时期，有一天，贤臣箕子见商纣王在用一双象牙筷子吃饭，就忧心忡忡地对别人道：“完了，完了，国君用象牙筷子吃饭了，这个国家没救了！”

其他人宽慰道：“一双小小的象牙筷子，何足惧？”

箕子继续忧心忡忡道：“你们懂啥！国君用了象牙筷子，就一定不会用陶杯，而要用犀碗玉杯了。用了犀碗玉杯，就一定不会吃粗茶淡饭，要吃山珍海味了；吃了山珍海味，就不会穿粗布短衣、坐在茅屋里吃饭，而一定要穿着华贵的衣服，坐在雄伟的宫殿里吃饭。到了那个时候，这个国家就完啦！”

虽然在别人的眼中，箕子的这番话纯属危言耸听。但事实是，仅仅过了五年，商纣王就在酒池肉林、炮烙酷刑中，把这个国家整得灭亡了。

居五年，纣为肉圃，设炮烙，登糟丘，临酒池，纣遂以亡。故箕子见象箸以知天下之祸。故曰：“见小曰明。”

——《韩非子·喻老》

仅仅通过一件小事，箕子就能准确地预测未来，不愧为一代贤相。同样地，这个故事也警告世人，一旦奢华的“潘多拉盒子”被打开，各种欲望就会无休止地出现，一个欲望推动着另一个欲望，一种贪婪紧随着另一种贪婪，永无尽头，最终让这个人在无限膨胀的贪婪欲望中，彻底灭亡。

“俭节则昌，淫佚则亡”——此乃千古不变之道理，切记！切记！

然而，对于这个道理，蔡京压根就不想知道！

面对宋徽宗的质疑，蔡京怎么回答呢？

史料记载，听完宋徽宗的问题，蔡京立刻劝慰道：“天子握有四海，本就应该享受这些东西。此乃天经地义之事，谁敢说三道四？何况，臣当年出使辽国时，辽国的皇帝就是用的这种玉碗。陛下若不用的话，岂不是还不如一个蛮夷的皇帝？”

这番话，说得宋徽宗点头不止。

为了彻底打消皇帝的顾忌，蔡京竟然引经据典，援引了两个古人思想，用作说明。

第一个思想，是《易经》里的“丰亨豫大”理论。

蔡京告诉皇帝，在这个物产丰富、国家平安亨通的时代，作为一个皇帝，就一定要享乐（豫），出手也一定要阔绰（大）。否则，就是在违背天意。

第二个思想，是《周礼》里的一个思想，叫作“烳王不会”。

蔡京告诉皇帝，天下的钱，都是需要计算的，但皇帝的钱，却不用计算。身为天子，就要玩儿命地花。只有这样，才能让四方臣服、万民敬仰。否则的话，谁愿意效忠一个土得掉渣的天子？

蔡京的这番话，已经不能用无耻、卑鄙这种词语来形容了。

这里说一个小花絮，蔡京说完后，宋徽宗非常满意他的回答，就说道：“蔡爱卿此言甚是，朕登基数年，一直为国为民，如今天下太平，百姓安居乐业，我也该享受一下了。”

皇帝说完后，蔡京（也说是梁师成）继续道：“陛下所言甚是，前朝范文正公教导我们，先天下之忧而忧，后天下之乐而乐，说的就是这个意思。”

我若是范仲淹，听到蔡京这么糟改自己的句子，绝对能被气活了，再被活活气死！

至此，这个大宋王朝最黑暗的开端，就在蔡京这张胡说八道的嘴以及宋徽宗这双奢靡无度的手中，慢慢浮现。

在蔡京的谗言下，宋徽宗一改初衷，开始大兴土木、腐败奢靡了。

以前，皇帝过节、过生日，就宴请群臣吃一顿饭，花不了几个钱。自从调整思路后，宋徽宗下令，所有的节日都要大办特办。一定要做到普天同庆。

一般的节日，尚且如此，皇帝的寿辰，更得大办特办！

宋徽宗下令，自己生日那天，全天下都要给自己祝寿，所有州县都要大摆宴席，连续吃喝数天！其间，不要计算钱，所有的钱由国库支付！

皇帝过一次生日，民间的动静尚且如此，皇宫里的动静，更是惊天地、泣鬼神！

当时，皇帝宴会花的钱，基本上“唯王不会”了。其他的花费尚且不说，仅餐具一项的花费，就可见一斑了。

史料记载，当天，大殿之上官员的餐具，全都是纯金打造；大殿之下官员的餐具，全都是纯银打造。使用完后，大臣可以拿走这些“一次性”餐具，以作纪念。

一次性的纯金、纯银餐具……仅这一项的花费，就可想而知整个宴会的花费。

皇帝在生活上腐败奢靡，已经让国家苦不堪言。当皇帝的腐败奢靡与自己的爱好相结合时，那对于这个国家而言，就是一场灭顶之灾。

这场浩劫，史称花石纲之祸。

花石纲之祸

咱们前面讲过，宋徽宗的宠臣米芾喜欢石头，在他的诱导下，宋徽宗也喜欢石头。

宋徽宗下令收集全天下的赏玩奇石！

崇宁四年（1104 年），也就是蔡京当上宰相的第三年，在他的主持下，其心腹大将，同为“六贼”之一的朱勔奉命出使江南，去江浙等地搜罗奇花异石，进贡给皇帝。

至此，一场全国性的、灾难性的花石纲之祸，开始席卷华夏九州。这个事件也敲响了宋朝的亡国之钟……

这里有一个问题，什么叫作花石纲？

这里的“纲”，指的是古代的一种运货单位，一批货叫作一纲。这个单位并不是宋朝首创，唐朝时就已经在使用了。当时，运送马，叫作马纲；运送金子，叫作金纲；运送银子，叫作银纲；以此类推。在《水浒传》中，运送生日礼物，就叫生辰纲。

这里的花石，指的是造型独特的石头，以太湖石为主。这种石头多产于江南，具有“皱、漏、瘦、透”的特点，形状各异，姿态万千，具有很高的欣赏和收藏价值。

也许有人要问了，不就是往京城运几块石头嘛！危害也不大呀，怎么就成为宋朝的亡国之音了呢？

下面，我从多个方面来证明花石纲的危害。

第一个危害，会让文臣们形成投机取巧之心，也会让武将们寒心。

史料记载，朱勔到了江南后，立刻给皇帝搜罗了一块奇石。宋徽宗一看，龙颜大悦，当即赏赐每个运输工人一个金碗，加封了朱勔威远军节度使官职，还册封这块石头为“盘固侯”。

朱勔被加官晋爵后，其他官员一看，原来，还有这么一条路，不用科举，不用背书，不用托关系走后门，就能不费吹灰之力，获得自己想要的官职。

于是，就跟当年宋真宗时期的“祥瑞行动”一样，官员们集体出击，玩儿命搜刮奇石，进献给皇帝。

文臣们在疯狂，武将们则在伤心落泪。

因为，在武将们的眼中，昔日，姜子牙助武王伐纣，如此大功绩，最终才被封为齐国侯爵。如今，因为一个破石头，竟然也变成了侯爵，这让将领们情何以堪！将领们浴血沙场、杀敌无数，最终也得不到这么一个官职。难道在皇帝的眼中，一块破石头，比将领们都重要？

其实，在花石纲之祸中，赏罚不公只是一个小问题。这个事件真正的危害是，花钱无数，让国库空虚殆尽。

第二个危害，运送花石纲，让国家国库空虚。

史料记载，朱勔曾运送一块超大石头进京，共花费 30 万缗钱，可见花费之巨大。即使运送一块小的石头价格也不菲，也要花费六七千缗钱。

有史学家做过统计，按照平均值计算，每运送一块石头进京，大概要花费 3 万缗左右的钱。那么，一共有多少块石头进京了呢？至少得有“数十万块”！

数十万块石头乘以 3 万缗钱，大家可以算一下，宋徽宗一共投入了多少钱！当然，这只是运送石头的钱，还没算那些沿途破坏和运输损失的钱！

何为沿途破坏？

史料记载，安徽灵璧县曾进贡了一块巨石，此石高四丈有余，重达千吨。当时，为了节省路程，在运输期间，官员们见山开山，见村拔村，采用直线距离前进。

运到京城后，因为这块石头太高了，根本进不去开封城门。结果，宋徽宗竟然下令拆毁城门，把这个大家伙运进来。

为了一块石头，竟然拆毁了京城的城门，宋徽宗此举，根本就是拿国家安危当儿戏。如此昏君，要是不亡国，那才叫没有天理。

何为运输损失？

史料记载，官员们除了进贡石头外，还进贡奇树。当时，在今天上海附近的一个禅寺内，有一棵唐朝的古树，官员们一看，这棵树长得挺好，于是，他们就把这棵树打包上船，准备运到京城。

由于这棵树太高，过不了桥梁，官员们也没有拆桥的觉悟。于是，官员们就打算从上海出海，沿海路到登州，再从登州入京城。结果，船只刚刚驶入大海，就被海浪打翻了，一船人全部葬身鱼腹。

可见，如果把这两笔钱算进去的话，就将是一个天文数字了。当然，如果把下面这笔钱也计算在内的话，这个花石纲的钱，就更无法计算了。

这笔钱，就是劳民伤财、祸害百姓的钱。这笔钱，也是花石纲的第三个危害，也是最大的危害。

第三个危害，运送花石纲，祸害百姓，最终官逼民反。

史料记载，为了搜集出奇制胜的奇石，各地官员不怕高山险阻、不怕急流险滩。

其实，这种跋山涉水寻找石头的官员，已经算是“爱民如子”的官员啦！更多的官员，则选择了另外一条路。

这条路就是敲诈百姓！

简单来说，在这类官员的思维里，与其费尽心力找石头，不如去挣百姓的钱。

百姓的产业、坟墓、房屋内的石头，全是异石。一旦发现，立刻做标记，要以“御用之物”的名义拿走。

官员们取走时，必以小心谨慎为由，拆百姓的屋，挖百姓的坟，毁百姓的田。若百姓家有贵重的物品，官员也会以“让道”为由，把这些值钱的东西统统拿走。至于归不归还，就看这些官员们的良心了。

当然，即使明目张胆地抢夺，这些官员也有恃无恐，他们也不怕百姓去告官。毕竟，老子这是“奉旨取石”，谁敢不遵？

最终，为保祖坟和家产，百姓只能苦苦哀求，与官员们谈条件。而官员们要的就是这个条件。

总之一句话——想保家产，可以，拿银子来。

若敲诈之人无钱或不想给钱，也好办。凡不给钱者，官员们必以“大不敬”之罪，狠狠地处治，再把铁枷捆绑，游街示众、断绝饮食、轮番辱骂殴打，务必让你求生不得、求死不能。

就这样，为此倾家荡产者不计其数。大宋王朝民心尽散，百姓弃家逃窜者，比比皆是。

就这样，在这三大危害下，这场看似平凡的花石纲，给宋朝百姓带来了极大的危害，并且持续了整整20年。

最终，在受害最严重的浙东一代，百姓忍无可忍，揭竿而起，爆发了宋朝历史上最著名的一次起义——方腊起义。

这场起义虽然以失败而告终，却严重动摇了大宋王朝的根基，并给宋朝的亡国埋下了一个伏笔。

后来，元朝的官员郝经读完这段历史后，感慨颇深，他赋诗一首，以作感叹。

万岁山来穷九州，汴堤犹有万人愁。
中原自古多亡国，亡宋谁知是石头。

原来，让宋朝亡国的罪魁祸首，竟然是一堆石头……

咱们马上就能知道，宋朝亡国，是因为奸臣当道、国家背信弃义、两代君主都是昏君。但不可否认的是，花石纲也是北宋亡国的主要原因之一。若没有这场浩劫，大宋王朝也不会这么快就寿终正寝。

史料记载，即使弄得举国哗然，宋徽宗依旧没有反省的意思。

那么，宋徽宗收集这么多的石头，到底要干什么呢？

宋徽宗要干一件前无古人，后无来者的事，他要大兴土木，修建一座当今世上最繁华、最庞大的园林，以完成自己的文人梦想！

这就是中国历史上最华丽奢侈的皇家园林——艮岳。

“艮岳”之悲

前面讲过，宋徽宗刚登基时，不是嫌宫殿太豪华，不想住吗？在蔡京的怂恿下，昔日的誓言尚未散去，皇帝就出尔反尔，下令修建宫殿了。

宋徽宗下令，以自己的“宫殿太小、太简陋、不体面”为由，下令扩建宫殿。随后，宋徽宗又以“新修铸的九鼎无处安放”为由，继续下令扩建宫殿。

这两次扩建后，宋徽宗的宫殿豪华到了什么程度呢？

按照当时文人苏过的话形容：“俯仰之间，不可名状！”

就是说，我已经看傻了，不知道用什么样的词语来形容这座豪华的宫殿了！

要知道，这个苏过可不是什么村野之夫，人家可是北宋最著名的大文豪苏轼的三公子！

因为父亲的关系，苏过什么场面没见过，结果，就是这么一位见多识广的苏过，竟然被这个宫殿给震住了。可见，在他的心目中，这个宫殿给他的震撼之大，感慨之深。

修建了这么一座宫殿后，宋徽宗继续挥金如土、奢靡无度，又修建了一座永载史册的园林——艮岳。

艮岳，又名“万岁山”“寿山”“寿岳”，它是一座人工堆砌的巨大的假山园林，位于开封城的东北处。

据说，艮岳之所以修在东北处，是道士算出来的。

宋徽宗不是宠信一批道士吗？其中一个叫刘混康的道士告诉皇帝，在八卦图中，艮位于东北，代表着山。现在，开封城东北的这个位置，不仅没有山，而且还太低了。这会使皇家子嗣不够兴旺。

宋徽宗一听，我说祖先为什么子嗣那么少呢？原来毛病就在这里呀！于是，宋徽宗下令，要在艮这个位置上修一座假山。

在现代人眼中，宋徽宗这样做，纯属是迷信。但是，在造山期间，宋徽宗的后宫接连传来喜讯，一口气出生了好几个小皇子。

见此情景，宋徽宗龙颜大悦，更加相信刘混康的说法了。于是，宋徽宗下令，假山修好后，在这上面修筑一座雄伟的皇家园林，让皇室的香火更加旺盛。同时，正好给那些搜刮来的石头们，找一个合适的“窝”。

就这样，一座雄伟的皇家园林竣工了。

这就是艮岳。

这里说一个题外话，修筑艮岳的人，就是“六贼”之一的梁师成。此人非常了不起，不仅才华横溢，据说还是苏轼的私生子！

高俅、林灵素、梁师成……这么多奸臣跟苏轼有关系，不知苏轼在天有灵会作何感想。

史料记载，从政和七年（1117年）开始修，到宣和四年（1122年）初成，艮岳一共修筑了6年。其间，耗资无可计数；征调的民间劳役，更是据说有百万人之众！

根据宋徽宗所作《御制艮岳记》记载，他打造的这个艮岳，是“东南万里，天台、雁荡、凤凰、庐阜之奇伟，二川、三峡、云梦之旷荡，四方之远且异，徒各擅其一美，未若此山并包罗列，又兼其绝胜”。

这段话什么意思？

就是说，朕打造的这个艮岳，集合了全中国最美的景色，堪称包罗万象，美到你无法想象。

在结尾处，宋徽宗更是无比自豪道：“真天造地设，神谋化力，非人力所能为者。”

这句话的意思是说——这个园林，真是天下最完美的产物！除我外，谁也造不出来！

除富丽辉煌外，艮岳里有亭台阁楼无数、奇花异石无数、珍贵异兽无数、妙龄美女更是无数（据说有一万名）！

漫步在这个艮岳内，宋徽宗流连于山水之间，垂涎于烟花九月之下，与各种梅花鹿、仙鹤、锦鸡为伴，玩得不亦乐乎。宋徽宗《宣和画谱》中那些精美绝伦、美轮美奂的书画作品，也都在这个园林中绘了出来。

对一个皇帝而言，拥有这么一座精美无比的皇家园林，是一件幸事。然而，对于一个国家而言，拥有这么一座精美无比的皇家园林，只能是一场悲剧。

最终，就是为了修建这座皇家园林，宋徽宗耗尽了天下的财富，无数百姓在花石纲的浩劫中家破人亡，这座天下最为豪华的皇家园林，也成了宋朝亡国的标志性建筑物。

这座宋朝的艮岳，就是大清王朝的圆明园。这个园林的最终结果，比圆明园更多了几分悲怆色彩。

因为，在金国与北宋的战争中，艮岳被摧毁了。

靖康元年（1126年），金人攻打京城，围城日久，新登基的宋钦宗下令，

“毁艮岳为炮石，杀珍兽以充饥”。于是，百姓们一拥而入，砍伐树木，以充当薪柴和箭身；用锤斧破坏这奇石，敲打成合适大小，充当滚木礌石以守城；杀死艮岳内的全部动物，以充军粮……

至此，这座竣工不久的皇家园林，就这样被毁了；这个曾经辉煌灿烂的园林，变成了一堆残石瓦砾；这些曾经斥巨资运来的奇石，也变成了北宋亡国的笑柄。

如今，在北京北海公园内，有一片精美绝伦的石头组成的景区。据说，那些就是宋朝亡国时，金人从开封城搬到燕京的太湖石。

渺人间、蓬瀛何许，一朝飞入梁苑。辋川梯洞层瑰出，带取鬼愁龙怨。穷游宴。谈笑里，金风吹折桃花扇。翠华天远。怅莎沼黏萤，锦屏烟合，草露泣苍藓。

东华梦，好在牙樯雕辇。画图历历曾见。落红万点孤臣泪，斜日牛羊春晚。摩双眼。看尘世，鳌宫又报鲸波浅。吟鞘拍断。便乞与娲皇，化成精卫，填不尽遗恨。

——《摸鱼儿·艮岳》

希望这些石头，能够警示世人，不再犯祖先之错。

第二十二章 摧毁大宋王朝的『二号奸臣』

宋朝最著名的太监

自从蔡京执政，大宋王朝就脱离了正轨，以最快的速度驶向地狱。

没有一个人能够阻止这个国家步入灭亡，反而更有人乐意踹一脚，让这个国家加速灭亡。

这个踹一脚的人，竟然是一个太监。而这个太监，不仅大名鼎鼎，还创造了无数个历史之最。

那么，这是一个什么样的太监呢？他创造的那些历史之最，又是怎么回事呢？

迄今为止，没有一个人能够准确说出中国历史上宦官的总数。有人粗略算过，应该有百万之众；有人细算过，应该在三四百万人；也有极端者一朝一朝统计过，最后得到一个结论——中国的太监总数，应该在千万余人。

不管是百万人、三四百万人，还是千万人，有一点不可否认的是——在浩瀚的“宦海”中，无论是唐朝的高力士、明朝的魏忠贤，还是清朝的李莲英，都没有这个人“耀眼夺目”。

这个人，就是个宋朝最著名的太监——童贯。

史料记载，童贯之所以著名，是因为他在中国的历史上，创造了若干项太监之最。

这些纪录如下：

在中国历史上，太监带兵者不在少数，但像童贯这样整整执掌20年兵权者，仅此一家。

在中国历史上，很多气焰嚣张的大太监，其实官职都不大（如魏忠贤），像童贯这样位高权重，甚至被封王的太监，就独此一家了。

在中国历史上，虽然太监可以出使，也可以成为国家代表（如郑和），但也是在童贯出使后，才成为“常例”。

综上所述，这个人，是中国历史上掌管兵权最长时间的太监；这个人，是中国历史上爵位最高、被册立为王的太监；这个人，也是中国历史上第一个出使的太监……

当然，如果还要加一个之“最”的话。童贯这个人，也是中国历史上最不像太监的太监！史学家们甚至认为，童贯这个人根本就不是太监！

证据有三：

第一，《宋史》记载，童贯体貌魁梧，声如洪钟，“颐下生须十数”。颐就是人的两腮。意思是，童贯的两腮下竟然长着十来根胡子，照此来看，他怎么能是一个太监呢？

第二，《宋史》记载，童贯皮骨坚硬如铁，“不类阉人”——就连古人都怀疑，这个人不是太监。

第三，童贯妻妾成群。

综上所述，因为这三条，一部分史学家们就认为——这个童贯，根本不是太监。

当然，有同意的，就有反对的。也有很多史学家们坚信，童贯就是一个太监。他们对上述三条证据一一进行了反驳。

第一，虽然史料记载，童贯体貌魁梧，声如洪钟，有些许胡子，但这不能说明什么问题，只能说明童贯没有被阉割干净。毕竟，童贯被阉割时，已经20多岁了，他身体的一些男性东西都成熟了，因此，留下十几根胡子，不足为奇。

第二，关于童贯皮骨坚硬如铁，只能说他是一个练家子。毕竟，童贯一直在西北打仗，身上有点武艺，不足为奇。

第三，所谓的妻妾成群，更不是问题。童贯位高权重，有的是钱，娶几房太太，做挂名夫妻，也不新鲜。

那么，童贯这个人，到底是不是太监呢？

对于这个问题，恕我才疏学浅，无法回答。

好吧，无论童贯是不是太监，都不会改变我们对他的认识。大家只要记住三点就行了。

第一，童贯不是一个好人，是一个祸国殃民的奸臣。

第二，童贯跟蔡京一样，也是“六贼”之一，最终没有得到善终。

第三，童贯给宋朝带来了一场灭顶之灾，并摧毁了这个王朝。

现在，就让我们还原历史，讲述这位宋朝历史上最著名的太监一生。

这个太监不简单

童贯（1054—1126年），字道夫（也作道辅），开封人，北宋权宦，“六贼”之一。

史书对于童贯20岁前的记录是一片空白，只知道他读过四年私塾，有一点文化。

虽然史料不全，但有一点可以肯定的是，童贯应该出生在一个贫穷的家庭。毕竟，要是家里富裕的话，他绝不会去当太监。

在童贯20岁时，为了生活，他自阉入宫。

入宫以后，童贯拜在了同乡、老前辈宦官李宪的门下，开始了一段喜忧参半的生活。

为什么说“喜”呢？

前面讲过，李宪不仅是宋朝的监军，还是统领一路士兵的大将（五路伐夏时，他就是一路大军的统帅）。在李宪的教导下，童贯学习了他的兵法和统兵之道，并在实地的战争中，将这些兵法一一验证。最终，童贯在李宪的指导下，建立了一套属于自己的带兵之道，并为以后的军事统帅打下了良好的基础。

为什么说“忧”呢？

虽然在李宪的麾下，童贯可以不断成长，成为一名独当一面的大将。但奇怪的是，20多年过去了，李宪没有特意提拔过童贯一次，他始终看不上这个人。同样，因为李宪的不推荐，宋神宗也始终没给童贯出人头地的机会。

就这样，童贯入宫都20多年了，还是一个默默无名的小卒。

在古代，如果宋神宗皇帝多活20年，说不定童贯就会默默老死也不会掀起惊涛骇浪，把宋朝这条“破船”击沉了。

可惜的是，在历史的词典里，永远没有“如果”二字……

1085年，宋神宗驾崩；1086年，李宪病逝。

宋徽宗登基后，人生阅历和处世经验都极其丰富的童贯，终于找到了自己命中注定的主人，并在宋徽宗的“帮助”下，完成了出将入相、位极人臣的伟业。

当然，咱们都知道，外因要通过内因才能起作用。假设宋徽宗是童贯飞黄腾达的外因，那么童贯若想出人头地，其内因也要非常优秀才是。

那么，童贯的这个内因，到底有多强呢？

关于这个问题，三点足矣。

第一，童贯极会“投其所好”。

史料记载，宋徽宗刚刚登基时，想派人去南方成立一个“明金局”，专门购买文物、古玩、字画等物，供自己把玩。当时，对于这个建议，群臣皆反对，也没有人愿意去。

面对群臣的反对，宋徽宗本想打退堂鼓了。孰料，就在此时，童贯却毛遂自荐，替皇帝搜罗珍宝去了。

就是因为这次主动请缨，让童贯进入了皇帝的视线，他的人生也发生了转折。

到了南方，童贯尽职尽责，搜罗了很多皇帝喜欢的东西。这一下子，宋徽宗“爱”上童贯了，开始对其委以重任。

单单会投其所好，只能让童贯成为皇帝的一个爱臣，并不能成为一个权臣。童贯之所以能够飞黄腾达，还因为他慧眼独具，能够准确地烧一个“冷灶”，并在这个“冷灶”的帮助下，重回朝廷。

这就是他的好搭档，同为“六贼”的蔡京。

第二，童贯有高超的“烧冷灶”技巧。

前面讲过，群臣讨厌蔡京摇摆不定、两面三刀的政治立场，把他贬到了杭州。蔡京到杭州后，没有一个官员愿意搭理他，毕竟这是一个上了朝廷“黑名单”的人。巴结他、跟他搞好关系，纯属是浪费时间。

然而，对于这个别人不理不睬的蔡京，童贯却反其道而行之，玩儿命地巴结他，还自费钱财，替蔡京购买文物珍品，送给皇帝。

对于童贯的这种行为，他的手下人都不理解。大家就问道：“咱们为什么不留着那些钱财，去巴结一个当朝权贵呢？一个被贬到外地的小官，有什么好巴结的？您花那么多时间和金钱在他身上，图什么？”

童贯白了他们一眼，道：“你们懂什么？当朝权贵位高权重，送多少钱过去也巴结不上。不如用有限的钱财扶持出一个宰相，等蔡京当宰相了，还会看得上这一点本钱吗？”

蔡京当宰相，师父您就吹吧——这是童贯徒弟们的想法。

相信我的眼光，不会错——这是童贯的想法。

事实证明，摸爬滚打数年后，童贯简直练就了一双“火眼金睛”。不到一年，蔡京就完成了“三级跳”的壮举，直接当上了宰相。蔡京得道后，童贯这个“鸡犬”，也自然升天了。

当然，除了会“烧冷灶”外，童贯也深知“一个好汉三个帮”的道理，他非常会收买人心，极其会做人。

第三，童贯拥有高超的收买人心的本事。

史料记载，童贯为人有度量，能疏财，要是放在《水浒传》中，简直就是及时雨宋江的原型。当然，跟宋江不同的是，童贯疏财，可是有明确目标的。

什么目标呢？就是童贯给那些后宫的嫔妃、宦官、宫女、能够接近皇帝的道士以及馆阁里深造的大学士花钱。

就这样，在这些天子近臣的帮助下，皇帝不断听见对童贯评价颇高的话，堪称“好评如潮”。在这种环境中，皇帝对童贯的喜爱，就自然而然地产生了。

同样，因为这些天子近臣的帮助，童贯得到关于宋徽宗的第一手资料，从而准确抓住皇帝的心理，投其所好。

可见，童贯这等手段，让人不服不行。

除了收买小人物外，童贯的手段还不止如此，他连宋朝军队的“军心”，也敢收买。

别以为我写错了，事实正是如此！

史料记载，童贯扶持蔡京成为宰相后，蔡京立刻投桃报李，推荐童贯为西北监军（相当于今天的大军区司令员）、领枢密院事（兼职国防部部长）。

昔日这个小小的、靠投机取巧、替宋徽宗搜括书画的童贯，从此开启了执掌兵权二十年，权倾内外的时代。

当时，宋朝的河湟一代被羌族占领，朝廷命童贯出兵，讨伐羌族。童贯接到圣旨后，立刻调兵遣将，杀牲祭旗，准备出发。

孰料，出发前皇帝却传来一道圣旨，下令不许出兵了。

原来，前几日京城的一座道观失火了。宋徽宗一看，这是“大凶之兆”，就下令童贯不许出征。

收到这封圣旨后，童贯很是为难，他深知兵贵神速的道理。现在要是不出兵，等敌军准备好了再去打，就不好打了。但是，君命难违，你现在抗命出兵，万一打了败仗，怎么办呢？

苦心冥想后，童贯把这封手谕藏了起来，只是告诉大家：“没什么，陛下传了一份口谕，说已经在京城预备好了庆功酒，祝愿我等凯旋！”说完，童贯就下令出兵。

由于羌族毫无准备，宋军杀了他们一个措手不及，大获全胜。班师回朝的路上，大家开了一个庆功宴，好好地喝了一顿。

在这个酒宴上，童贯敬了所有人一杯酒，然后感慨道：“若不是各位奋勇杀敌，大获全胜，今日童某的脑袋，已经搬家了。”

众将不明其意，问其原因。童贯这才拿出那份宋徽宗的口谕，传给众人。

众人一看，全都吓傻了。

童贯道：“各位不用放在心上。若按照皇帝的意思，等待几日再进攻，敌人肯定就准备好了。到时候我军即使获胜，也将损失惨重。如今，我军大获全胜，众位都是有功之臣，朝廷肯定不会追究你们的。就算追究，也是我童贯一个人的事。我一人做事一人当，绝不连累众人。”

一听这话，众将异常感动，跪倒一片。从此，大家唯童贯马首是瞻，全都誓死效忠他。

君以路人待我，我必路人报之；君以国士待我，我当以国士报之！

没过几年，宋朝决定要教训一下西夏，就命童贯为监军，率领众将出兵。

众士兵将领早就想报童贯的恩了，现在机会出现了，还不玩儿命地奋勇杀敌？在这场战斗中，宋军就跟打了鸡血一样，拼命地往前冲，不杀尽敌军，誓不回营！

一番激战后，西夏被彻底打服了。西夏崇宗李乾顺（李秉常长子）“纳款谢罪”，与宋朝罢兵求和。

请注意，是西夏人“纳款谢罪”。要知道，宋夏之间，已经爆发了无数次战争，可每一次都是以宋朝“纳款”告终。这一次，是西夏花钱求和，这太让宋朝欣喜若狂了。

至此，童贯的声望达到了顶点。他成了一颗万众瞩目的巨星，并登上了权力舞台“最中心”的位置。

当然，一山不容二虎，当童贯站在这个地方时，他就必须跟那个人开战。

那个人，就是他昔日的盟友蔡京。

至此，一场在中华大地上已经上演了无数次的“龙虎斗”，再次上演。然而，这场本应该势均力敌的战斗，却在一瞬间分出了胜负——童贯把蔡京秒杀了。

那么，这到底是怎么回事呢？

人挡杀人，佛挡杀佛

咱们前面讲过，童贯是一个非常有本事的人，他会揣摩圣意、会“烧冷灶”，还会收买人心。当然，这些技能远远不够，在这个“树欲静而风不止”的朝廷，要想屹立不倒，还得有两把刷子才行。

事实是，童贯何止有“两把刷子”，他简直就有“两把大菜刀”。童贯可以拿这两把菜刀，从南天门一直砍到蓬莱东路，连砍三天三夜，眼睛都不眨一下。而且可以人挡杀人、佛挡杀佛，只要敢堵路，全部死于屠刀之下。

即使这个人是帝国位高权重的宰相蔡京！

史料记载，大观二年（1108 年），童贯大获全胜后，宋徽宗一高兴，就授予了他“开府仪同三司”的官职。

拜宋朝瞎命名官职所赐，咱们对于这个官职，比较陌生，但是换一个名称，咱们可能就比较熟悉了。

这个官职，实际上就是“使相”。

在讲寇准的故事时，我们已经说了，“使相”这个官职，是宰相退休后，得到的“荣誉证明”，其地位、待遇、荣耀甚至高过宰相。一直以来，这个官职从来没有授予过宦官，结果，让童贯破例了。

童贯破例的结果，当然让蔡京很生气。

史料记载，蔡京上疏朝廷，以一介宦官，授予一个节度使的官职都荣耀无比，怎能尊为使相为由，请皇帝收回成命。

最终，皇帝听从了蔡京的话，颁布了一道圣旨，把童贯这个“到手的鸭子”给回收了。

可想而知，童贯有多生气。

蔡京呀蔡京，你敢整老夫，反了你！老夫能够捧起你，也一定能够摔死你！现在，就让你见识一下老夫的厉害！

童贯立刻准备了三拨人马，来了一个“三管齐下”，瞬间就把蔡京整死了。

这“三管齐下”的兵力如下：

第一，就是后宫的那些宦官、宫女、嫔妃们。童贯拜托他们在皇帝耳边造谣，天天说蔡京的坏话。

第二，就是那些反对蔡京的大臣们。童贯故意透露给他们一些蔡京的罪证，让他们弹劾蔡京，让其苦不堪言。

第三，就是宋徽宗宠信的那些道士们。童贯与他们秘密联手，以太阳出现黑子，需要罢免宰相，否则国家不祥为由，要宋徽宗罢免蔡京，以避其祸。

可想而知，宋徽宗再听蔡京的话，也敌不过这三路人马呀。在这“三路大军”的围追堵截下，蔡京百口莫辩，又被贬到杭州去了。

至此，童贯获得了自己想要的一切，成为这个帝国最强的大臣。

虽然功成名就，童贯也清楚地知道，自己先天不足，就是一个宦官，再有本事，也没法权倾天下。于是，没过多久，童贯就跟蔡京修复关系了，他们继续狼狈为奸，一起管理朝政。

一时间，童贯和蔡京全都位高权重，世人称蔡京为“公相”，称童贯为“媪相”。

在未来的岁月里，这哥俩携起手来，一起将大宋王朝推到万劫不复的深渊……

辽国的现状

童贯和蔡京，是大宋王朝最大的一对奸臣组合，据《宋史·卷四七二》记载，宋朝百姓对这两位奸臣，可谓咬牙切齿。当时，宋朝有一句民谣：“打了桶（童贯），泼了菜（蔡京），便是人间好世界！”

单凭此句，百姓对这哥俩的痛恨之情，可想而知。

然而，虽然是这哥俩把帝国推入了万劫不复的深渊，但是整个事情的起因，却是一件小得不能再小的事情。

这件小事，就是出使辽国。出使的这个人，就是童贯。

那么，为什么一个小小的出使之事，就让宋朝覆灭了。童贯这个人，又为什么会出使呢？

原来，人都有攀比之心，即使位极人臣，童贯也想继续书写自己的历史。为了更上一层楼，童贯上疏，希望干一件前无古人，后无来者的事情——出使辽国。

得知童贯要出使辽国后，一些大臣强烈反对，他们给出的理由是：童贯身体残缺，怎能成为出国大使！堂堂大宋，竟然派一个太监出使，这不是让敌国笑话咱们无人吗？

对于群臣的这种质疑，宋徽宗却并不在意，他反而骄傲地回答道：“童贯威震西北，名声早就让契丹人知道了。朕今天派他出使，就是要威慑一下敌国，让他们见见咱们这位战神！”

战神？就他？宋徽宗若知道未来童贯灭辽国时的“精彩”表现，在说这番话时不知会作何感想。

就这样，在皇帝的同意下，政和元年（1111 年）七月，童贯出使辽国。

随着童贯的出使，就在这个千年一次的“真正光棍年”中（1111 年），一场改变宋朝历史的滔天巨祸，终于浮出了水面。

这场“巨祸”是什么，大家都清楚……

童贯出使辽国时，辽国依旧天下太平、国家富庶。童贯除了看见书本上记载的“契丹人与汉人分居，汉人住房子，契丹人住帐篷”外，也没看见什么新奇的东西。

然而，命运就是这样荒诞不经，在回京途中，童贯遇到了一个人，得到了一份“天降大礼”。

童贯遇到的这个人，叫作马植；他进献的这份大礼是：与金人联手，收复燕云，共同灭辽！

至此，中国历史上一个翻天覆地、永载史册的大事，就此拉开了序幕。

史料记载，马植是辽国的一个三品光禄卿，相当于辽国的皇家食堂总经理。马植的官职不低，油水也很厚。但是，他是一个汉人，不受辽国重视，再怎么努力，在这个国家也没有前途可言。因此，他打算叛辽归宋，回归故国。

其实，不受辽国重视，只是马植叛变的一小部分原因。马植叛变的真正原因，是此时此刻的辽国，已经快完蛋了！马植不想跟这艘破船一起沉没，这才选择了归顺宋朝。

当局者迷，旁观者清，童贯根本就不知道，他眼中繁花似锦的辽国，其实早就破败不堪了，只要轻轻一推，就能让其轰塌倒地。

那么，这个昔日强大的辽国，怎么会变成这个样子呢？

这一切，还得从头说起。

部分史学家认为，辽国的衰败，应该是从辽道宗听信耶律乙辛的谗言，诛杀皇后萧观音开始的。

其实，这种说辞，还需要商榷一下。毕竟，上天还是给了辽国一个机会，辽道宗晚年时他也曾拨乱反正，诛杀了奸臣耶律乙辛，还辽国朗朗太平。

那么，这个皇帝为什么要诛杀耶律乙辛呢？

两个字——欲望。

这个欲望，不是皇帝的欲望，而是耶律乙辛的欲望。

简单来说，耶律乙辛诛杀太子后，被欲望冲昏了头脑，欲壑难填。当时，耶律乙辛一看，自己已经权倾朝野，说一不二；这满朝文武，也全是自己人了，自己为什么不更上“一层楼”呢？反正辽国的皇帝都叫“耶律”，哪个耶律当皇帝不都一样吗？

在这种想法下，耶律乙辛打算害死皇孙，让辽道宗绝后，然后自己当皇帝。

有一次，辽道宗出宫打猎，耶律乙辛就上奏道：“我想留守京城，替皇帝批阅奏折；也请皇孙不要出京，一起留在京城。”

辽道宗也不傻，一听这话，心说你想干什么？我出宫打猎，你留守京城，还把我孙子扣下，这什么意思？是不是打算关门自立，用我孙子当人质，好造反呀？

辽道宗驳回了耶律乙辛的请求，并开始怀疑他。后来，随着时间的推移，在那些正直官员的劝说下，辽道宗也慢慢明白了——当年皇后和太子的死，就是一场冤案。这个耶律乙辛，不是一个好人！

想明白这些后，辽道宗就开始收回耶律乙辛的权力。他先是降低了耶律乙辛的官职，随后清除了他的党羽，最后，辽道宗给耶律乙辛扣了一顶“以禁物鬻入外国”的罪名，把他抓了起来。

所谓的“以禁物鬻入外国”，就是“把不允许出口的物品（如战马）卖给敌国”。这个罪名不大，但是，经过了这件事情后，耶律乙辛算是看明白了——皇帝要办我了，再不跑就完蛋了！

辽大康元年（1075年），耶律乙辛逃奔北宋，准备政治避难，结果，在边境线上被辽国的守军抓获了。

抓住耶律乙辛后，辽道宗说你小子真是主动找死呀。先前，我用“以禁物鬻入外国”的罪名办你，没法杀你。现在好了，你这是叛国了，我终于有借口杀你了。

最终，一代权奸耶律乙辛被下诏缢死，得到了一个应有的结局。

随着耶律乙辛的死，辽国终于重振朝纲，开始中兴了。然而，这个所谓的中兴，最终变成了流星。

因为，在下一任皇帝的领导下，辽国也踏上亡国之路，并在这条道路上乐此不疲，最终亡国灭种。

这个让辽国灭亡的皇帝，就是辽道宗的孙子、辽国第九代皇帝——天祚帝。

天祚帝

一直以来，辽国百姓认为，皇帝再昏庸无道，也比“三绝睡王”辽穆宗耶律璟好吧？

然而，辽国百姓们想错了，他们这位即将登场的皇帝，才是辽国最昏庸无道的皇帝！

寿昌七年（1101年），辽道宗病逝，已故太子的儿子耶律延禧登基称帝，成为辽国第九位皇帝，也是最后一位皇帝。

根据《辽史·天祚皇帝本纪》记载，这位皇帝就喜欢干一件事——打猎。今天打猎于秋山，明天打猎于夹山，后天打猎于南山，大后天打猎于斯那里山，大大后天……即使帝国狼烟四起、金国已经占领了大半个辽国，这位皇帝也不调兵遣将、保卫国家，而是在自己的皇家猎场里纵横驰骋，忙着打猎。

其实，如此热衷于打猎的一个人，应该去当一个猎手，而不是来当皇帝！同样，宋朝那个热衷于绘画的人，也应去当一个画家，而不是来当皇帝！

我真的不知道，在女真人崛起之时，上天竟然在同一时间安排了两个昏庸无道的人来当皇帝，到底意欲何为？

难道是说，上天要让这两个国家赶紧灭亡，所以赐给他们两个极品昏君，好成就这个金国，让其统一中原？

纵观史料，天祚帝除了能打猎外，根本找不出一点优点。如果硬要找“优点”的话，也只剩下这个了——这个人的身体，是真的好。他天天做剧烈运动，却啥病都没有，还能延年长寿。

如果，天祚帝是一个病秧子，即使他再昏庸无道，老百姓还有一个盼头，把他熬死了便是。但是，天祚帝就是不让大家如愿，他的身体一直非常好。

据说，南宋建炎二年（1128年），金朝皇帝下令，命56岁的宋钦宗和81岁耶律延禧骑马出列，让他们参加马球比赛，以取悦金人。

当时，自来到北地后，宋钦宗的身体就一直不好，还有严重的风疾，也就是西医里的高血压。结果，在这场激励的马球比赛中，宋钦宗从马上跌落，被乱马踩踏而死。

相反，已经84岁高龄的天祚帝却依旧健壮，他竟然策马狂奔，企图逃出重围。虽然最终天祚帝被乱箭射死了，但通过此事就能看出来——这个人的身体，到底好到了一个什么程度……

就这样，在这位“吃嘛嘛香、身体倍棒”的皇帝的领导下，辽国急速走向衰落。即使耶律休哥转世重生，也无能为力了。

于是，在“那个人”的帮助下，辽国终于走向了灭亡……

这个人是谁，大家都知道。但是，大家可能并不知道，天祚帝曾经见过这个人，还曾想杀了他。

史料记载，天庆二年（1112 年），天祚帝在女真人的地界上打猎，他开了一个鱼头宴，与当地酋长们一块吃饭。

宴会中，天祚帝喝高了，他让这些酋长跳舞助兴。一般来说，女真的酋长都是能歌善舞的，但是，在这么一个正式的宴会中，天祚帝让这些酋长跳舞助兴，实在不算尊重人的行为。

虽然女真酋长们很愤怒，但碍于辽国强大的力量，大家还是忍了。酋长们挨个跳舞，以舞助兴。孰料，等轮到一个酋长时，这个酋长却死活不跳。

拒绝给皇帝跳舞，这个后果很严重。天祚帝当时就怒了，说你想干什么，不给我面子，想造反吗？然而，不管天祚帝如何的声色俱厉，这个酋长就是不跳。

僵持了一段时间后，天祚帝觉得这个酋长不会言辞，还傻乎乎的，他不会跳舞，估计是有可能的，就不跟他计较了。于是，天祚帝网开一面，继续开怀畅饮。

转过天来，天祚帝想起这件事，说当着这么多酋长的面，那个酋长竟然违抗我的圣旨，这是不给我面子呀。

于是，天祚帝找来枢密使萧奉先，对其道：“前日之宴，那个不跳舞的酋长‘意气雄豪，顾视不常，可托以边事诛之。否则必贻后患’。”

萧奉先回答道：“那个酋长，就是一个不懂礼仪的粗人，您跟他怄什么气呢？他没有什么大错，用什么借口杀呢？若是胡乱杀人，伤了女真各部的归化之心就不好了。假如这个酋长真有异心，就他那弹丸之地的小国，又能有什么作为呢（‘麄人不知礼义，无大过而杀之，恐伤向化之心。假有异志，又何能为’）？”

天祚帝一听，是这么一个道理，就饶了这个女真酋长一命，继续开心打猎去了。

其实，若天祚帝真的杀了这个女真酋长，事情就好办了，辽国也不会灭亡。

因为，这个女真酋长叫完颜阿骨打；他就是大金国的开国皇帝。

大错，就此铸成。

第二十三章 天下大乱

金国崛起

史料记载，天庆二年（1112 年）鱼头宴结束后，完颜阿骨打自痛恨天祚帝当众羞辱他时，就起了造反之心。再加上辽国对女真人的残酷统治，和对一种东西的欲壑难平，完颜阿骨打终于决定造反了。

有的时候，历史就是这么搞笑。让宋朝灭亡的，是因为一件东西——花石纲。而让辽国灭亡的，也是因为一件东西——海东青。

当时，女真人生活的地区产一种猛禽，叫作海东青。这是一种已经绝种的强大老鹰，现在已经见不到了。

史料记载，海东青凶猛无比，展开双翼时可达两米，是名副其实的鸟中巨无霸，因此有“万鹰之王”之称。传说，一万只老鹰里，才能出一只海东青，足见这种猛禽的珍贵。

因为珍贵且强大，所以历朝历代，海东青都是女真人送给敌国的贡品。之前，因为辽道宗喜欢修禅拜佛，对海东青的需求不大，所以女真人一年送几只就行了，然而，等天祚帝登基后，就不一样了。

天祚帝喜欢打猎，这个海东青，是打猎最好的助手，于是，天祚帝横征暴敛，开始大规模收购海东青。

天祚帝专门开辟了一条贡道，就叫“鹰路”；还派了无数的“鹰使”来到辽东，玩命搜刮。

史料记载，为了满足天祚帝的一己私欲，女真人几乎抓尽了境内的海东青，但仍无法满足这位贪婪的皇帝。

当时，“鹰使”来到辽东后，不仅搜刮女真人的钱财，逼迫他们交出海东青，还欺负女真人的妻儿，要她们过来陪睡，还美其名曰“荐枕”。

刚开始的时候，这些陪睡的姑娘，只是奴隶家的孩子或者是平民百姓之女。但是，“鹰使”的欲望越来越高，他们不仅让有钱人家的姑娘、有夫之妇去陪睡，还指名点姓地让女真贵族的姑娘、妻子来陪睡。

事情到了这种地步，但凡一个有血有肉的民族，都不可能继续沉默、任人宰割。

何况，这个被欺负的民族，还是能征善战的女真一族。

就这样，怀着对辽国的仇恨，天庆四年（1114 年），完颜阿骨打召集所有部将，总共 2500 余人，挥师于涞流水南岸，宣布起义。

这就是金国历史上大名鼎鼎的涞流水誓师。

誓师后，完颜阿骨打率领军队向辽国发起进攻。由于辽国守备空虚，完颜阿骨打不费吹灰之力，就攻陷了辽国的军事重镇——宁江州。

丢失了宁江州后，天祚帝才开始注意女真兴兵之事。

但是，天祚帝并没有引起足够的重视，他下令，找一个将领，让他带着几千部队出征，去剿灭这群乱臣贼子。

这时，有一老臣忠心耿耿道：“陛下，派几千人马去，根本不够。女真人骁勇善战，我们必须集合足够的兵马，以泰山压卵的威力，瞬间把他们给办了。要是等完颜阿骨打做大做强了就全完了。”

天祚帝道：“好，就依爱卿所言行事，你去调兵遣将吧。”

要说这个老臣，也真够实在的。他竟然调集了 10 万大军，去攻打完颜阿骨打。结果，“出河店之战”，10 万辽军被 3000 多女真军打得惨败而归。

3000 打赢 10 万，女真人的战斗力，就是这样的彪悍。

出河店大捷后，完颜阿骨打在女真人中的威望与日俱增，最终在群臣的簇拥下，登基称帝！

公元 1115 年，完颜阿骨打正式登基称帝，建都会宁府，建国号“金”，年号“收国”。

至此，一个强大的国家，出现在了这片大地上。虽然此时，距离这个王朝问鼎中原、统一天下，还有很长的时间。但是，大金王朝 120 年的历史，在那天开始缔造！

同时，对宋朝而言，公元 1115 年，也是一个永载史册的年份。

因为，就在这一年，帝国刚刚结束了科举考试，一个年轻有为的人一举中第，成为这次科举考试的状元，并从此开创了一段属于自己的历史。

这个新科状元，姓秦……

辽国灭亡

关于金国国号的问题，这里还有一个小花絮。

根据《金史·卷二》记载，完颜阿骨打登基后，他对群臣道:“辽国以‘镔铁’为号，取其坚固之意。但时间长了，再坚固的镔铁，也会腐朽变烂。所有金属中，只有‘金’不变，所以咱们这个国家，就叫金！”

看来，塞外民族的思维真是简单明了，对比宋朝的“宋”字，人家没有那么多花花肠子，也不会引经据典。

史料记载，建国称帝后，完颜阿骨打准备“收国”。他一鼓作气，率领士兵攻陷了辽国的军事重镇——黄龙府。

拜岳飞所赐，如今这个黄龙府（今吉林省长春市农安县），简直成为军迷的圣地了。

当时，黄龙府是辽国在女真地区的军事重镇，一旦女真人占领了这里，辽国针对女真人的防御体系就会全部土崩瓦解。相应地，辽国的东京辽阳也将不再安全，直接暴露在金人的面前。

很显然，不管天祚帝多无能，他也清楚地知道，丢失了黄龙府到底意味着什么。

看来，必须要御驾亲征，倾尽全国兵力，消灭这个新兴政权了！

史料记载，碍于完颜阿骨打兵力已经过万的事实（大约2万人），为消灭这支部队，天祚帝下令征调全国之兵，以倾国之力一举消灭完颜阿骨打。

那么，天祚帝这次征调的部队，是多少人呢？

史料记载，整整70万！

不管这70万部队有多少水分，但对比完颜阿骨打区区2万的部队，辽国的兵力还是占据压倒性优势的。参战双方如此悬殊比例的战斗，不管是在中国历史还是在世界历史上，都是一件罕见的事情。

结果呢？这场相差悬殊的战斗，也成为人类战争史上最著名的一次“以少胜多”的战役。

原来，在对攻中，占尽人数优势的辽军，却率先崩溃了。此时此刻的辽军，早就没有了开国之勇了。

雪上加霜的是，辽国内部有人犯上作乱。辽国御营副都统耶律章奴发动叛乱，要废了天祚帝，另立新君。这个消息传到前线后，彻底瓦解了辽军的士气，也鼓舞了女真人的士气。

在内忧外患下，辽军被杀得大败，七十万大军毁于一旦。天祚帝骑着一匹宝马，狂奔了五百多里才逃了出来。

这里多说一句，天祚帝不愧为一个职业猎手，一路狂奔五百多里，竟然没事。这身体，这技术，不服不行。

至此，随着天祚帝的逃跑，这场北方少数民族之间的霸主之战，彻底落下了大幕。此役之后，金兴而辽亡的格局基本奠定。雄霸了北方近200年的辽国没落了，最终被新兴的霸主所取代。

第二年，即公元1116年，金军再次发动进攻，一举攻陷了辽国的东京辽阳府，吞并了辽国。

这里说一句，辽国有五个国都，分别是上京临潢府（今内蒙古巴林左旗）、中京大定府（内蒙古宁城县）、东京辽阳府（今辽宁省辽阳市）、南京析津府（今北京市）、西京大同府（今山西大同）。五个都城各管一片，共同治理这个国家。

金国夺取了辽国的东京，就从理论上讲，就是夺取了辽国五分之一的领土。这对于辽国的打击，不言自明。

那么，丢失了一个国都后，天祚帝将如何反击呢？

史料记载，面对金人的进攻，这位皇帝的对策就一个——逃！

在天祚帝的眼中，女真人打仗太厉害了，我打不过他们，只能逃跑了。

难能可贵的是，南宋那位开国皇帝，竟然也是这种思想。他打不过女真人，也是选择了逃跑。在他的眼中，江南地区疆域广大，女真人肯定抓不到他，等他们抓累了，退兵了，自己就安全了。

看来，“英雄”，真是所见略同。

就这样，天祚帝一路逃到了夹山。

史料记载，夹山，在今天的内蒙古境内。此地与外界隔离，要想进入那里，必须经过60里的沼泽地，若无人带路，则必死无疑。因此，逃到这里后，天祚帝安心了。

天祚帝是安心了，但大辽王朝却彻底完了。

皇帝一逃跑，就等于是中枢瘫痪，无人指挥，大辽王朝的部队一盘散沙，各自为战。而且，没有朝廷指挥，辽军打了胜仗了，功劳没人记；打了败仗了，逃跑了也没人管——皇帝都逃跑了，谁还管你们这些小兵呀。

在这种背景下，哪个辽军士兵还愿意打仗？于是，在金人的攻击下，辽军全线溃败，能逃跑就逃跑；不能逃跑的，索性就投降了金军。

至此，这个曾经骁勇善战、横扫整个中原的大辽帝国，就在这位昏君的领导下，不可避免地迎来覆灭之日。

以上，就是辽国的现状，也是马植要面对的问题——是尽君臣之义，跟着这个国家一起去死；还是另攀高枝，重新做人……

在这种背景下，马植产生了叛变之心，他偷偷联系了童贯，准备投降宋朝，并进献了那条“联金灭辽”的计谋。

那么，宋朝会接受马植的投降吗？对于这条“联金灭辽”的计谋，宋朝又将如何答复呢？

让我们拭目以待……

宋朝的对策

史料记载，预见女真人崛起，辽国必将亡国后，马植找到了童贯，向其透露了辽国所有的秘密，以此为见面礼，希望回归宋朝。

童贯本来出使辽国的目的，就是想继续建功立业。听完马植的话后，童贯大喜过望，他立刻带着马植，回到宋朝，向群臣说明了此事。

这里说一个花絮。虽然《宋史》中记载，童贯见到马植后，第一时间把他带回了宋朝。但是，很多史学家对此表示了怀疑。

著名的宋史专家陈乐素教授认为：马植投降宋朝的时间，应该晚四年，应该是公元 1115 年投降宋朝的。

理由有二。

第一，童贯出使的时间是公元 1111 年。完颜阿骨打起兵的时间，是公元 1114 年。虽然辽国和金国有仇恨，但马植见童贯时，金人还没有起兵造反。在局势尚未明朗的时候，马植为什么要说跟金人联合起来，共同灭辽呢？除非他能预知未来。

第二，一个出国的使团，竟能把对方的一个三品大员“拐走”。这换任何一个王朝，都是不可能的事情。如果童贯回朝时，就顺便把马植带回来了，那宋辽肯定就开战了。

所以，最大的可能是，童贯当时并没有带回马植，只是让他静待时机，充当自己的眼线。

就这样，马植充当了四年的眼线，见辽国彻底不行了，才南逃至宋朝，向朝廷进献了与金国联手共同灭辽的计谋。

为了劝说宋徽宗下定决心灭辽，马植说了很多“劲爆”的话。其中，以下面的这段话最为精辟：“辽国必亡，陛下念旧民涂炭之苦，复中国往昔之疆，代天谴责，以治伐乱，王师一出，必壶浆来迎。万一女真得志，先发制人，后发制于人，事不侔矣！”

马植的这番话，句句说到了宋徽宗的心坎里，他立刻加封了马植的官职，还赐他国姓，改其名为赵良嗣。

宋徽宗将赵良嗣的建议发给群臣，命他们商议，是否同意联金灭辽，收复燕云。

殊不知，对于这个建议，大多数群臣并不同意。

第一个反对的人，就是中书舍人宇文虚中。

宇文虚中告诉皇帝："用兵之道，要知彼知己，才能百战不殆。辽国的战斗力如何，我不知道。但宋朝的战斗力，我是知道的。如今，用宋朝百年怠惰之兵，久安闲逸之将，去与敌人角逐于血肉之林，这个仗没法打！万一打输了，帝国就永无宁日了。"

此外，宇文虚中还引用了一个精彩的案例，劝慰皇帝不要出兵攻打辽国："我们联金灭辽，完全是一个不义之举。这就好比什么呢？你的邻居家进来了一个强盗，你不去帮忙也就算了，还联合这个强盗，把邻居给灭了。这样做，对吗？如果你的邻居换成了一个强盗，你还能有好日子吗？"

宇文虚中预测到了未来，跟金人当邻居，宋朝从此再无宁日……

除了宇文虚中这个文臣外，宋朝的那些武将们也反对此事。

第二个反对的人，就是武将代表——种师道。

这个种师道，就是《水浒传》中大名鼎鼎的"老种相公"，他跟宇文虚中一个想法。种师道劝童贯道："咱们现在干的事情，就跟邻居家进了一个强盗，咱们不去救援，还趁火打劫一样。这种事情，真的不能干。"

听完这番话，童贯恼羞成怒，他不动声色地弹劾了种师道，强令他退休回家了。当然，即使种师道回家了，朝廷也会有反对之声，且这些声音，竟然出自"六贼"的阵营。

第三个反对的人，就是"六贼"的内鬼——邓洵武。

当年，就是这个邓洵武的一幅《爱莫助之图》，让蔡京成了宰相。然而，即使是蔡京的亲信，在这件事情上，邓洵武也不赞成出兵，他劝慰皇帝道："我朝初年，以太祖太宗之神武，赵普之谋略，曹彬、潘美之武勇，南征北战，统一了全国。然而，这些人攻打燕云之地却无功惨败而归。咱们比这些人差远了，怎么可能打得赢？"

很好，一针见血，很有自知之明……

然而，不管宇文虚中、种师道、邓洵武如何劝慰皇帝，只要那两大文臣武将还在，宋徽宗就不会改变初衷。

最终，就是在这两大文臣武将的努力下，宋朝通过了这个提案，准备联合金国共同灭辽。

这两大文臣武将，是谁呢？

同意出兵的武将，就是军队的代表——童贯。

童贯之所以同意出兵，是因为有两个私心在作祟。

第一个私心，带兵打仗，可以挣钱！

童贯带兵，那真是贪得多多益善。每次打仗，童贯都下令，所有的军饷物资，不用送去军营，先送到自己家里，等自己分好后，再发给诸军。

自己分好？傻子都知道这是什么意思。恐怕童贯分好后，士兵就啥都没有了。

史料记载，童贯的胆子非常大，所有的军用物资，他都敢最少贪一半。军用物资被贪了，士兵们怎么办呢？对于这个问题，童贯也有解决之道。

童贯出征时，每过一个城市，就让这个城市给“助军费”。钱多钱少都是个意思，只不过，你给得少了，就不要怪我手下自己去“拿”了。

童贯就是用这种办法，弥补自己贪污的军饷。当然，童贯这样做后，他带领军队的军纪非常差，士兵们简直就是一群土匪，也不得民心。

后来，“童家军”的这些问题，在对辽战斗中全部暴露了出来，也成为宋朝覆灭的隐患。

总而言之，童贯最喜欢出兵打仗了。因为每次领兵出征，都能挣很多钱，所以在他的眼中，什么“燕云问题，援助强盗啥的”，他都不管。

除了想挣钱外，童贯还有另外一个私心在里面。

第二个私心，童贯想建功立业，官位更上一层楼。

《宋史记事本末》记载，宋神宗一生的夙愿，就是讨伐辽国，收复燕云。虽然他患有严重的“恐北症”，但他希望子孙后代不要得这种疾病。宋神宗在临死前，曾经颁布了一道遗训——若有人能收复燕云，可将此人册封为王！

册封为王！这个诱惑，确实不小。

其实，童贯的这种私心，跟同为“六贼”的王黼不谋而合。

蔡京的继任者

前面讲过，宋徽宗是在两大文臣武将的共同努力下，通过了这个提案，准备联合金国，共同灭辽。

这个同意出兵的武将，就是军队的代表——“六贼”之一的童贯。

这个同意出兵的文臣，就是官员的代表——同为“六贼”之一的王黼（音“府”）。

王黼，原名王甫，字将明，开封祥符（今属河南开封）人，北宋末年大臣、宰相。

王黼初名王甫，因与东汉宦官十常侍之一的王甫同名，故皇帝让其改名，赐名为王黼了（其实改不改都一样，王甫也是一个奸臣）。

史料记载，王黼长得非常好看，金发金眼；面容像敷了粉；嘴巴还特别大，可以吞下自己的拳头。

看来，这个王黼，应该是一个混血儿了。这样一副标致的样貌，难怪会让外貌协会会长赵佶一见倾心，对他爱如初见。

史料记载，王黼毫无本事，史称“才疏隽而寡学术”，但他会阿谀奉承、巧言献媚之术，天天教唆皇帝胡搞，也跟着皇帝一起胡搞。

当时，皇帝不是经常微服出宫，去民间游龙戏凤吗？王黼就陪同皇帝去。为了不引人注目，他还陪皇帝一起翻墙。

《朝野遗记》记载，有一次，这哥俩又翻墙出宫寻花问柳。王黼先从墙上跳下去，“以肩承帝趾”，搀扶皇帝下来。

因为这个墙有点高，皇帝够不着王黼的背，宋徽宗就着急了，他大喊道：“司马光，把背耸上来。”王黼一听，立刻回应道：“神宗皇帝，没事，您把脚伸下来。”

这对狗东西，竟然把自己标榜成前朝的贤君良臣，要是宋神宗和司马光九泉下有知，估计能给气活了！

后来，宋徽宗大笔一挥，加封了王黼的官职，还让他创造了一项大宋王朝的纪录。

这是一个什么纪录？

一飞冲天的纪录！

王黼最初的官职，只是一个小小的通议大夫，位列文官第十阶。结果，宋徽宗一纸诏书，就册封了他一个副宰相的官职（少宰），让他位列文官第二阶。

一纸诏书，连跳八级，王黼的这种晋级速度，也开创了宋朝未有之先例，史称“宋朝命相未有前比也”。

因为跳的速度太快了，蔡京非常鄙视王黼，不喜欢他。即使王黼对自己誓死效忠，蔡京也看不起这种人。

史料记载，王黼有一个恩人叫何执中，若不是他的引荐，王黼也见不到皇帝，更别说受宠了。结果，王黼见何执中与蔡京不合，就罗列了何执中二十条罪状，准备用恩公的首级，作为效忠蔡京的“见面礼”。

弹劾的奏章转到中书省后，蔡京先看了一遍。看完后，蔡京叹了一口气，找来何执中，问道：“你觉得王黼这个人怎么样？”

对于这个问题，何执中先是一愣，随后夸夸其谈，说自己的这个学生怎么怎么好，如何识大体，知恩图报，比某些人要强得多，等等。

蔡京耐着性子听完后，掏出那份奏章，递给何执中，道：“你自己看吧。”

何执中看完后，气得满脸通红，青筋暴起道：“畜生安敢尔！”老爷子差点没气死过去。

后来，因为鄙视王黼的为人，蔡京当政时，没有提拔王黼的官职。但是，等蔡京告老还乡后，王黼还是接过了他的“衣钵”，成为帝国下一任宰相了。

简单来说，王黼当政后，坏事做尽，蔡京干过的坏事，他是一样没少，而且青出于蓝而胜于蓝！

当时，王黼贪污腐败、卖官鬻爵，家里钱财堆积如山。据说，他的卧室里设置一个超级大床，用金玉为屏，翠绮为帐，四周再围以小榻数十，择美姬处之。对于这个床，王黼美其名曰——“拥帐”。

这个贪官，这个淫贼……

即使有了这么多的美女，王黼也不知满足。当时，他见官员邓之刚的妻子长得不错，就起了色心。于是，他设计陷害，将邓之刚发配岭南，霸占了对方的妻子。

这个剧情，是不是很眼熟？

对，这就是《水浒传》中高俅的干儿子高衙内看中了林冲的老婆，就设计陷害林冲，把他发配边疆的现实重演。

谁说文学作品全是艺术虚构的？小说中很多的事情，都是真人真事，只是咱们不知道罢了。

后来，当上宰相后，虽然权倾一时，也富贵奢华，但是，这个人的内心却总是空落落的，王黼总觉得自己缺少了点什么东西，总觉得有什么东西在“呼唤”着他。他认为自己的人生，还不够完美。

那么，缺少什么东西呢？

王黼也不知道。直到有一天，他在大相国寺行香时，看见了一块碑文，才找到了这个答案。

史料记载，那是一块蔡京书写的碑文。落款处，刻着蔡京的官衔——太师、鲁国公、尚书右仆射兼中书侍郎、总领三省事、开府仪同三司等，总之一长串。

看着这一长串的头衔，王黼非常羡慕，感叹道：“想不到蔡太师有这么多、这么大的官职，我何时才能与他比肩？”

至此，王黼找到了人生的终极目标，他希望有一天，也能获得这么多的官职，与蔡京比肩同坐。

这时，王黼的同党看出了主子的心思，他们就谏言道：“您羡慕蔡京做什么呢？蔡京最大的官职，不过是一个鲁国公。咱们不如把燕云收复了，到时候根据先帝遗训，您就是‘王’了。一个王爷，还盖不过蔡京吗？”

这种说法，有点意思……

就这样，在这些“好事者”的劝说下，王黼决定去劝说宋徽宗，让他出兵燕云，讨伐辽国了。

至此，一场亡国之乱，就此拉开了序幕。

第二十四章 猪一样的队友

海上盟约

本来在正直官员的劝说下，宋徽宗已经决定不出兵辽国，不去干这种违背誓言的不祥之事了，然而，王黼一劝说，他就改变主意了。

当时，王黼告诉皇帝："我国和辽国，虽然是兄弟之邦，但是，这百年来，辽国毫无诚信，时不时挑衅轻慢我国，因此灭掉这种国家，没有什么'良心不安'之说。何况，兼弱攻昧，武之善经也，现在不趁着辽国弱，去把燕云之地抢回了，等女真人占领了那里，可就再也要不回来了！"

在劝说期间，王黼也没闲着。在很短的时间内，他就为宋徽宗筹集到了6000万缗钱，以充军饷。

6000万缗钱什么概念？基本上就是宋朝一年的财政收入了！

换句话说，在短短的几天内，王黼就让全国百姓上缴了一次全年的赋税！

这个王黼，得有多么强硬的心肠，才能下得去此等狠手呀！

最终，就是因为这次大规模的征税，百姓们忍无可忍了。方腊也就是在这个时候，宣布起义的。

当然，对于百姓的疾苦，昏庸的宋徽宗是不知道的，他唯一知道的是——这个帝国真有钱！随便搜刮了一下，就搞出这么多的钱来。有了这些本钱后，他就可以讨伐辽国了。

就这样，在童贯、王黼这对文武奸臣的挑唆下，帝国的最高统治者认为——自己的确应该完成世代的夙愿，去建立一个让列祖列宗都羡慕的丰功伟业！

此时此刻，宋徽宗膨胀到了极点。

在他的眼中，仿佛下一分钟，那个从后晋时期就被割让出去、已经远离故国100多年的燕云十六州，就将重回中原。仿佛下一分钟，他就能剿灭辽国，一雪前耻，不再给钱！仿佛下一分钟，他就能在太庙内，向世人展示自己不朽辉煌政绩的同时，成为宋朝历史上最伟大的皇帝。

好吧，事已至此，去开启这个疯狂的世界吧！

宣和二年（1120年），在宋徽宗“解救黎民，光复疆土，完成祖宗未竟之事业”的怒吼中，赵良嗣奉旨出京，他从山东登州（今山东蓬莱）渡海，抵达辽东半岛，与金人谈判，并签订一个改变整个事件的盟约。

这就是永载史册的海上盟约。

其实，早在1118年时，宋徽宗就派遣使者出使辽东，先行探路了。据说，第一批使者来到金国后，金国不知道他们是什么人，差点把他们全都杀掉。

后来，通过一顿瞎比画，加上辽国俘虏的翻译，金人才知道这是宋朝的使者，也知道了对方此次前来的目的。

根据宋徽宗的授权，宋史的目的就一个——希望双方合作，共同灭辽。灭掉辽国后，宋朝希望收回燕云十六州。为了不让金人吃亏，宋朝答应每年给金人50万银缗，作为补偿。

可想而知，宋朝的这个条件，有多让金人欣喜若狂。

金人高兴的原因有三：

第一，金人害怕宋朝与辽国联手，共同对付他们，因此宋朝的主动要求合作，让他们高兴不已，他们可以踏踏实实对付辽国了。

第二，在金人眼中，鬼知道燕云十六州在哪！宋朝要夺回来，那就让他去夺好了。正好可以让宋朝出兵，以降低自己的损失。

第三，宋朝答应给50万缗的钱财呀！完颜阿骨打这辈子，都没见过这么多钱。

发了，真是发了！

至此，在宋朝“诚意十足”的条件下，金国与宋朝交好了，双方频繁互通国书，派遣使者。

经过近两年的互相交涉后，宋朝认为时机已经成熟了，这才正式命赵良嗣出京，与金人签订盟约。

《宋史》记载，双方的这场会谈，非常具有戏剧性。赵良嗣出使金国时，完颜阿骨打正率军攻打辽国的上京临潢府。

为了追上出征的金军，赵良嗣愣是从咸州（今辽宁开原市）一口气追到了内蒙古巴林左旗，也就是辽国的上京城。

看见赵良嗣后，完颜阿骨打先是一愣，随后道：“签约之事不着急。等我攻下了这座城池，再谈不迟。”

辽上京临潢府，乃百年前辽太祖耶律阿保机龙兴之所，也是辽国五个首都中，最重要的一个。这座城池高大坚固，铜墙铁壁闻名四方，而且守城的也是辽国最精锐的部队。

结果，仅仅用了一个上午，金人就攻陷了这座雄伟的城池，这座大辽帝国的“一号首都”。

仅仅一个上午……

目睹了此情此景后，如果赵良嗣还有“良知”的话，他应该马上跑回劝说宋徽宗改变主意，劝他跟辽国联手，共同对抗金国。

因为，若跟这种虎狼之师为邻……辽国的现状，就是宋朝的未来！

然而，赵良嗣毫无悔改之心，他助纣为虐，跟金人签署了盟约，也把自己打入《奸臣传》里。

史料记载，在一片友好的氛围中，宋金两国达成了共同灭辽的盟约，并完成了下列协议：

第一，金国攻占辽国的中京大定府后，南下至古北口（今北京密云北部古北口长城遗址），屯兵于此，不得越界。宋朝负责攻占辽国的南京析津府和西京大同府。随后，宋军北上至古北口，也屯兵于此，不得越界。双方以古北口为界，划分疆域。

第二，金人允许宋朝收复“燕云旧地”（注意这里），但作为补偿，宋朝要把每年给辽国的岁币转给金国，即每年给金国50万银绢。

第三，双方为兄弟之国，地位平等，互通的国书中不许再出现“君上、臣下”之类的文字。

第四，双方不得接纳对方的叛臣、叛将、叛兵、叛民。任何一方不能单独与天祚帝谈判，更不许招降这位皇帝。

以上，就是这个盟约的主要内容。

签署了盟约后，金人非常高兴，他们坚定地认为——自己找到了一个富庶、强大的盟友。然而，没过多久，金人就惊讶地发现——这个盟友，太不靠谱了。

原来，盟约字迹未干，宋朝竟然要求重新修改签署了。

原因很简单，因为这个所谓的“燕云旧地”，根本就不是“燕云十六州”！

在宋人的思维里，所谓的“燕云旧地”，自然指的是“燕云十六州”。然而，随着时代的变迁，在辽国的统治下，燕云十六州中的云州和燕州不仅成了辽国的首都，而且剩下的州，也被重新规划，变成燕云路和“平州路”——昔日燕云十六州中的檀州、顺州、景州、易州、蓟州、涿州六州，变成了“燕云路”，而当年的平州、营州、滦州等州县，改为“平州路”。

在金人的眼中，宋朝不是要“燕云旧地”吗？那就去收复辽国的“燕云路”好了。至于其他的州县，与你何干？

对于这种国际错误，我们不能把责任归给金人，只能怪宋朝准备工作不到位，甚至也许根本没有做过准备！

要知道，皇帝签署协议时，写的仅仅是“收回燕京并所管州域”，里面甚至没有辽国西京“云州”的词语。若不是赵良嗣自作主张，在里面加了一个云州，宋朝恐怕连云州也收不回来！

由此可见，宋朝的统治阶级是何等的漫不经心，何等的轻浮草率，何等的不负责任。

这样的国家，焉有不亡之理！

为了弥补这个重大失误，宋朝的官员们拿来当年的地图，一一标注出燕云十六州的所在位置，把这张地图送给金人，要求重新签署协议。

然而，宋人的这种表现，除了让金人鄙视，还留下一个宋朝得寸进尺、毫无诚信的形象。

毕竟，在金人眼中，盟约是你签的，土地是你划分的。现在好了，狮子大张口呀！你们宋朝的胃口，真是大得可以，不仅要并了“燕云路”，还要抢占我们的“平州路”，你们也不怕撑死！

面对宋人重新签署协议的要求，金人直接拒绝了。金人态度极其强硬。他们告诉宋朝，平州路的地盘，想都别想，若还这样欲壑难平，之前答应的西京，我们也不承认了。双方撕毁协议，各自去抢地盘，谁抢到了就归谁！

在金人强硬的态度下，宋朝服软了，他们不再提平州路的事情了。但这也为未来张觉、郭药师等人的叛变，埋下了一个深深的伏笔。

在金人眼中，大宋王朝得寸进尺的形象让他们深恶痛绝。然而，没过多久，金人又惊讶地发现——这个盟友，还毫无诚信可言！

原来，根据双方协议，双方交换盟书后，应该于次年，即公元1121年实施计划，共同灭辽。结果，到了约定的时间，金人惊讶地发现，宋朝一点动静也没有，也不知道他们在干什么。直到金人攻陷了辽国中京，也没看见宋朝出动一兵一卒。

金人怒了，他们派遣使者入宋，质问不出兵的原因。结果，金朝的使者在开封待了三个月，除了长了一身肥肉外（三天一小宴，五天一大宴），什么结果也没得到，只能郁闷地回去了。

金人愤怒极了——宋朝，你到底在干什么！为什么不出兵？

其实，金人完全想错了，宋朝早就出兵了，而且出动了10万之众。只不过，宋朝的部队没有北上，而是南下了。因为有人起义了，宋朝的部队只能南下江南，去平定叛乱了。

这个起义的人，就是方腊。

平息方腊之乱

根据时间推断，宋、金刚签署完海上盟约，方腊就宣布起义了。刚开始的时候，宰相王黼极力掩盖这件事情，然而，随着方腊起义愈演愈烈，王黼终于包不住这个“火”了。

毕竟，几百万人的起义，岂能说包就包、说掩就掩的？

面对这场动摇国本的起义，宋徽宗在无可奈何下，只能把原本准备北上的宋军，全部调到江南平叛。毕竟，内部不稳，就全完了。

由于方腊的兵马太多了，这场战役打得异常胶着，难分胜负。

这种背景下，金人急了，宋徽宗也急了，这么打下去，猴年马月才能结束！

最终，为了结束这场战争，童贯想出了一个损招。

他让皇帝写“罪己诏”。

原来，童贯率军平叛时，皇帝赐给了他一把尚方宝剑，还允许他用朝廷的名义，发布诏书。童贯见叛军如此难对付，他就以皇帝的名义，写了一个罪己诏，诏告天下。

在这篇罪己诏中，童贯以皇帝的口气说：朕知道错了，朕不应该横征暴敛，搞得天下大乱。朕决定了，以后不再征缴花石纲了，所有与花石有关的部门，全部停运，百姓被勒索的钱财，也一定归还。从即日起，只要百姓不造反了，朝廷全部既往不咎，特赦大家无罪，等等。

要知道，江南百姓之所以造反，就是因为活不下去了。百姓还是很拥戴宋朝的，大家并不想改朝换代。现在好了，皇帝已经承认错误了，那还造什么反呀。

史料记载，罪己诏一出炉，起义军就瓦解了，他们一个军一个军地解散回家。最终，只剩下方腊的嫡系部队负隅顽抗。但是，失去了百姓的支持，方腊败亡的日子，也指日可待了。

宣和三年（1121 年），经过了一年的殊死战斗后，宋朝终于平定了方腊起义，方腊被生擒，随后被押解进京，斩杀示众了。

在真正的历史中，到底是谁活捉了方腊，是韩世忠、辛兴宗（辛弃疾的叔爷），还是王禀、姚平仲，或者是折可存，这些都可以讨论。但可以肯定的是，绝不是鲁智深或者武松。

他们都是《水浒传》里虚构出来的人物，而且此时此刻，在小说中，他们的老大哥宋江也忙着造反，还没有被朝廷招安呢，焉能率军去打方腊？

书归正传，平定了方腊后，宋徽宗既高兴又气愤。因为，童贯瞒着他，替他写了一篇罪己诏。要知道，对于一个好面子的文人来说，这“啪啪”的打脸，哪受得了？

这时，王黼适时上了“眼药”，更让皇帝对童贯不满了。

原来，平定方腊起义后，为了打压童贯，王黼开始挑拨离间。

王黼告诉皇帝：方腊之所以叛乱，是因为不满茶盐法，跟花石纲没有任何的关系。既然跟花石纲没有关系，为什么要写罪己诏呢？

皇帝一听，对呀，跟我没关系，于是，皇帝不仅对童贯不满，还下令恢复各地的花石纲应奉局，让他们继续进贡花石纲。

宋徽宗这么一干，等于彻底失信于民了，也为他将来被逼退位，埋下了一个深深的伏笔。

挑拨离间成功后，王黼就准备看童贯的热闹了。然而，童贯这个人，岂是好惹的。王黼这么干，不是老虎嘴里拔牙，主动找死吗！

得知王黼在整自己后，童贯大怒，他立刻使用当年对付蔡京的办法来惩治这个小人。同时，童贯还放出风，要把已经退休的蔡京请回来，让他主持朝政。

这一下子，王黼彻底慌了，他赶紧到童府负荆请罪，跟童贯修复关系。最终，童贯才没有请回蔡京，才让王黼继续当宰相。

不管怎样，在这对将相的重归于好下，宋朝结束了所有的“内忧”，宋徽宗终于可以抽调兵马，去解决“外患”了。

宣和四年（1122 年），在宋徽宗“念旧民涂炭之苦，复中国往昔之疆”的怒吼中，宋朝正式出兵，讨伐辽国，收复燕云十六州。

那么，这场宋辽之战，结果如何呢？

耻辱呀，耻辱

按理来说，在经过了一次大规模的用兵后，国家应该休养生息一阵子，至少让士兵们喘口气。然而，在平定了方腊之乱后，宋徽宗立刻下令，让滞留江南的部队全部北上，去征讨辽国，收复燕云故地。

宋徽宗为什么这么着急呢？

不着急行吗？宋徽宗再不着急，就什么都没有了！

宋朝不是跟金国签署协议，要一起进攻辽国吗？结果，金人按照协议，攻陷了辽中京后，就开始等宋军出兵了。因为根据协议，辽国的西京和南京，要由宋军去收复。

但是，宋朝忙着平定内乱，整整拖了一年也没法出兵。金人一看，你们宋朝一直不出兵，这不行呀，万一让辽国缓过来了，咋办？于是，金国一鼓作气，就把辽国的西京占领了。

金国把西京一占，宋朝就着急了。眼瞅着辽国五个都城，被金人占去了四个，自己要是再不出兵，就什么也捞不着了。

所以，宋徽宗才不顾将士之疲惫、士气之低落，强行出兵，讨伐辽国。

虽然准备严重不足，但对于这场战争，宋朝上下还是持乐观态度的。毕竟，宋朝出动了 15 万大军，而驻守幽州的辽军不过才 3 万人。

用 15 万精锐部队，去攻打 3 万丧家之犬，不管怎么打，都能赢！

史书记载，童贯出兵时，宋徽宗曾当面授宜，给了他上中下三策：若辽人箪食壶浆以迎接王师，不战而收复旧地，此为上策；若辽国纳款称藩、年年进贡、岁岁称臣，就接受他们的投降，此为中策；若辽国负隅顽抗，就出兵吓吓他们，逼迫他们投降，此为下策。

总之一句话，不战而屈人之兵，这才是最高境界！

通过这三个计谋，宋徽宗骄傲的神态，简直仿佛浮现于我们眼前。然而，真的能如他所愿吗？

一个字，扯。

史料记载，面对 15 万宋军，3 万辽军竟然选择了出城应敌。结果，宋军被杀得毫无还手之力，大败而归。自河北雄县以南，任丘以北以及雄县以西，直到保定、正定一带，死尸枕藉，不可胜计。

15 万人打 3 万人，打成这样。

殊不知，还有更丢人现眼的呢！

没过多久，宋军见辽国皇帝病故了，认为这是一个可乘之机，于是，又出兵 10 余万，第二次讨伐辽国。

这里多说一句，这位病故的辽国皇帝，不是那位身体倍好的天祚帝，而是后来辽国大臣自己拥立的皇帝——辽宣宗耶律淳。

原来，天祚帝逃跑后，辽国群臣一看，这位只顾自己、不顾江山社稷和黎民百姓死活的人真不配当辽国的皇帝。于是，群臣就把天祚帝给废了，拥立天祚帝的堂叔耶律淳为帝，希望这位明君整顿朝纲，光复辽国。

然而，大家希望的这位明君，最终还是让大家失望了。当时，面对国家支离破碎、内忧外患的局面，60岁的耶律淳忙得焦头烂额、痛苦不已。最终，在位仅仅90天，这位皇帝就郁郁而终了。

耶律淳一死，原本就支离破碎的辽国，彻底崩溃了。也就是在这种背景下，宋朝抓住机遇，第二次出兵讨伐辽国。

面对宋朝的卷土重来，辽国这一次再也顶不住了，他们当时的总兵力不过才1万余人，根本抵御不了宋朝的进攻。于是，辽国投降了。

史料记载，辽国派遣使者入宋营，希望双方看在百年和好的多年交情下，不要再开战了。辽国愿意称降为臣藩，年年进贡、岁岁称臣，只求不让国陨。

然而，面对辽国使者的请求，童贯竟然不允，他还下令把使者赶了出去。

据说，这位使者被轰出来后，站在宋朝的营帐外，声嘶力竭地哭喊道："宋辽两国，百年和好，盟约誓书，字字俱在，尔能欺国，不能欺天！"

这里的盟约誓书，指的是百年的"澶渊誓书"，宋真宗签署的："自此保安黎献，谨守封陲，质于天地神祇，告于宗庙社稷，子孙共守，传之无穷，有渝此盟，不克享国。昭昭天鉴，当共殛之。"

也许，北宋亡国，就是亡于"失信"，亡于这句"尔能欺国，不能欺天"的诅咒。

书归正传，这不，很快宋朝就遭到了报应。

史料记载，辽国的使者回国后，将宋朝的答复告知了监国的萧太后。结果，辽国所有人义愤填膺，誓与宋朝殊死一战，哪怕玉石俱焚！

人是一种神奇的动物，只要自己不怕死，就一定会有怕死的人。在这一战中，面对视死如归的辽军，占尽人数优势的宋军竟然又一次被杀得大败，几乎全军覆没。

《三朝北盟会编》记载，宋军被杀得溃不成军，史称"五军杂遥，扰攘散走，自相践蹂，奔堕崖涧者莫知其数"。宋军全线溃败。

宋军第二次伐辽，就以这样的结果告终。

上一次，宋军是15万人，辽军是3万人，大败而归；这一次，宋军是10

余万人，辽军只有1万人，还是大败而归。对于这样的结果，只能无语……

其实，同样无语的，还有宋朝的盟友，感觉上了贼船的金人。

史料记载，宋军第二次出兵辽国时，为了显摆自己的“战绩”，宋徽宗竟然派遣一个使者进入金营，跟金人吹嘘宋军必胜。

结果，宋使正吹呢，却传来了宋军战败的消息。

从此，金人对宋朝的态度，就彻底变了……

在金人眼中，自从这个“无敌”的大宋王朝与他们的手下败将辽国交战后，是大败两次、小败无数，除了两座主动投降的城池外，宋军竟然没有打赢过一场战斗！

面对此情此景，完颜阿骨打困惑不已，他肯定也想不明白：大宋帝国是靠什么与辽国实现百年对峙的。

连续打了两次败仗后，宋朝再不敢跟辽国开战了，他们竟然找到金人，请求金人替他们攻打南京。

当然，宋朝也给出了一个理由：我主有好生之德，不忍心滥杀生命，所以请你们帮我们去打下南京。

亲爱的宋朝，你能再扯点吗？！

史学家们认为，就是从这一刻起，金人看透了宋朝的本性，开始轻视这个国家，并且打算取而代之。

那么，轻视宋朝后，金人对宋朝的态度，又会变成什么样呢？这个坚固的辽国南京城，金人又是如何打下来的呢？

收复燕云

宣和四年（1122年）十二月，在宋朝的“请求”下，金国出兵讨伐辽国的南京。结果，这座让宋朝两次大败而归，损失数十万人马的城池，竟然选择直接投降。金国没费一兵一卒，就攻陷了这座城池。

随着南京的沦陷，大辽帝国，这个曾经统治北方长达200余年的强大帝国，宣布“破产”。

辽国覆灭后，宋、金这对合作伙伴也分道扬镳，开始重新审视对手了。

看看成绩吧，同样是攻打一座城池，一边是死伤无数的宋朝；另一边是毫发无损的金国。这之间的反差，真不是一般的大。

在这种背景下，强大的一方，要是不选择得寸进尺，那才叫不正常。

这不，在交接燕京城时，金人就瞧不上宋朝了。他们态度大变，傲慢无礼，狮子大开口。

根据“海上盟约”，宋朝将拥有辽国西京和南京的归属权和使用权。然而，自从知道了宋朝真正的战斗力后，金人就不畏惧宋朝了。

金人告诉宋朝，辽国的西京是我们打下来的，你们就不要想了，绝不归还；辽国的南京，也是我们打下来的，你们想要的话，可以，拿钱来！

虽然金人傲慢无礼，但宋朝最终还是咽下了这口气。你们不是要钱吗？给。反正我什么都缺，就是不缺钱！

最终，在一系列谈判后，宣和五年（1123 年）三月，双方终于达成了以下共识：

第一，金国归还宋朝燕云路的六州二十四县，但为了弥补损失，宋朝要给金人 100 万贯钱，外加 20 万斛军粮，作为“代税金”。

第二，宋朝每年交纳银 20 万两、绢 20 万匹，作为给金国的岁币。

第三，两国从此交好，不得互相招降纳叛，也不能接受对方的叛臣、叛将、叛兵、叛民。

第四，辽国西京和平州路的问题，现在不提，以后再慢慢商议。当然，商议结果，主要要看宋朝的诚意。

至此，不管怎么说，宋朝终于可以骄傲地宣布，那个从后晋时期就被割让出去、已经远离故国近 200 年的燕云之地，终于回归祖国的怀抱了！历朝历代的夙愿，终于在宋徽宗的手里完成了。虽然这个夙愿，仅仅完成了一半！

这样了不起的成就，连神武的太祖、太宗皇帝都没有做到，却让自己这个“艺术家”完成了！为了庆祝这一伟大的胜利，宋徽宗决定举国欢庆，高呼胜利！

高兴之余，宋徽宗还下令立《复燕云碑》，以作纪念。当然，他也没有忘记论功行赏，犒劳这些给自己“长脸”的将士。

第一个得到赏赐的，是王黼。宋徽宗下令，赐王黼玉带，进太傅，封楚国公。虽然没有封王，但王黼的这个官职，已经可以跟老太师蔡京平起平坐了，他终于心满意足了。

第二个得到赏赐的，是童贯。宋徽宗下令，封童贯为豫国公，不久又晋封广阳郡王。于是，童贯成了中国历史上第一个也是唯一一个封王的宦官，从此永载史册。

其余大臣，也得到了应有的赏赐。蔡京的长子蔡攸，进少师，有了宰相的名分；外交大使赵良嗣，升为延康殿学士了。

总之一句话，普天同庆……

疯狂吧，开心吧，好好享受这最后的宴会吧！因为，宋朝根本不知道，在对面，金人已经开始磨刀，准备对自己动手了。

现在，他们只需要一个借口！

于是，在签署完合约仅仅过了一个月，金人就找到了动手的理由。

这个导火索，史称张觉事件。

第二十五章 一错再错

张觉事件

史学家们认为，宋金开战的原因有很多，但是，张觉事件绝对是最重要的原因。

那么，这个张觉事件，是怎么回事呢？

这还得从头说起：

张觉（？—1123 年），平州人，原是辽国大将。

作为辽国将领，张觉理应与辽国共存亡，但张觉却不想给这个腐败透顶的王朝尽忠，因此，金国攻打平州时，张觉想都没想，就率众投降了。

张觉投降后，金人依旧任命他在平州当节度使，可以“权领州事”，也就是把平州交给他了。任命结束后，金人继续挥师南下。

金人离开后，张觉就觉得不对劲了。他认为，金人看自己时，都是一脸怀疑犹豫的眼神，这是不信任的表现。等他们抓住了天祚帝、灭了辽国后，就该收拾自己了。得先下手为强，不能任人宰割。

说干就干，张觉把路过平州金国官员给杀了。随后，张觉以平州为自己的“投名状”，请求归属宋朝。

对宋朝而言，这可真是天降美食呀，就看吃不吃、要不要了！

要还是不要？

对宋朝而言，这可真是一个两难的问题。

要，会惹怒金国，导致引火烧身，引发宋、金大战。

不要，那可是金国不打算归还的、燕云一带的战略要地，其军事意义不说自明。加上平州地理位置险要，还有5万户居民的赋税，任谁都会心动。

要还是不要……这让我怎么选择……

对于是否接受张觉投降，宋徽宗命群臣商议。会议中，赵良嗣强烈反对，不同意接受张觉。

赵良嗣的理由是：宋、金之间的盟约上写得清清楚楚，不得接纳对方的叛臣、叛将、叛兵、叛民。张觉是金国的将领，如今他投奔宋朝，这就是一个叛将。接受了这个人，咱们就是违背盟约，会招来金国的报复。

赵良嗣的话，确实在理。做生意的人都讲究一个诚信，何况一个泱泱大国。但是，宋徽宗觉得，张觉主动投降宋朝是好事，如果我们不接纳他，就不会有人来投降我们了。何况，张觉不是空着手投降的，他带了整整一个州。这种送上门的礼，要是不接纳，不就是傻瓜吗？

最终，宋徽宗决定，接受张觉的投降。他还昭告天下，改平州为泰宁军，命张觉为节度使，世袭平州。

很快，张觉事件，成为金国攻打宋朝的一个导火索。

如今，很多史学家们认为宋朝不应该接受张觉投降。这样一来，宋、金之间的战争，就能避免了。

这个说法，纯属瞎扯。

要知道，金国绝不是一个友善邻邦，他早就对宋朝垂涎三尺，张觉事件不过是给了他们一个借口。即使没有这个借口，金国也能找到另一个借口，发兵南下，侵犯宋朝。

因此，这个事件的关键点，不是宋朝该不该接受张觉的投降。接受和不接受，都无法改变历史。宋朝真正要考虑的关键点，还是要有不惧强敌的思想；要有坚定不移接受判将的决心；更要有全面与金国开战的觉悟！

很显然，宋朝根本没有这方面的决心和觉悟。

一场“闹剧”

史料记载，张觉投降宋朝后，金人勃然大怒，他们立刻发兵攻打张觉。面对金人的进攻，张觉先是打了胜仗，后来抵挡不住，只能率众逃到燕京城，请求庇护。

燕京城宣抚王安中一看，张觉已经投降了宋朝，那就是自己人。于是，他立刻把张觉藏了起来，并上奏朝廷，请求指示。

王安中欺骗来要人的完颜宗望说没有这个人。但是完颜宗望追索得更加急迫。没办法，王安中杀了一个貌似张觉的囚犯，把这个人的首级送到了金营。

不料，金国有人认识张觉的相貌特征，马上就认出来了，说这是一个假货，你们竟敢糊弄我！

金人很愤怒，后果很严重。

怒气冲冲的金人告诉王安中：“你们宋朝人就是一群骗子，一再违约不说，还拿假脑袋糊弄我。赶紧老老实实把张觉的脑袋交出来，要不然我们自己去取！”

面对怒气冲冲的金人，王安中吓傻了，他立刻上奏朝廷，请求圣裁。

消息传到京城后，宋徽宗也吓得够呛。于是，这位皇帝又干出了一件愚蠢的决定——杀掉张觉，以安抚金人。

据《续资治通鉴长编》记载，王安中曾上书朝廷，希望杀了张觉，以息事宁人。因此，接到了皇帝的圣旨后，王安中立刻缉捕了张觉，将其杀死了。

据说，杀死张觉前，王安中曾当众宣读张觉的罪状，问其是否认罪。张觉破口大骂，说老子这辈子最大的错误，就是相信了你们这群反复无常的鼠辈！

早知如此，何必当初，悔之晚矣。

杀死张觉后，王安中把他的脑袋砍了下来，送给金人。张觉在燕京城的亲信和家人们，也都被王安中绑了交给金人处置。

金人验完“货”后，满意了，也退兵了。金人退兵后，宋朝也大喜过望，认为此事已经平息了。

这件事情就此平息了吗？

三个字——不可能！

远在开封，天天在艮岳内花天酒地、醉生梦死的宋徽宗根本不知道，这个张觉事件，给这个国家带来两个致命的结果。

第一个结果，促使金国下定了讨伐宋朝的决心。

其实，在张觉事件前，关于是否伐宋的问题，金国内部曾展开过数次讨论，但讨论的结果，以“不要伐宋”为主。

虽然宋朝的两次伐辽，让金人看出了宋军的虚实，但是，真正伐宋，又是另外一回事了。

在金人眼中，他们想攻打的这个国家，可是世界上经济最富庶、人口最多、军队数量最多的国家！即使宋朝是一只纸老虎，那也是一只老虎。

同时，从辽国的史书中，金人也颠覆了对宋军战斗力的认识。原来，在历史中，宋军曾间歇性地爆发过惊人的战斗力，他们也能3000打6万，而且还是好几次！

区区3000人，就能击溃6万人！这样的战斗力，比金军有过之而无不及。要知道，宋朝可有庞大的120万军队，要是这120万军队都爆发出这种战斗力……金人都不敢继续去想。

综上所述，在没有百分之百的把握前，金人不敢动手，然而，经过了张觉事件后，在金人的眼中，宋朝就是一个空有庞大身躯却虚胖的软蛋，稍微给点压力就怂了。宋朝的外交政策，也以欺骗、服软为主。这个国家根本就是一个既没本事也没实力，还自认为聪明的骗子！

对于这么一个“一无是处”的国家，现在不打，更待何时。

至此，金人看透了宋朝的虚张声势，就此达成了一个共识——讨伐宋朝，就在今日！

第二个结果，民心尽失。

这里的“民心”，指的是燕云百姓和辽国降将的心。要知道，在这些人的眼中，宋朝斩杀张觉完全是一件不义之举，彻底伤了他们的心。

燕云百姓和辽国降将以为，张觉投降宋朝后，他就是宋朝的子民。子民到了生死关头，不管面对什么样的压力，宋朝都应该保护他，这才是一个大国所为。然而，在真正需要保护子民的时刻，宋朝却把自己的子民抛弃了。

在燕云百姓的眼中，宋朝这种随便抛弃的做法，彻底伤了他们的心，他们不打算去宋朝，也不打算对这个王朝效忠了。

当时，为了脱离金人的统治，有很多燕云百姓打算南下前往宋朝，还有很多百姓自发地组成部队，史称“义胜军”，准备驱除金虏，归降宋朝。结果，宋朝这种随便抛弃子民的做法，让百姓伤透了心，他们再也不向往宋朝了，义胜军也土崩瓦解，心甘情愿地被金人统治。

对宋朝而言，民心向背的变化，让他们始料未及。然而，更让他们始料未及的是，所有的辽国降将们都伤透了心。

兔死狐悲，物伤其类，张觉是降将，他们也是降将。今日，宋朝为了取悦金人，可以杀了张觉谢罪；他日，是不是会用他们的头颅，作为给金人的见面礼呢？

那些叛离辽国、投奔宋朝的将领们都伤透了心，他们也准备再次叛逃，不再为这个出尔反尔的宋朝效力了。

最终，拜这些叛将们所赐，宋朝最终被摧毁了。而摧毁宋朝的人，就是这些叛将中的佼佼者——燕京城留守郭药师。

宋朝版安禄山

曾经，这个人，是宋朝最信赖的擎天之柱；如今，这个人，却成了宋朝的掘墓人……

这就是大名鼎鼎的北宋末期将领——郭药师。

宋朝史书说到此人时一把鼻涕一把泪地控诉道：“此人就是一个安禄山似的人物，就是一个脑袋后面长了反骨的魏延！徽宗皇帝对他多好呀，允许他招兵买马，还拨给他大量钱粮，还对他不予监控，结果呢？皇帝这么信任他，他竟然造反，还带着金人灭亡了宋朝！对这种人，就应该……”

其实，我们应该知道，郭药师是被宋朝活活逼反的。

那么，这是怎么回事呢？

这也得从头说起：

郭药师，生卒年月不详，铁州（今辽宁盖平东）人。此人原是辽国的涿州守将，骁勇善战，也非常会带兵。

当时，为了对抗金国，天祚帝招募辽东饥民，取报怨于女真之意，组建了一支部队，叫作“怨军”。这支部队共八营两万八千人，郭药师是其中一名首领。怨军战斗力较强，是辽国唯一几个能与金人一较高下的部队。后来，天祚帝逃往夹山后，辽国改怨军为“常胜军”。

宣和四年（1122 年），在宋金两国的夹击下，辽政权内外交困，萧太后担心常胜军为变，“将谋之”。留守涿州的郭药师见辽国大势已去，就率众投降宋朝。宣和五年（1123 年），宋朝收复燕京后，宋徽宗见郭药师是一个人才，同时鉴于郭药师对辽情况熟悉，且拥有常胜军这支重要力量，又奇袭燕京等地，就把他提拔为燕京镇守使，命他镇守燕京。

殊不知，这个决定，将是宋朝最坏的一个决定。

当时，得知这个任命后，朝廷很多官员们就上疏，说郭药师这个人是一个降将，不可信。他看着辽国不行了，就投奔了宋朝，这不是一个两面三刀的小人吗？重用这种人，早晚得吃亏。

然而，面对群臣的谏言，宋徽宗还是力排众议，维持了原判。

宋徽宗之所以这么做，就因为一个原因——郭药师忠心。

史料记载，郭药师归宋后，到京城接受皇帝的召见和封赏。当时，宋徽宗面见他后，给了他很多赏赐，并给了他一个任务——天祚帝正在整理军队，他对宋朝是一个巨大的威胁，希望郭药师能够砍了天祚帝的脑袋，以绝燕人之望。

对这个任命，郭药师强烈拒绝，他表示不干这种弑杀旧主的事情。他之所以归宋，是国破了皇帝也跑了，别的命令他都能接，但是杀旧主，则绝不能干这种无情无义之事。

听完这番话，宋徽宗感动无比，心想这真是一个“忠君”的臣子呀。

然而，宋徽宗心目中的这位“忠臣”，最终还是辜负了他。

短短几年后，当宋徽宗以一介囚犯之身，在“北狩”途中重新看见郭药师后，不知会作何感想……

其实，皇帝之所以重用郭药师，除郭药师“忠心”外，还有一个不能说的秘密。

当时，帝国延续了百年的“崇文抑武”制度，终于遭到了报应。综观整个朝堂，除了一个太监童贯外，竟然找不出第二个能征善战的将军。而这个童贯因为两次对辽战斗失败，已经完全丧失了话语权。

在当时的武将中，要找出一个无污点、能打仗、有资历且忠心耿耿的将领，除郭药师外，就没有第二个人选了。

因此，宋徽宗也没有选择的余地。他任命郭药师为燕山府留守，去为帝国守大门。

宋徽宗并不知道，他为这个帝国，埋下了一颗足以毁天灭地的雷。

其实，若没有张觉事件，郭药师也许会为宋朝鞠躬尽瘁、死而后已。然而，张觉事件后，这一切的一切，就都不一样了。

就这样，在宋徽宗的不仁不义下，郭药师选择了造反，与这个王朝分道扬镳。而就在此时，蓄谋已久的金国也找到借口，开始大军南下。

那么，金人找到的借口，又是什么呢？

金国来袭

宣和七年（1125 年）十月，大金帝国的皇帝正式颁布诏书——挥师 6 万大军南下，分两路攻击宋朝。

宋朝和金国的战争，终于开始！

根据惯例，开战前，一定要找一个开战的理由。虽然这个理由看上去无关紧要。但不管怎样，有总比没有强。

金国为了找这个理由，可谓费尽心机。

最初，金人打算拿张觉事件做文章，但他们没有想到，宋朝竟然瞬间就把张觉给抛弃了。

当然，对宋朝这种昏庸无能的国家而言，他一定还会再犯错，只是时间长短罢了。

这不，没过多久，宋朝竟然又出了一个昏庸的决定，让金国人抓住把柄了。

这个昏庸的决定，就是招降辽国的末代皇帝——天祚帝。

咱们前面讲过，面对金国的进攻，天祚帝毫无反击的意思，他准备了

2000 匹日行百里的战马，还有 500 箱金银财宝，跑到夹山去了。

按照他的设想，反正爷有金银财宝，吃喝不愁，爷还有宝马良驹，金人抓不到我。这天大地大，任我遨游。实在不行了，宋朝皇帝是我哥哥，西夏皇帝是我外甥，随便投靠他们其中的一个，也能继续逍遥快乐。

吾有日行三百五十里马若干，又与宋朝为兄弟，夏国舅甥，皆可以归，亦不失一生富贵。

——《契丹国志·卷十》

逃到夹山后，刚开始，天祚帝还能吃香的喝辣的、玩得不亦乐乎。但是，随着时间的推移，他众叛亲离了，天祚帝彻底傻了。为了不惨死在这荒郊野岭，天祚帝赶紧修书给宋朝和西夏，希望政治庇护。

天祚帝向西夏求救，无可厚非，毕竟西夏和辽国之间的关系还不错。但是，你向宋朝求哪门子救呀？宋朝可灭了你的国家呀！

天祚帝这么做，不是神经病吗？

结果，还有比天祚帝更神经病的人呢！

这个人，就是宋徽宗。

史料记载，看见了天祚帝的求救信后，宋徽宗竟然同意了，他还亲笔写了一封诏书，承诺天祚帝“待以皇弟之礼，位燕、越二王上，筑宫室千间，女乐三百人”的待遇。

天祚帝看完后，甚是高兴，就也忘了什么国耻家仇了，他率领手下南下，准备偷渡到宋朝。结果，天祚帝刚一露面，就被金国发现了。双方打了一架后，天祚帝寡不敌众，逃跑了。

金国收拾战场时，发现了宋徽宗送给天祚帝的亲笔信。金国怒了，他们拿着这封诏书，质问宋军的统帅童贯。

《三朝北盟会编》记载，金使怒气冲冲地质问道：“当年咱们海上盟约时，说得清清楚楚，谁也不许招降天祚帝。你们现在干的事情算什么？赶紧把人交出来，我必要也！”

童贯看见宋徽宗的亲笔诏书后，知道这件事情隐瞒不住了，就赶紧赔罪：“招降天祚帝，是我们不对。但是，我们真的没有藏匿天祚帝呀。他不在宋朝，我们也不知道他去哪儿了。”

金使道：“甭来这个！你们这帮人，就是一群不守信用的骗子，一而再再而三地欺骗我们。赶紧把人交出来，否则我们自己动手找。”

一方没藏人，另一方却死活要人，双方就争执了起来。争执期间，金国偷偷派人告诉金使：“别要了，天祚帝让咱们抓住了，赶紧回来吧。”

至此，金使这才忿忿地离开。

其实，金国巴不得抓不住天祚帝。因为，没有抓住他，就可以有一个进攻宋朝的借口了。天祚帝被抓住了，他们就没有借口了。

当然，借口这个玩意儿，只要想找，还不有的是？

这不，没过多久，金国又找到一个借口。

这次索要20万斛军粮。

还记得吗，先前双方交涉燕京时，金国不是让宋朝花钱来赎吗？当时，双方谈好的价格是，宋朝需花费100万贯钱，外加20万斛军粮。

对宋朝而言，钱好说，不费吹灰之力，宋朝就把银子准备好了。但是，粮食得从江南运，这个需要时间。于是，宋朝告诉金国，我们先用银子赎燕京，等粮食到了以后再补交。

金国一看，行吧，于是，金国收了银子，就撤军了。后来，等了一年多，金国发现不对劲了——答应好的粮食呢？怎么没影了呢？

金国派使者进入宋朝找宣抚司，索要粮食。金使质问道：“去年四月，南使赵直阁（赵良嗣）答应给我们20万斛粮食，怎么还不给？”

当时，因为反对收纳张觉，赵良嗣触怒了龙颜，已经被削职了。宋徽宗痛恨这个人，也就间接地痛恨他给的承诺了，宋徽宗就想赖账。

谭稹告诉金使：“赵良嗣口许，岂足凭耶！”这个意思是说，一个大臣的口头承诺，你们也相信呀，这能当凭证吗？

金使大怒，离开了。不久之后，他们又轰轰烈烈地回来了。

宣和七年（1125年）十月，金国以宋朝不守承诺为由，分兵两路，正式攻打宋朝。

就这样，一场改变中国历史的战役，就此拉开了序幕。

灭宋者，此人也

对金国而言，这次伐宋战争，大大超出他们的预料。他们没有想到，自己的进军，会这样顺利。

因为，在进军途中，上天竟然送给了他们一份大礼。

这就是宋军的燕山府留守郭药师投降了。

史料记载，宣和七年（1125 年）十一月，金军一路南下，瞬间就攻陷了宋朝的檀州和蓟州，兵临燕山府。

同年十一月二十六日，郭药师率常胜军与金军在白河相遇。当时常胜军军容肃整，令全军初见就非常害怕。双方交战后，郭药师鏖战三十余里，但张令微等人的逃跑，导致常胜军全面溃败，燕京守不住了。

同年十二月初六日，当金军正在开会，商量如何击败郭药师时，他们得到了一份突如其来的大礼——郭药师率众投降，叛宋归金。

郭药师这一倒戈，对于金国堪称意义非凡。反之，对宋朝而言，则堪称毁灭之灾。

第一，郭药师一倒戈，等于打开了宋朝的防卫大门。

咱们都知道，郭药师镇守的燕山府，就是中原王朝长城防线所在。郭药师一倒戈，就等于让金军一马平川、长驱直入中原了。从此，金军的骑兵在千里平原上纵横驰骋，再也没有什么能阻止他们前进的脚步了。

第二，郭药师一倒戈，补充了金国的兵力。

虽然史料记载，金军这次分东西两路进军，每路的兵力为 6 万人，全军共计 12 万人。但是，史学家们考证后认为，金军的每路人马也就是 2 万左右，全军不到 5 万人。

按照这个数据，金军，也就是一个打打草谷、攻陷几个县级城市的水平。金军用这点兵力去攻打一个省级的城市都够呛，更别说攻陷一个国家的首都了。

然而，郭药师一投降，就完全不一样了。

史料记载，郭药师当年在宋徽宗支持下，在燕山一带大肆招兵买马，号称有 30 万大军。虽然这个数据有水分，但几万精锐部队（7 万左右）、十几万杂牌部队，郭药师还是有的。因此，他这一倒戈，大大增加了金国的兵力。

金国也正是拥有了这些士兵，才有了围攻宋朝首都的本钱。

第三，郭药师一倒戈，等于给金国送去了一台GPS。

史料记载，这是金国第一次入侵中原，他们对中原的地形基本是两眼一抹黑。这种情况下，金军要是不迷路都新鲜。

然而，金军有了郭药师后，迷路的问题就迎刃而解了。

郭药师对宋朝的地形了如指掌，该打哪个城市，该从哪里进军，轻车熟路。

若没有这个反贼带路，金军不可能那么快进军，也不可能打得宋军措手不及、无法抵抗。

第四，郭药师一倒戈，给金军送去了大量补给。

咱们都知道，游牧民族打仗有一个特点，就是不带后勤辎重，他们以战养战，打到哪吃到哪，抢到什么吃什么。

虽然这种进军模式，让游牧民族打仗时推进速度很快，但这种模式的弊端也非常惊人——游牧民族无法打持久战，因为他们没有粮草补给。

当时，金军入侵中原后，很快就受困于粮草。宋朝的大城市选择坚壁清野，小城市虽然容易被攻陷但没有太多的粮食，所以打着打着，金军就没有粮草了，他们准备退兵了。

这个时候，就看出反贼郭药师的作用了。

郭药师告诉金军，赶紧把宋朝的“牟驼岗”端了。牟驼岗是宋朝的一个马球场，郭药师在那里打过马球，知道那里有一大片草场，还是宋朝囤积粮食和放养战马的地方。换句话说，那里就是宋朝的“后勤基地”！

一听此言，金军大喜过望，马上派遣了一支部队把牟驼岗端了。金军在这里得到了堆积如山的粮草，还有2万匹战马。

这些东西，成为金军围困汴梁的重要本钱。否则，金军何以围困汴梁城数月。若没有这些粮草，他们连10天也坚持不下来。

打开了国门，引狼入室；增加了敌人的兵力，助纣为虐；成为对方的“引路官”，还给金人送去了无数的礼品……郭药师，你的“表现”真是可以。

其实，郭药师的表现，又何止是上述这些！他最大的本事，就是坚定了金军进攻的决心，让他们放手一搏，围困汴梁城。

第五，郭药师一倒戈，给金军送去了必胜的决心。

史料记载，金军推进到庆源时，传来了宋徽宗禅位、宋钦宗登基的消息。

这一下子，金人有点犹豫了。

毕竟，新君登基，自然焕然一新，宋朝也肯定军民一心，跟自己拼命了。到时候，宋军主场作战，必将士气高涨、勇猛百倍，万一打出“三千打六万”时的气魄，就全完了。

何况，此时攻打汴梁的金军，仅一路而已。一支孤军，自然没有攻打宋朝首都的勇气。

原来，金国分两路进攻的军队，其中的一路，攻打燕山、邯郸；另外的一路，攻打太原、洛阳；双方未来约定在汴梁城外集结，一起攻打宋朝的首都。

然而，计划永远赶不上变化。百年前，那座让宋朝最强的两代当家费尽心机，死伤无数才攻打下来的“不破之城”，如今也同样磕掉了金军的大板牙！

太原城，这座只有区区 1 万人驻守的城市，死死地抵挡住了 6 万金军的进攻。其间，金军用尽办法，也无法继续前进一步。

目睹了金军那一路大军的表现后，金国的统帅完颜宗望是绝望的。毕竟，在他的眼中，一个仅仅 1 万余人驻守的太原城，都打不下来，而他们即将要攻打的城市，可是一个比太原城坚固数倍，还拥有 80 万皇家禁军的宋朝首都……

于是，在计算了所有利弊后，完颜宗望做出了一个决定——撤军。

如果，金国此时撤兵了，那么宋朝的历史、金国的历史、中国的历史，都将彻底改写……

可惜的是，这里还得再增加一个如果——如果没有郭药师……

得知金国要退兵后，郭药师据理力争，让金军继续前进，不要退兵。郭药师告诉他们：“宋朝换了一个皇帝，正是他们自乱阵脚的表现，现在正好乘虚而入。不然，等宋朝新皇帝站稳了脚跟，就不好打了。此外，宋朝那号称 80 万的士兵，根本不足为惧。他们就是一群吃兵饷的兵油子，一战可破，毫无战斗力可言……”

在郭药师精辟的分析下，金军终于重新拾信心，继续前进，围困了开封城。

综上所述，郭药师的表现，真是“精彩”。难怪，在论功行赏时，金朝史官会如此赞扬他：“赞曰：郭药师者，辽之余孽，宋之厉阶，金之功臣也。以一臣之身而为三国之祸福，如是其不侔也。”

宋之祸患，金之功臣……

对郭药师这个人，还是留给后人去评判。

第二十六章 宋金开战

力挽狂澜，此人也

史料记载，金人已经全线入侵了，宋朝的最高统帅才如梦方醒——原来金人是来真的，他们真的要灭掉自己的国家。

面对敌军的入侵，宋徽宗大吼一声：“想不到金人会这么干！”随后，就昏厥了过去。

对这种皇帝，我们无言以对。

其实，我们无言以对的，又何止是宋朝的皇帝。宋朝的武将和文臣们，也同样让我们无语……

先说宋朝“给力”的武将们：

根据《宋史纪事本末》记载，金人将战书交给童贯时，这位70岁的老王爷竟然瞪着一双无辜的眼睛，看着眼前的金使，天真地问道：“这么大的事情，你们为何不早一点告诉我？”

哎呀，这个问题，竟然还怪我了？！

可想而知，看着这位天真的主，金使愉快地大吼道："大兵已出，告诉你什么？赶紧告知你主，割让河东、河北土地！两国以黄河为界，或许还能保住你宋朝江山社稷！"

说完，金使拂袖而去。他的身后，则留下了那个不知所措的童贯……

宋朝的最高军事长官，在大敌当前时竟然表现得如此弱智和无能……

再看宋朝"给力"的文臣们：

史料记载，得知金人大军压境后，宋徽宗派遣了一个叫李邺的给事中出使金营。

李邺出发前，宋徽宗授权他，只要能让金人退兵，割地赔钱，多少都给，不要在乎钱！然而，拿着这种"丰厚"的谈判条件，李邺却不敢跟金人谈判。金人随便恐吓了一下，李邺就吓跑了。

原来，李邺来到金营时，金人正在打仗。

眼看金人瞬间就攻陷了一座城池，李邺吓傻了，他不敢谈判，直接逃跑了。

畏敌怯战，毫无担当，让这种人出使金营也算是可以了。然而，李邺一个人害怕也就算了，更可气的是，回来后，李邺一直阐述自己的"六如所闻"，把宋军的士气都瓦解了。

哪"六如所闻"？

人如虎，马如龙，上山如猿，入水如獭，其势如泰山，中国如累卵！

李邺这种长他人志气、灭自己威风的话，让宋军将士们恐惧不已。宋军集体患上了"恐金症"，不敢与金人开战。

再后来，开封百姓就送给他一个雅号，痛骂其为"六如给事"。

大敌当前，理应与江山共存亡的李邺，竟然如此灭自己威风，长他人志气，对于宋朝这些文臣的表现，只能无语。

综上所述，在大敌当前时，不管是皇帝，还是文臣武将，他们的表现，都是这样的"给力"。而在他们这种表现下，宋朝的未来，可想而知。

看看宋朝现在的局面吧——文官怯战、武将怕死、士气低迷、皇帝想溜，整个京城人心惶惶，满朝全是逃跑派和投降派……

好一片亡国之象……

然而，跟辽国的历史一样，每一个国家到了最危难的时刻，自然会出现力挽狂澜、扶大厦于将倾的英雄。辽国如此，宋朝也如此！

这位力挽狂澜、永载史册的北宋英雄，叫作李纲。

李纲（1083—1140 年），字伯纪，号梁溪先生，常州无锡人，祖籍福建邵武。两宋之际抗金名臣。

史料记载，李纲出生在一个将门世家，其父李夔，曾担任过池州军事推官。

宋神宗时期，西夏兵发十余万，来攻打延州城。延州守军人心惶惶，打算弃城而逃。这时，李夔告诉大家，延州城兵强粮足，敌军不敢轻易进攻，我们要制造声势，让西夏人畏惧，他们就不敢再攻了。

诸将依计行事，果然西夏人知难而退，最终撤兵了。此战时，李纲就在阵中，他目睹了整个战役的全过程，从中受益匪浅。

李纲长大后，因为祖籍福建，拜了同乡蔡京的码头。在蔡京的扶持下，李纲可谓官运亨通。然而，因为跟蔡京政见不合，也看不惯蔡京的所作所为，没过多久，李纲就得罪了蔡京，被贬到地方当一个小小的盐税官去了。

蔡京退休后，李纲被重新调回了朝廷，担任太常少卿，管理皇家祭祀、郊庙等事务。

按理来说，这么一个管理礼仪的官职，跟军事是没有一丁点关系的，然而，你架不住李纲“多管闲事”呀。

就跟当年的范仲淹一样，李纲在空暇之余就上疏朝廷，阐述朝廷现在面临的一些问题，并提出解决的方案。

李纲当时上疏的奏折，史称《御戎五策》。从中，他告诉朝廷，要提防金人，抵御他们的进攻。

要是在平时，李纲的这篇奏折就石沉大海了。但是，现在是非常时期，李纲的这篇奏折，就引起宋朝高层人士的注意了。

就这样，在给事中吴敏的推荐下，宋徽宗召见了李纲，把守卫京城的重任交给了他，让他化解这个危机。

对于这个任命，李纲当仁不让，但是，他却提出了三个要求。

第一个要求：从此以后，朝廷不许再有建议南迁者。大家要齐心合力，共同防守京城。凡建议南迁者，“杀无赦”。

第二个要求：李纲要一言堂，全权负责京城的守备工作，不许有别人分他的权力。毕竟，在李纲眼中，一人一主意，京城就没法守了（这倒是事实）。

第三个要求：也是最重要的一个要求——李纲书写了一封血书，上疏朝廷，请皇帝禅位给太子，改朝换代！

对于李纲的前两个要求，皇帝马上就同意了。毕竟，对皇帝而言，南迁就意味着丢失一大半国土，宋徽宗虽然无能，但也不想当这种永载史册的亡国之君。而且，李纲要一言堂，全权管理京城的部队，那就让他去干好了，把京城防守好了，比什么都重要。

然而，对于李纲的第三个要求，宋徽宗却犹豫了。

当时，对于李纲要自己退位的请求，宋徽宗沉吟了一会儿说，这个事情太大了，不能马上回复，你容朕考虑考虑，考虑完了再答复你。说完，就把李纲打发出宫了。

之后，宋徽宗找来最亲信的大臣，告知了此事。

宋徽宗告诉大家：“这个李纲，要逼朕禅位！你们看，这件事情怎么办？”

宋徽宗这么说，就是让群臣当自己的“托”，去劝慰李纲，让他不要再逼宫了。结果，宋徽宗没有想到，群臣的回答，竟然大大超出自己的预料。

史料记载，当时群臣的回答就两个字——同意。

做皇帝，做到这个地步……真是失败。

其实，群臣这样做是正确的。毕竟，皇帝已经失信于天下了，他已经不能再统治这个帝国了。

因为就在不久前，为了鼓舞人心，宋徽宗颁布了一道罪己诏，把自己臭骂了一顿，希望百姓原谅自己，大家一起齐心合力，共同御敌。

然而，天下百姓却并不买账。毕竟，宋徽宗在位时干了太多太多出尔反尔的事情了。比如，在讨伐方腊时，皇帝颁布了罪己诏，承认自己是一个昏君，裁撤了很多供自己奢靡享乐的部门，也废除了上供“花纲”制度。结果呢？方腊之乱刚刚被平息，皇帝就继续奢靡享乐去了。那些答应百姓要裁撤的部门，依旧在运营。

自古驱民在信诚，一言为重百金轻……此言不虚。

最终，在群臣和百姓的逼宫下，宋徽宗终于同意禅位了，他传位给太子，自己当太上皇去了。

当然，皇帝之所以这样干净利索地退休，除群臣逼宫外，还有一个不能说的秘密。

这就是——群臣告诉他，一旦退休，宋徽宗就不用与江山社稷共存亡了，他就可以逃跑了！

不管怎样，宋徽宗做了决断。一方面，宋徽宗通知群臣，要求大臣们到垂拱殿集合，举行禅位仪式；另一方面，宋徽宗命人拿着龙袍和玉玺去找太子，命他登基继位。

这时却爆发了一个花絮——太子拒绝即位！

《宋史·钦宗本纪》记载，太子赵桓得知要即位后，大吵大闹，甚至还一度昏厥过去。不管群臣怎么说，他就是不接班。

可不是吗？我要是宋钦宗，我也不接班。

现在什么情况？敌军即将兵临城下，开封无兵可调、无险可守，一旦被敌人攻破了城池，自己就成了亡国之君！在这种情况下登基称帝，只有傻子才会干！

太子赵桓虽然智商有限，但也不是一个傻子，这种赔本的事情，就是打死他也不干。

太子不干，宋徽宗则坚持要他干！太子是什么？不就是自己退休后，接替自己的人吗？现在老子退休了，让你接班，你却撂挑子不干了，这不是“坑爹”吗？

一方要禅位，另一方却死活不接班，这对父子就打了起来。最终，愤怒的皇帝指使群臣去劝太子，务必让这个“逆子”登基称帝。

群臣也明白太子的苦衷。于是，以李纲为首的大臣们告诉宋徽宗：“强扭的瓜不甜，太子若不想登基，我们也没有办法。不如这样，我们先竭尽全力地去劝，但只劝三天。三天后，若太子还不接班，陛下您也别禅位了，自己来吧！”

为什么是三天呢？因为金军的推进速度太快了。在郭药师的帮助下，金军一路挺进，已经打到庆源了。照这个速度，不出十日，金军必兵临开封城。

因此，群臣才告诉皇帝，他们就劝三天。三天后，若太子还不接班，你就赶紧组织军队抗敌吧，要不然什么都晚了。

未来的三天至关重要，成为宋朝的转折点。

然而，就在群臣开动脑筋、努力劝慰太子时。太子那里却传来一个惊人的消息——太子已经同意登基称帝，接手这个烂摊子了。

这是一个什么情况？

关于这个问题，则要感谢一个人。若不是这个人胡乱行动，太子赵桓也不会感到压力，从而痛快继任皇位。

这个人，就是太子赵桓的弟弟，宋徽宗的第三子——郓王赵楷。

即位风波

史料记载，在宋徽宗的32个儿子中，赵桓既是长子，又是嫡子，他是唯一一个由皇后所生的儿子。

因为这个显赫出身，从出生起，赵桓就走了一条标准化的流程路线，先是被封王，随后被立为太子，老老实实地位列中宫，等着接宋徽宗的班。

然而，对于这么一个儿子，宋徽宗却并不喜欢。他们之间的关系也非常不好，存在很多的隔阂与矛盾。

那么，到底是一个什么原因，让这对父子交恶呢？

用当年刘邦的话说，就是不类我！

翻译成白话文就是——这个孩子不像我，所以老子不喜欢！

咱们都知道，宋徽宗是一个爱好广泛的皇帝。除了治国，这位皇帝啥都会。琴棋歌赋、吹拉弹唱、骑马蹴鞠、品茶饮食，甚至鉴赏古玩，这个皇帝都非常在行。

宋徽宗不仅喜欢这些东西，而且在这些领域也有很深的造诣，堪称“大师级”的水准。

比如，画鸟时，宋徽宗观察得细致入微，这厮竟然知道，孔雀上台阶时，必先迈左脚！而他这句名句，至今仍在美术院校课堂上被津津乐道。

虽然父亲喜欢这些东西，但在这些领域上，太子赵桓毫无兴趣。

根据《三朝北盟汇编》记载，太子赵桓就喜欢一个人躲在屋子里，欣赏鱼缸里的鱼，一看就是一整天，对其他的事情全不关心，没人知道他在想什么。

可见，对于这么一个无聊乏味的儿子，宋徽宗是绝对谈不上喜欢的。

除这件事情外，太子赵桓还有很多生活习惯，跟他老子正好相反。

比如，宋徽宗喜欢奢华，天天酒醉金迷。太子赵桓则喜欢清静，不喜欢这种奢华的宴会。

史料记载，除了必须出席的皇家宴会、祭典活动、节日酒宴外，其余的宴会，太子是能推就推。即使勉强参加，太子也端着一张脸，不与宋徽宗等人为伍，使大家都很扫兴。久而久之，皇帝就不让太子参加宴会了。

再如，宋徽宗喜欢女色，他在位时，宫里到处都是美女，让皇帝天天赏心悦目，玩得不亦乐乎。相反，太子赵桓根本不近女色，他也讨厌乱哄哄的美女群。赵桓登基后，立刻颁布了一道圣旨，裁撤了 6000 余名宫女，把这些美女都轰出了宫。

又如，宋徽宗喜欢道教，天天就想长生不老；相反，太子则喜欢佛教，天天清心寡欲，还痛骂那些异想天开、想长生不老的人。

当然，虽然太子骂的是那些骗钱的假道士，但在无形之中，也把自己的老子得罪了。毕竟，若道士是一群骗子，那么相信他们这套理论的皇帝，又是一个什么人呢？

就这样，在不经意间，太子与皇帝的隔阂越来越大、越来越深。最终，在一个人的帮助下，这对父子彻底决裂。

这个人就是宋徽宗最宠爱的孩子，太子赵桓的三弟——郓王赵楷。

宋徽宗之所以喜欢这个孩子，原因就俩字——类我！

史料记载，赵楷简直就是一个“小徽宗”。他跟宋徽宗拥有同样的兴趣和爱好，宋徽宗喜欢什么，赵楷就喜欢什么，而且是“青出于蓝而胜于蓝”。

此外，赵楷才华横溢，曾一举考取了一个“状元”的头衔，让宋徽宗刮目相看。

本来，宋朝有一个明文规定，不许皇室子弟参加科举考试，目的是不让他们近水楼台先得月、与民争利。

毕竟，皇室们都是含着金汤匙长大的，他们出生后，就已经配套好了权、钱、财。这种情况下，他们没必要去参加科举考试。

然而，别的皇室成员没兴趣，赵楷却颇有兴趣，他想参加一次科举考试，检验一下自己的才华与本事。

说做就做，赵楷用了一个化名，参加了科举考试，以检验考官在不知道自己的情况下，到底能给自己打多少分。

考完后，赵楷将此事禀告给了父皇。

按理来说，皇子做了这么一个恶作剧，要是换上一个其他的皇帝，大多会痛骂他一顿，把他的卷子撤销了。但是，宋徽宗是一个喜欢新奇事物的皇帝，他一听，认为这件事很有意思，就同意了。宋徽宗也想看看，自己的皇子到底能考多少分。

过了几天，礼部官员审完卷子后，宋徽宗特别下旨，先不要张榜，把考生的卷子送到朕这里，让朕先看一下。

结果，宋徽宗打开卷子一看，大喜过望，因为第一张就是自己儿子的考卷。换句话说，赵楷是这一科的状元郎！

一个皇子，竟然考了全国第一，这太了不起了。

惊喜之余，宋徽宗叫来皇子的老师们，让大家看看，这篇状元郎的文章怎么样。老师们一看，说这篇文章不错，理应成为状元。

宋徽宗哈哈大笑道："你们猜，这是谁写的文章？"

老师们一脸疑惑道："不就是谁谁写的文章吗？这写着考生名字呢。"

宋徽宗哈哈大笑道："不对，这是三皇子写的文章。"说完，他把三皇子冒名顶替参加考试的事情，给说了一遍。

众老师一听，天呐！三皇子竟然考了一个状元，真是太有本事了。他们马上向皇帝表示祝贺，并自请回家，因为他们再也教不了三皇子了。

虽然三皇子赵楷考了一个状元，但是根据惯例，他是不能参加科举的。因此，宋徽宗还是把他的成绩取消了，把第二名榜眼提为状元了。

虽然没有让儿子当成状元，但是通过这件事，宋徽宗就喜欢上赵楷了。从此以后，大小宴会，这对父子如影随形；各种赏赐，更是不在话下；赵楷俨然变成了当年那个八贤王了。

此外，为了宠爱这个三皇子，宋徽宗还授予了他一个重要的官职——皇城司都知。

这个任命，可谓非同寻常。

皇城司是管理皇城治安的部门，有点像清朝的九门提督。这个部门的将士，都是皇帝的贴身侍卫。他们是皇帝的安危所系，也是皇帝的最后一道防线。

可见，皇帝任命赵楷为皇城司都知，有点儿“醉翁之意不在酒”的意思。

于是，宋徽宗的这个举动，掀起了一场皇宫夺嫡的战争。跟上次的斗争一样（赵元侃和赵元俨），赵楷与太子的关系，也立刻变得微妙起来。

当时，没有一个大臣能够看透，宋徽宗在选择下一任接班人的时候，到底会选择名正言顺的太子，还是这个备受宠爱的老三。

如果，天下太平、宋徽宗不禅位的话，这个皇位到底归谁，还真不可知。然而，随着宋徽宗的禅位，这个皇位只能传给太子了。

毕竟，传位给太子，名正言顺，不会引起更大的动乱。

然而，眼看着皇位就要传给大哥了，赵楷不服气，他做了一个惊人的举动，准备搏一下。

史料记载，在禅位的那天晚上，也就是宋徽宗要求太子即位，赵桓坚决不同意的那天晚上，赵楷不请自来。他偷偷摸摸地带着几个随从，准备进宫面圣。

按理来说，赵楷是御林军的统帅，他要想进宫，御林军是不敢阻拦的。但是，那天是非常时期，宋徽宗特别下旨——不得宣召，任何人不得进宫。

因为有这道圣旨，御林军死活不放行。赵楷进不去皇宫，就跟御林军争执了起来。争执了一段时间后，赵楷见御林军没有一丁点放行的意思，只能郁闷地回家了。

殊不知，赵楷虽然没有进宫，但他的这个举动，却把太子赵桓吓坏了。

得知三弟的所作所为后，赵桓忐忑不安，他也明白了一件事——皇帝轮流做，你不干，有人来！万一让三弟即位了，自己就什么都不是了。而且根据中国历史的优良传统，“前太子”这三个字意味着什么……

看来……还是俺来吧……

至此，在三弟的“助攻”下，太子赵桓终于答应即位，当这个皇帝了。

宣和七年（1125 年）十二月辛酉日，宋徽宗禅位给太子，赵桓登基称帝，是为宋钦宗，改年号“靖康”。

至此，这场禅位的闹剧终于尘埃落定。新的皇帝准备打起精神，抵御金人的进攻了。

攻陷黄河防线

宋钦宗登基后，立刻搭建了一个新的领导班子。

新一代的领导班子中，李邦彦为宰执，耿南仲为枢密院事，他们负责管理朝政。李纲虽然只是一个兵部侍郎，但却由他负责管理京城防御工作，抵御金军。

这个领导班子从搭建时，就有问题。

因为，宋钦宗重用谁都可以，就不能重用这个李邦彦！因为，此人号称“浪子宰相”，狗屁不会！

李邦彦（？—1130 年），怀州（今河南沁阳）人，字士美，自号“李浪子”。李邦彦为官昏庸无能，他有三句名言，反映出此人的志气和野心。

哪三句名言？——赏尽天下花，踢尽天下球，做尽天下官！

史料记载，李邦彦啥本事没有，他之所以能够得到宋徽宗的赏识，主要靠的是两个绝活。

第一个绝活，李邦彦长得非常好看，史称外表俊爽，美风姿。因为长得好看，宋徽宗把他留在了身边，让这个“小鲜肉”当自己的玩伴。

第二个绝活，李邦彦豁得出去。他就跟现在的一些“网红”似的，能豁出去自毁形象，博君主欢心。

史料记载，每一次聚会时，李邦彦都精心化妆，穿上戏服，嬉笑打骂，完全没有大臣的形象。而且李邦彦在民间长大，熟悉猥鄙之事，擅长戏谑，他说的话，也全都是一些市井淫谑浪语，就是现在那些难堪入耳的荤段子。

虽然这些话难堪入耳，但是皇帝喜欢。

传说，有一次，君臣玩得尽兴时，李邦彦竟然当着所有人的面，把自己的衣服给脱了。他露出自己一身斑驳的刺青，满口呢喃淫秽之语。

皇帝一看，大笑不止，举起一根棍子，假装要打他。在追打嬉笑途中，这位宰相竟然爬到树上躲了起来。

宰相会爬树，皇帝不会呀，他就命宦官站在树下骂这个宰相。骂了一顿后，宋徽宗笑着传旨道：“行了，行了，你可以下来了。”

接到圣旨后，这位宰相竟然在树上用女人的声音风情万种娇滴滴道：“黄莺偷眼觑，不敢下枝来”，然后才翻身下来。

这两句，并非李邦彦的原创，此诗句出自宋朝得道高僧释明辩的《颂古十六首》，原文如下：“画得真如活，华间试展开。黄莺偷眼觑，不敢下枝来。”

不知释明辩知道自己的这两句诗，被这个宰相如此恶搞，会作何感想……

当时，皇后正巧路经此处，看到这一幕大吃一惊，哀叹道：“宰相如此，怎能治天下耶？”

是的，重用这样的宰相，怎么可能会治理好天下……

所以，有这位北宋的“浪子宰相”，你就会豁然开朗了，为何宋钦宗登基后会发生“靖康之耻”了！

书归正传，让小人执掌朝政，他肯定会兴风作浪、祸害同僚；李纲虽然可以全权处理京城防御工作，但他官职不高，必将难以服众。

这些问题，给这次防守京城的战斗埋下一个深深的隐患。而这些隐患的爆发，也把这个王朝推到万劫不复的深渊。

当然，没有人能够知道未来，在危难关头，朝廷能够组成一个临时的班底就算不错了。

新的领导班底搭建后，李纲立刻命西北三大王牌部队进京勤王，同时，命宦官梁方平率领7000精锐部队镇守黄河北岸，命大将何灌率领2万部队镇守黄河南岸，抵御金军入侵，以此为三大王牌部队进京争取时间。

接近3万的精锐部队，外加黄河天险，即使不能抵御金军，怎么着也能抵御一阵子了吧。

铁的事实证明，一群被狮子率领的绵羊，能收拾掉一群被绵羊率领的狮子。就算宋军是一群强悍勇猛的狮子，在宦官梁方平的率领下，也会被活生生憋死。何况，这些宋军也不是狮子……

李纲绝对是瞎了眼！这个宦官梁方平，狗屁不会！到了前线后，梁方平一不侦察敌情，二不修筑公事，反而与部下天天饮酒作乐。

更可气的是，消极怠工也就罢了，梁方平见新年将至，竟然修书一封给金军，约定双方先开开心心过年，过完年再开战。

对于这种人，我无话可说。

对于这种人，金军却非常高兴。

毕竟，金人远道而来，就是想“开开心心”过年的。面前的这个梁方平，就是他们最好的新年礼物。

于是，在宋军开心过年时，金军突然发动了攻击。面对攻上来的金军，梁方平吓得拔腿就跑，宋军就此全线溃败。

当时，镇守南岸的何灌见北岸宋军不战而败，大怒，他立刻下令烧毁黄河浮桥，不让梁方平过河。

前面浮桥被毁，后面金军杀奔而来，北岸宋军欲哭无泪、苦不堪言。在这种叫天天不应，叫地地不灵的局面下。宋军全军覆没，无一生还。

史料记载，在这场战役中，宋军被杀得尸横遍野、血流成河，投河溺水者，有数千人之多。

可见，宋军战斗力之低下！

腐败无能的部队，何止是北岸宋军，南岸宋军也是一个德行。

史料记载，“收拾”了北岸宋军后，何灌下令集结部队，他要死守黄河，与敌军共存亡。然而，命令传达后，何灌却惊讶地发现，没有人执行他的命令——士兵全都逃跑了！

面对这“兵败如山倒”的局面，何灌毫无办法，只能率军退守汜水关，放弃了黄河防线。

至此，金军不费吹灰之力，就攻占了宋朝的黄河防线，他们可以从容不迫地渡河了。

当时，由于远道来袭，金军根本没有准备渡河的船只。大家找了半天，只找到宋军遗留下来的十余只小船。后来，用这十余只小船，金军整整花费了六天时间，才渡过黄河。

史料记载，渡过黄河后，望着奔腾入海的黄河，完颜宗望感慨万千，他说了一句千古名言：“南朝可谓无人矣，若以一二千人守河，吾辈岂能渡哉！”

这里交代一下，擅离职守的何灌的结局。

根据《宋史·何灌传》记载，关于此人的结局，是这样的：“灌亦望风迎溃。金师遂直叩京城。灌至，乞入见，不许，而令控守西隅。背城拒战凡三日，被创，没于阵，年六十二。”

这段话的意思是说：黄河南岸没有一个人能够抵御敌人，金军渡过黄河后，直接攻打京城。何灌到了京城后，请求进城，当时，皇帝没有同意，而是命他把守京城的西角。在这里，何灌背靠城池，与敌军大战三天三夜，最终战死沙场，享年62岁。

京城保卫战

靖康元年（1126 年）正月初七，宋徽宗逃跑后的第四天（后面再说），金军终于兵临城下，看见了那座他们梦寐以求的富庶之都——北宋首都汴梁城。

金军稍事休整后，在统帅完颜宗望的一声令下——攻城！

至此，经过了整整 166 年，帝国的都城第一次遭到了敌军的攻击。东京城的第一次保守战，就此拉开了序幕。

史料记载，这场战役打得异常惨烈，双方整整打了三天三夜，其间寸土必争死伤无数（何灌都战死了）。最后，因为死伤过于惨重，金军只得鸣金收兵，徐图再战。

史料记载，战争刚刚告一段落，宋钦宗就迫不及待地派遣使者出使金营，进行谈判。宋钦宗当时给出的和谈条件是——可许增岁币三五百万两，犒军银三五百万两议和。

然而，宋钦宗的手笔，金人根本没看上。人家提出的条件，才是一个大手笔！

史料记载，金人提出的议和条件有三个：

第一，索要金五百万两、银五千万两，牛马等各万匹、绢帛各百万匹。

第二，宋朝割让太原、中山、河间三镇。

第三，派一亲王、一宰相进金国，作为人质。

同意，咱们罢兵休战；不同意，我们就继续攻城！

当时，面对女真人的“狮子大开口”，宋钦宗毫无主意，只能召集诸位大臣，共同商量此事。

会议中，以李邦彦、张邦昌为首的昏庸大臣们建议——同意女真人的所有条件。若实在不能接受这些条件，可回复金使，金银物品减半，但同意送亲王宰相、割让土地。

好在，此时此刻，帝国还有忠臣良将，还有李纲这个擎天之柱。

李纲强烈反对，他告诉李邦彦等人：

第一，割让土地之事，绝不可行。女真人打不下来的城池，我们却要拱手相送，这是什么道理？太原、河间、中山是国家的屏障，割去如何立国？

第二，金人要的钱数太多，“竭尽天下之财还不足，何况都城”。京城哪里有那么多钱（按照今天的购买力，金人索要的钱，大约为几百亿元人民币）？何况，给了金人这么多钱后，金人就能息事宁人吗？只会助长他们的贪婪之心！

第三，送亲王之事，绝不可以。历朝历代，都没有送亲王当人质的事，若我们行了此事，帝国面子何存？至于送宰相一事，倒是可以。

就这样，李邦彦想全部接受，李纲却完全不同意，双方争执了起来。最终，双方各退一步，达成了一个基本的共识。

第一，金银方面，先搜刮京城的大户人家，看看京城到底有多少钱，再和金人谈判。

第二，绝不割让三镇土地。或者是说，暂时不割让，以后再议。

第三，派宰相亲王入金营，充当人质。

这个宰相，就是未来的“伪楚”傀儡皇帝——张邦昌；这个亲王，就是南宋的开国皇帝——宋高宗赵构。

就这样，在送了亲王宰相后，金人终于暂缓攻城了。宋朝可以喘一口气，重新布置防线了。

后来，随着时间的推移，战局的发展，越来越向着宋朝有利了。

靖康元年（1126 年）正月十四日，李纲望眼欲穿、千盼万盼的宋朝西北三大王牌部队终于进京勤王。

这三支部队，就是种师道的“种家军”、姚平仲的“姚家军”以及折可存的“折家军”。

先介绍“种家军”和种师道：

种师道（1051—1126 年），字彝叔，京兆府人，北宋末年名将。此人原名建中，因避讳宋徽宗建中靖国的年号，改名为“师极”，后被徽宗御赐名为“师道”。

小说常说，“杨家一门，满门忠烈”。但在历史中，这个“种家”，可是真真正正的“满门忠烈”。

种师道的祖父种世衡、父亲种记，伯父种谔，皆是西北名将，战功显赫，荣耀一方。作为种家的第三代，种师道本来是文臣，但宋徽宗皇帝见其出生在武将世家，就大笔一挥，让他弃文从武，去西北报效皇恩。

虽然是半路出家，但事实证明，种师道骨子里流着武将的血，天生就是一个将才。

当时，童贯在西北如日中天，谁都不放在眼里，可唯独对这个种师道礼数有加。

这些年，因为他南征北战（打得西夏对宋臣服，还灭了方腊起义），种师道建立了很多的战功，成为朝廷重点培养的干部。然而，好景不长，随着童贯第一次讨伐辽国失败，种师道成了失败的替罪羊，被降为保静军节度使，贬到地方去了。

到了地方后，种师道越想越憋屈，索性上疏了一封辞呈，致仕退休。

本来，种师道致仕后，完全可以退隐江湖、安享晚年。然而，随着金人的入侵，朝廷又想起这位老将了。于是，朝廷封他检校少保、静难军节度使、京畿河北制置使，有权自行征兵征粮。

当时，种师道正隐居南山豹林谷，得知这个任命后，他立刻忘掉了所有的委屈，与朝廷冰释前嫌。

种师道下令，西北"种家军"马上开赴京城，前去勤王。同时，他组建了一只几千人的骑兵部队，第一时间奔赴京城。

要知道，种师道战功显赫、威望极高，他的到来，就如同一针强心剂，让京城百姓士气高涨，也让敌人畏惧不已。

史料记载，其他勤王部队入京时，都是从没有被包围的城门进入，唯独这个种师道，大张旗鼓地从金人包围的城门进入。结果，金人畏惧他的战斗力，他们竟然拔营三舍、避其锋芒。

把无敌的女真人吓成这样，种师道的威望可想而知。

种师道面见圣上后，宋钦宗如盼来救星一般，任命其为检校少傅，同知枢密院，京畿、河北、河东宣抚使，统领河东、河北全部人马，抵御金军。

枢密院呀……自狄青之后，整整70年了，没有武将进过这个部门。如今，种师道光荣地进入这个部门，可见皇帝对其的宠信，何其深也。

然而，没有人能够想到，皇帝对种师道的宠信，竟然让京城的防守部队分裂了，还险些酿成一场惊天大祸。

再介绍"姚家军"的姚平仲。

史料记载，姚平仲是一个孤儿，由其伯父（也说叔父）姚古抚养长大，获授武功兵法，成了一代名将。

姚平仲18岁时就已经威震关中，扬名西北了。关中豪杰推崇他，送给他一个外号——小太尉。

最后介绍“折家军”的折可存。

虽然在历史的文献中，折可存没有上述两位将领有名，《宋史》对他的介绍也只是寥寥数笔。但是，若结合那本家喻户晓的《水浒传》，折可存名气可就大多了。

在《水浒传》中，宋江是被朝廷招安了，方腊是被宋江剿灭的。然而，在真正的史书中，宋江是被折可存打得大败才投降的；而擒杀方腊的人，也不是宋江，而是这个折可存。

至此，随着这三大王牌部队的进京，再加上其余部队的陆续进京，至正月二十一日，京城的防守部队，已经达到了20余万人。有这么多部队守城，即使跟金人开战，兵力也绝对够了。

防守力量如此强悍，宋钦宗本也不用卑躬屈膝，看金人的脸色行事，也不用签那种耻辱的卖国条款，遭受世人的口诛笔伐。

然而，没有一个人能够想到，宋钦宗最终还是签署了那些卖国条款，并把自己永远地钉在了耻辱柱上。

短暂的『续命』

余晖

史料记载，当时京城云集了 20 余万的勤王之师。如何管理部队，就成为一个大问题。

本来，按照先前的协议，不管有多少军队，都要交给李纲管理。但是，在遵守协议方面，宋钦宗不愧为宋徽宗的“好儿子”，他们一样的朝令夕改、不守信誉！

想到要把这么多部队交给李纲一个人管理，宋钦宗有点发怵。这位皇帝虽然不懂军事，但他却精通历史。

于是，宋钦宗下令，李纲管理京城内的军队，种师道管理各地的勤王之师。他把军队的兵权一分为二。

至此，不经意间，京城的军队出现了两个班子，大家互相不服各自为战。这也为未来的一系列惨败，埋下了一个深深的伏笔。

分开兵权后，宋朝马上就在一位将领的率领下，得到了一场惨败。

那个惹事的将领，就是号称“小太尉”的姚平仲。

姚平仲年轻气盛，他想跟金军打一仗，显示一下自己的能力，就此超越种师道，成为“西北第一将”。

于是，姚平仲在面见皇帝时，献上了一条偷袭金军、生擒完颜宗望、救回康王（赵构）的计谋。

您想呀，宋钦宗被金人堵在家门口这么久，恨不得马上出兵，教训一下这些金人，以解心头之恨。就这样，宋钦宗想都没想，就同意了姚平仲的请求，还拨给了姚平仲 7000 精锐部队，命他去偷袭敌军。

年轻莽撞的皇帝同意了此事，沉稳老成的李纲却不同意。毕竟，这太冒险了，打赢了还好，打输了呢？恐怕会惹恼金人，做出什么危害赵构的事情来，也会摧毁守军的士气，再生事端。

在李纲的眼中，如今京城兵强粮足，理应跟金军打持久战，等金人粮草殆尽退兵时，再率军追击。

一方要打，另一方不让打，双方争执起来。争执了一段时间后，姚平仲闭嘴了。因为对他而言，根本没必要辩论！

毕竟，老子有兵有权，皇帝已经同意了，李纲也不是自己顶头上司，我凭什么听你的？我想干啥就干啥，还跟你辩论，有病呀！

就这样，姚平仲停止了辩论，打算单干了。见此情景，李纲大怒，他立刻找来种师道，要求他去劝慰姚平仲，让他停止这种自杀行为，专心防守。

然而，对于这个问题，种师道却选择了明哲保身，他没有说同意，也没有说不同意。

毕竟，在种师道的眼中，皇帝同意这次行动了，他犯不着为一个李纲，去得罪皇帝。

至此，在皇帝的同意、种师道的不管、李纲的无奈下，姚平仲终于动手了。

对于偷袭金人的建议，我们姑且认为姚平仲是正确的。然而，他接下来的所作所为，却完全是一场闹剧了！

简单来说，但凡偷袭，就要做到隐蔽。结果，得意忘形的姚平仲大张旗鼓地调兵遣将，还到处嚷嚷，说我们要出兵了，准备去偷袭敌军。

就这样，整个开封城的百姓，都知道他要去偷袭敌军了。就连对面的金军，也知道姚平仲要来偷袭自己。

军情泄露到了这种程度，姚平仲的这次偷袭行动，结果可想而知。

由于金军早有提防，姚平仲刚到敌军大营口，就被巡逻的金军发现了。随后，在一顿“小棍打肉，大刀切菜”下，宋军损失惨重，被打了回来。

按理来说，一次小小的偷袭失败，并不能决定整个战局。即使宋军损失惨重，也不过损失了几千人马而已。宋军不算伤筋动骨，还能再战。

然而，这场战争失利，却彻底击毁了宋钦宗的信心。从此以后，宋钦宗畏惧金人的战斗力，再也不敢与金人开战。

同时，这场战争失利，也让主和派重新抬起了头，大家的矛头直指李纲——看吧，让你跟金军开战，现在打败了吧。

对于主和派的主张，李纲百口莫辩，无法反驳。与此同时，对面的金人也给主和派送去了合适的“助攻”——完颜宗望派使者质问宋朝，为什么不遵守停战协议，发动攻击？

面对金使咄咄逼人的态度，宋钦宗无言以对，他最终颁布了三道亡国的圣旨，给了金人一个满意的答案。

第一道圣旨，全盘接受金人议和的条件，割地、赔款，全部照办。

第二道圣旨，罢免主战派领袖李纲、种师道，让他们当替罪羊，背了这口黑锅。

第三道圣旨，命京城所有的部队全部放下武器，不许与敌人开战，以讨好金人。当时，有一霹雳手发炮攻击金人，宋钦宗竟然听从了李邦彦的建议，将这个士兵枭首处死，以表明自己不抵抗的决心。

这哪里是给金人一个说法，这根本就是三条“亡国”的圣旨呀！看来，北宋也就到此而已了。

然而，就在此时，帝国竟然凭空出现了一股救国的力量，终于让宋钦宗收回了成命，化解了这个巨大的危机，也为这个帝国延续了一年的生命。

这就是帝国太学的学子们！

史料记载，目睹了宋钦宗竟然打算无条件接受金人的条件，准备缴械投降后，太学的学子们全都怒了，大家以上街游行、罢学请愿的方式，来挽救这个腐朽、没落的王朝。

靖康元年（1126 年）二月初五，在学子领袖陈东的带领下，太学学子集体罢课。大家喊着口号，游行示威，要求恢复李纲等人的职务，罢免宰相李邦彦。

刚开始，游行的只有区区 300 人。然而，越来越多的民众加入了进来，等到皇宫门口时，已经聚集了数万人。

被数万自己人堵在了家门口，宋钦宗吓得不轻，他立刻命令一宦官出宫，劝说百姓散去。然而，宦官平时作威作福惯了，怎么可能跟“草民”好好说法。

当时，这名宦官出来后，竟然怒斥百姓，痛骂他们要造反，让他们赶紧滚蛋，等等。

可想而知，这个作威作福的太监尚未说完，愤怒的人群就冲了上去，大家三下五除二，把这个宦官活活打死了。后来，杀红了眼的百姓，索性把这次示威游行变成了一场暴力运动，百姓们看见太监就打，又有两百多个太监被活活打死。

眼看一场民变无法避免，宋钦宗只能派人去找李纲和种师道，让他们出面劝慰这些愤怒的百姓，就说皇帝已经恢复了他们的官职，让大家不要闹了，我们要一致对外，共同抗金，等等。

在李纲、种师道的劝说下，百姓才慢慢散去，混乱的局面才得以平息。

就这样，在学子与百姓的共同努力下，大家终于暂时拯救了这个帝国的命运。同时，学子与百姓的努力，也让对面的金军下定了决心。

金人的决心就是——全线撤军。

原来，当宋钦宗发布了那三道亡国圣旨后，完颜宗望大喜过望，他本打算偷袭宋军，攻陷这座京城。然而，得知在宋朝学子们的努力下，李纲、种师道已经官复原职，宋朝的军队也重新拿起武器后，完颜宗望又放弃了这个主意，他打算撤军了。

毕竟，金人已经达成了一个基本共识——从纯军事角度来讲，只要宋人不放下武器，他们就没有占领这座城市的可能。

何况宋钦宗已经答应割让三镇，也答应赔给他们“几百亿”的赔款了，见好就收吧。

靖康元年（1126 年）二月十一日，双方签署了停战协议，金人满意地离开了。第一次京城保卫战，也以这样的结局而告终。

虽然结果不咋样，但不管怎么说，宋朝终于抵挡住了女真人的进攻，成功“续命”了。虽然，仅仅一年而已……

一年后，即靖康二年二月初六（1127 年 3 月 20 日），北宋亡国。这一天，也是一个新王朝的开启之日。